NORDISCH STRICKEN

Impressum

Die Originalausgabe ist 2022 unter dem Titel *Siskoni Mun* erschienen.

Redaktion: Linda Permanto
Strickanleitungen: Minna Metsänen
Originalstrickmuster: Niina Laitinen
Fotos: Anna Wallendahr
Grafisches Design & Satz: Olga Mutti

Für die deutsche Ausgabe:
Verantwortlich: Maria Möllenkamp
Übersetzung: Andrea Hauss-Honkanen
Lektorat & Projektmanagement: Stephanie van der Linden
Korrektorat: Manuela Burkhardt
Satz: satz & repro Grieb, München
Umschlaggestaltung: Regina Degenkolbe
Herstellung: Julia Hegele
Printed in Poland by CGS Printing

★★★★★

Sind Sie mit diesem Titel zufrieden? Dann würden wir uns über Ihre Weiterempfehlung freuen. Erzählen Sie es im Freundeskreis, berichten Sie Ihrem Buchhändler oder bewerten Sie bei Onlinekauf. Und wenn Sie Kritik, Korrekturen, Aktualisierungen haben, freuen wir uns über Ihre Nachricht an:
Christophorus Verlag, Postfach 40 02 09, D-80702 München oder per E-Mail an lektorat@verlagshaus.de.

Unser komplettes Programm finden Sie unter

www.christophorus-verlag.de

In diesem Buch wird aus Gründen der besseren Lesbarkeit das generische Maskulinum verwendet. Weibliche und anderweitige Geschlechteridentitäten werden dabei ausdrücklich mitgemeint, soweit es für die Aussage erforderlich ist.

Die Deutsche Nationalbibliothek verzeichnet diese Publikation in der Deutschen Nationalbibliografie; detaillierte bibliografische Daten sind im Internet über http://dnb.d-nb.de abrufbar.

Infanteriestraße 11a
80797 München

ISBN 978-3-8410-6752-4

Kreativ-Service

Sie haben Fragen zu den Büchern und Materialien? Frau Erika Noll ist für Sie da und berät Sie rund um alle Kreativthemen. Rufen Sie an! Wir interessieren uns auch für Ihre eigenen Ideen und Anregungen. Sie erreichen uns per E-Mail:kreativ-service@c-verlag.de oder unter der Telefonnummer 0049 (0) 89 13 06 99-577.

Besuchen Sie uns im Internet: **www.christophorus-verlag.de** & **www.selbstgemacht.de**

NORDISCH STRICKEN

PULLIS, JACKEN, ACCESSOIRES NACH MUSTERN
VON NIINA LAITINEN

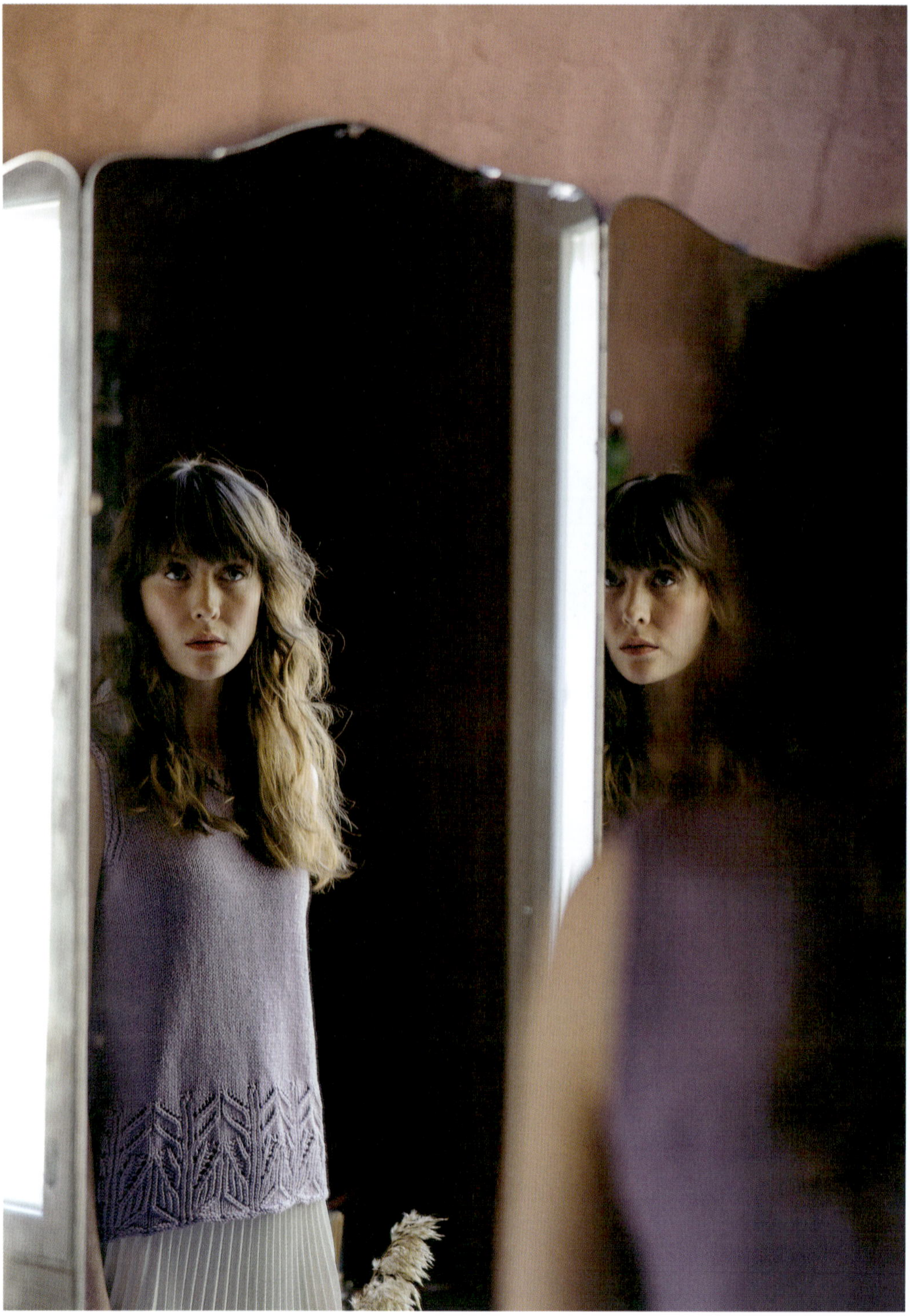

INHALT

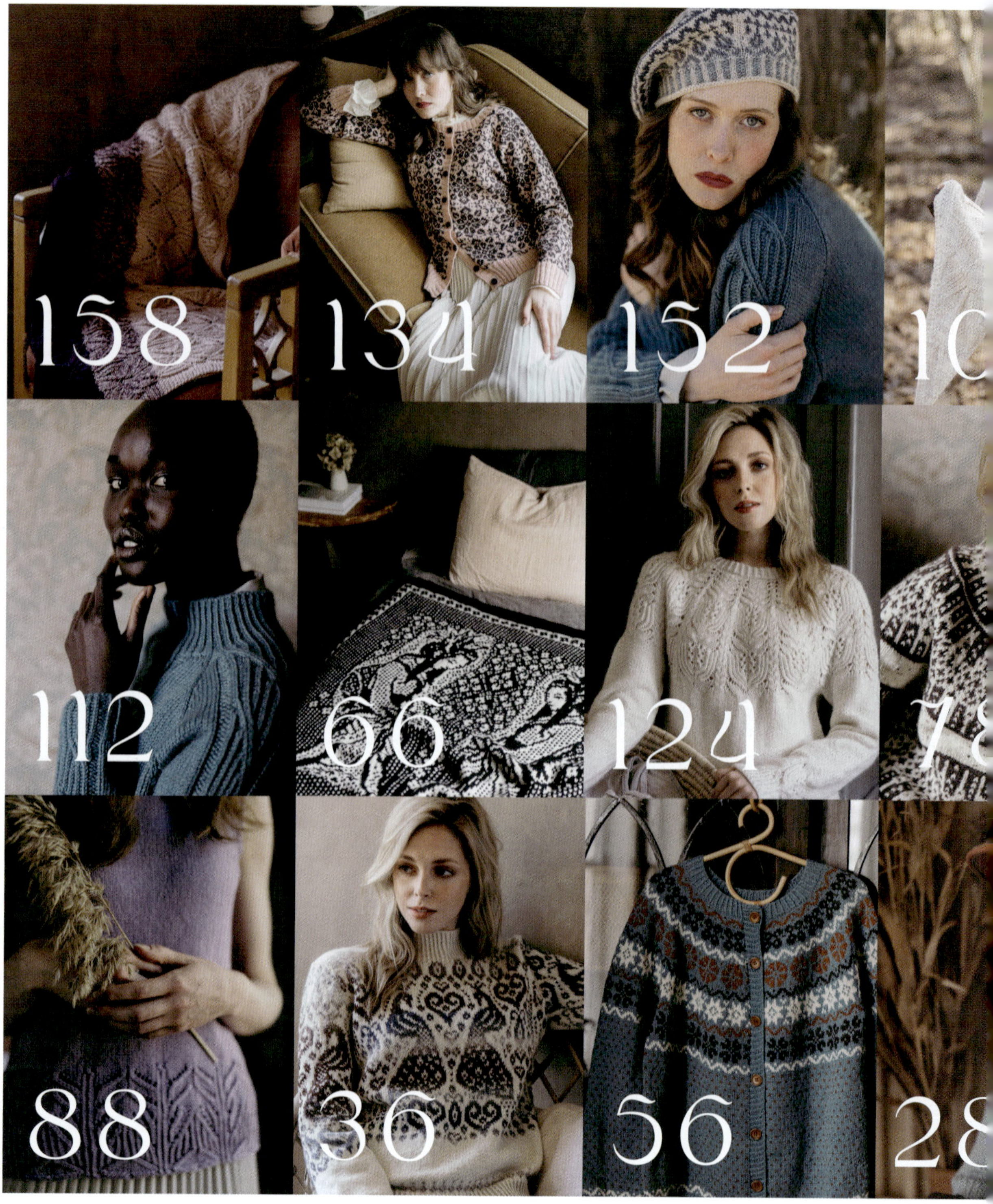
158
134
152
112
66
124
88
36
56

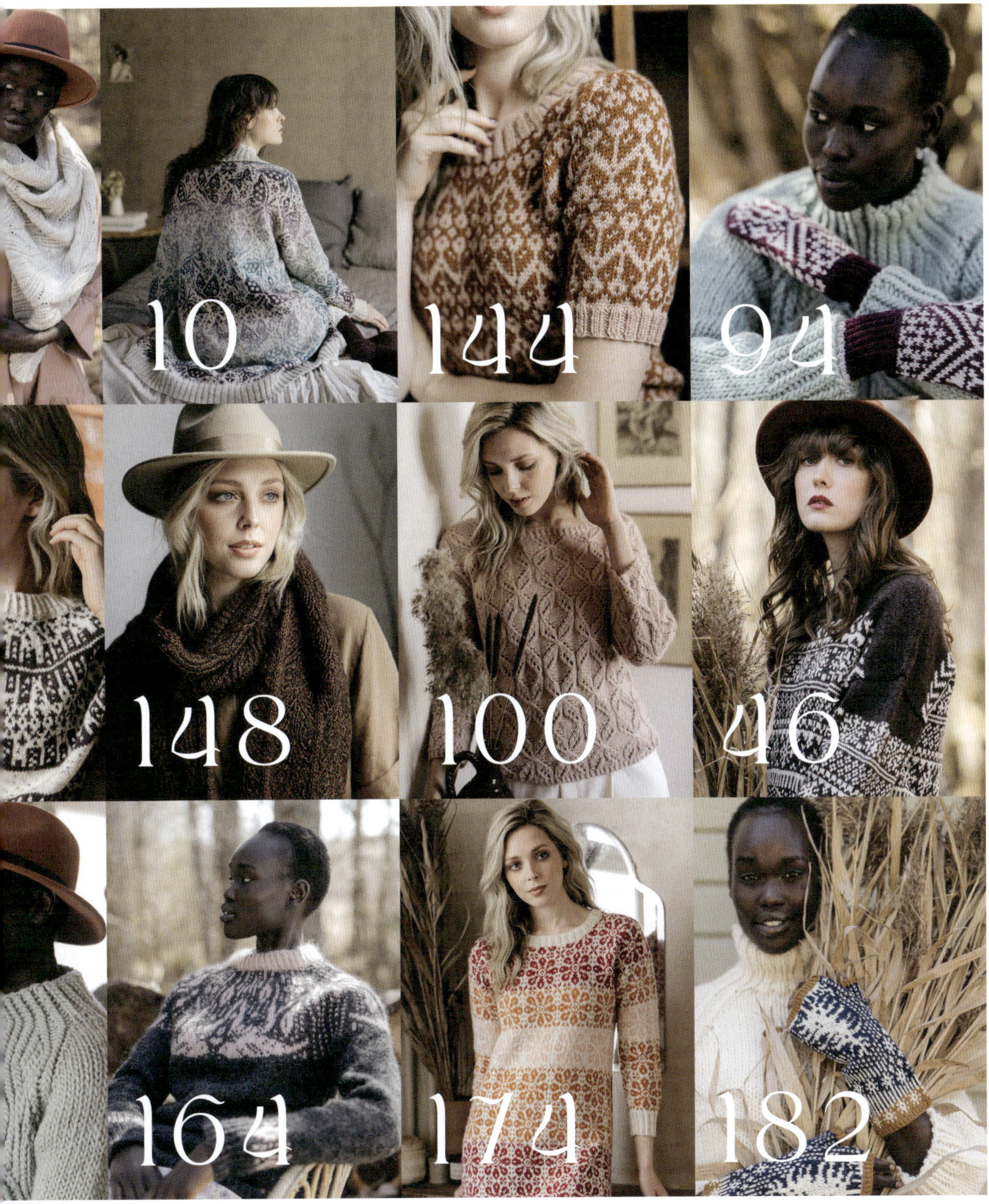
10
144
94
148
100
46
164
174
182

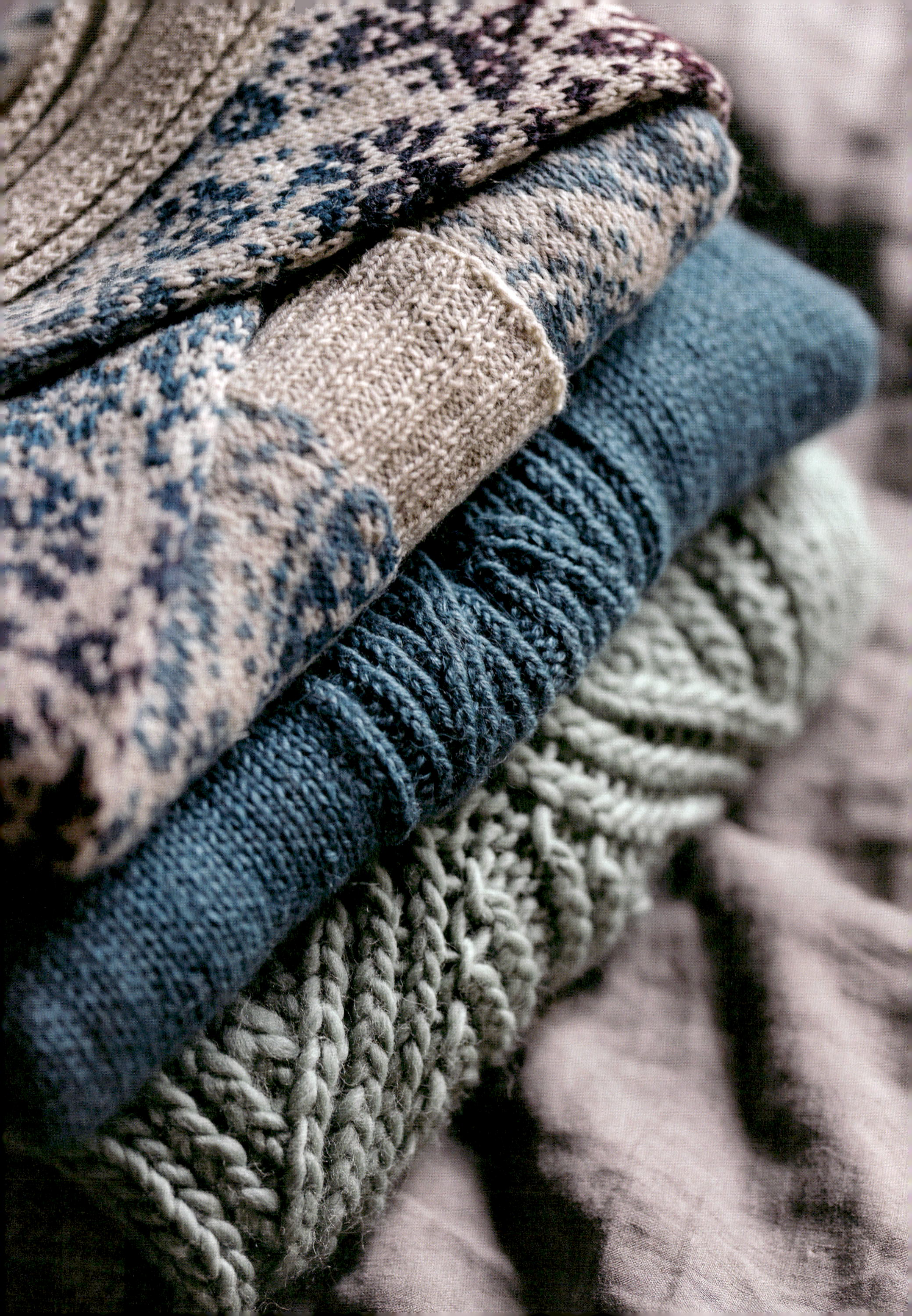

VORWORT

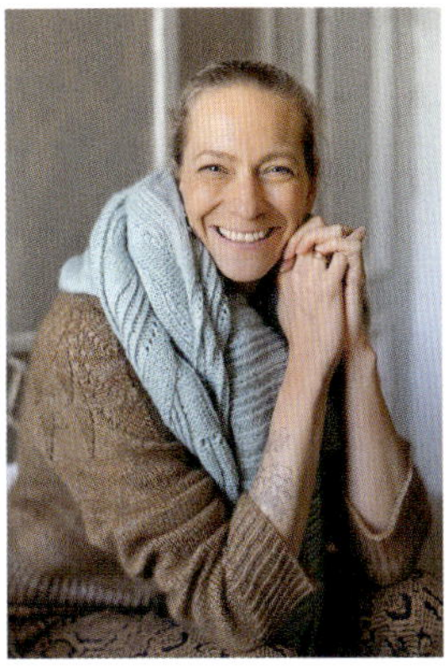

Das Stricken der Socken, die von Niina Laitinen entworfen wurden, macht süchtig und ist sehr inspirierend. Das Zusammenspiel wunderschöner Ajour- und Einstrickmuster macht das Stricken zum Vergnügen, und dieses Gefühl wollten wir auch bei diesen Pullis, Jacken und Accessoires in den Vordergrund stellen. Für dieses Buch haben wir die beliebtesten Sockenanleitungen von Niina Laitinen gesammelt und ihnen als völlig andere Kleidungsstücke neues Leben eingehaucht.

Diese neuen Interpretationen von Niinas Strickmustern sind aus den Gesprächen und kreativen Momenten entstanden, die Novitas Strickdesignerin Minna Metsänen und ich miteinander geteilt haben. Wir waren fasziniert von der Vielseitigkeit und Anpassungsfähigkeit von Niinas Sockendesigns sowie davon, wie sie die Liebe zur Natur und Ästhetik vermitteln. Ein Pullover kann gleichzeitig eine Geschichte erzählen und ein Kunstwerk sein. Wir hoffen, dass auch Sie beim Stricken der Modelle in diesem Buch den Charme des Strickens und die magische Welt von Niinas Anleitungen erleben können.
Schöne Strickmomente wünscht Ihnen

Linda Permanto

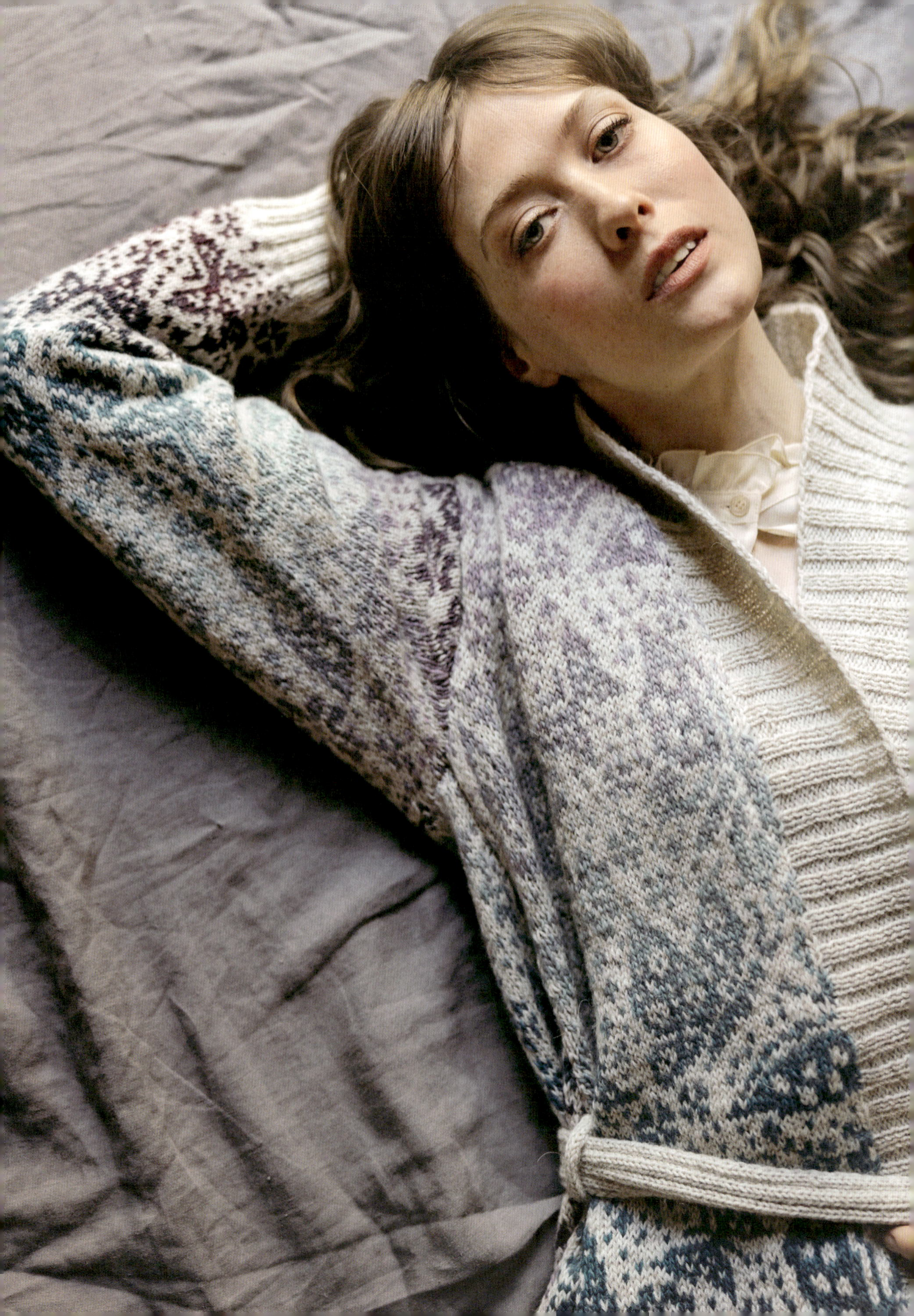

MEINE SCHWESTERN
– JACKE

Durch leichte, flatternde Schmetterlinge wird diese Strickjacke wie in einem Tagtraum im Frühling zum Leben erweckt. Das wunderschöne Garn mit Farbverlauf sorgt für Eleganz und so manche Überraschung. Die Jacke wird in der Taille mit einem einfachen Strickgürtel geschlossen.

GRÖSSE S (M) L (XL) XXL
MASSE DES FERTIGEN STRICKSTÜCKS
Körperumfang 110 (118) 126 (134) 142 cm
Länge 84 (86) 88 (90) 92 cm
Innere Ärmellänge 50 (51) 51 (52) 52 cm
GARNVERBRAUCH
Novita Nalle (75 % Schurwolle, 25 % Polyamid, LL = 260 m/100 g): 550 (600) 650 (700) 750 g Leinen (Fb 061) und
Novita Kajastus (75 % Schurwolle, 25 % Polyamid, LL = 280 m/100 g): 300 (350) 400 (450) 500 g Morgennebel (Fb 870)
RUNDSTRICKNADELN 3 mm und 3,5 mm (oder entsprechend der eigenen Maschenprobe), 80 cm lang
NADELSPIELE 3 mm und 3,5 mm (oder entsprechend der eigenen Maschenprobe) für die Ärmel, wenn nicht mit der Magic Loop-Technik gearbeitet wird (siehe Seite 191)
SONSTIGES Maschenmarkierer
MUSTER
Rippenmuster in Reihen: * 2 M re, 2 M li, ab * stets wdh. In Rückr die M stricken, wie sie erscheinen.
Rippenmuster in Runden: * 2 M re, 2 M li, ab * stets wdh.
Glatt rechts in Reihen: In Hinr re M und in Rückr li M str.
Glatt rechts in Runden: Alle M in allen Rd re str.
Einstrickmuster in Reihen: Glatt rechts nach Zählmuster und Anleitung str.
Einstrickmuster in Runden: Glatt rechts nach Zählmuster str.
MASCHENPROBE 26 M und 28 Rd im Einstrickmuster mit der dickeren Nadel = 10 cm × 10 cm
WICHTIG Sie können die Kajastus-Knäuel von außen oder innen abwickeln. Gehen Sie jedoch bei jedem Knäuel gleich vor, damit sich die Richtung des Farbverlaufs nicht ändert.

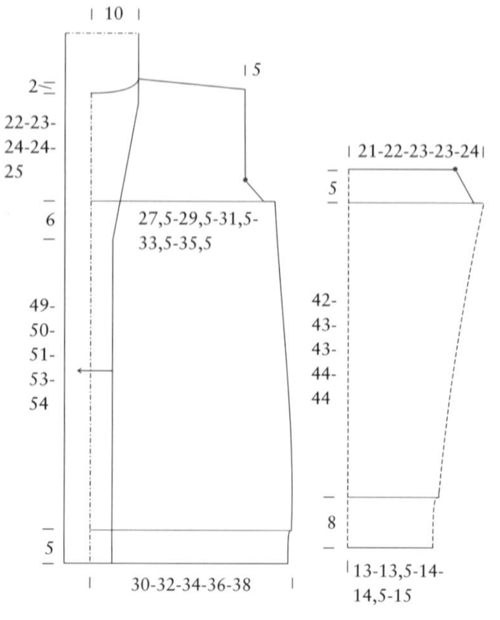

RÜCKENTEIL
158 (166) 178 (186) 198 M in Leinen auf der dünneren Nadel anschlagen und 5 cm im Rippenmuster str, dabei in der Rückr mit 2 M li beginnen.

Zur dickeren Nadel wechseln. 2 R glatt re str, dabei in der 2. R gleichmäßig verteilt 0 (2) 0 (2) 0 M zun = 158 (168) 178 (188) 198 M.

Mit der 1. R des Einstrickmusters nach Zählmuster I beginnen, dabei die Pfeile der gewünschten Größe beachten: Am rechten Pfeil beginnen, dann den Rapport von 66 M 2× (2×) 2× (2×) 3× arb und die 13 (18) 23 (28) 0 M bis zum linken Pfeil str. Die 1.–69. R des Zählmusters stets wdh.

In einer Höhe von 25 (26) 27 (29) 30 cm **an beiden Seiten** je 1 M abn: In der Hinr 1 M re, 1 Überzug (= 1 M re abh, 1 M re str, die abgehobene M über die gestrickte M ziehen), bis zu den letzten 3 M str, 2 M re zus, 1 M re. Diese Abnahmen noch 5× alle 5 cm wdh = 146 (156) 166 (176) 186 M.

In einer Höhe von 60 (61) 62 (64) 65 cm für das **Armloch an beiden Seiten** 1× 7 M abketten, dann noch 6× in jeder 2. R je 1 M abn: In der Hinr 1 M re, 2 M re zus, bis zu den letzten 3 M str, 1 Überzug, 1 M re = 120 (130) 140 (150) 160 M.

In einer Höhe von 22 (23) 24 (24) 25 cm ab Armloch mit den Abn für den **Halsausschnitt** und die **Schulterschrägen** beginnen. Für den Halsausschnitt die mittleren 34 M abketten und beide Seiten getrennt beenden. Dann in jeder 2. R für die Ausschnittrundung 2× 2 M und **gleichzeitig** für die **Schulter** 3× 13 M (1× 14 M und 2× 15 M) 1× 17 M und 2× 16 M (3× 18 M) 1× 19 M und 2× 20 M abketten.

Die **andere Seite** gegengleich arb.

LINKES VORDERTEIL
70 (74) 78 (82) 90 M in Leinen auf der dünneren Nadel anschlagen und 5 cm im Rippenmuster str, dabei in der Rückr mit 2 M li beginnen.

Zur dickeren Nadel wechseln und 2 R glatt re str, dabei in der 2. R gleichmäßig verteilt 0 (1) 2 (3) 0 M zun = 70 (75) 80 (85) 90 M.

Mit der 1. R des Einstrickmusters nach Zählmuster II beginnen, dabei den Pfeil für die gewünschte Größe beachten. Am rechten Pfeil beginnen und bis zum linken Rand des Zählmusters str. Die 1.–69. R stets wdh.

In einer Höhe von 25 (26) 27 (29) 30 cm **am rechten Rand** 1 M abn: In der Hinr 1 M re, 1 Überzug, bis R-Ende str. Diese Abnahme noch 5× alle 5 cm wdh = 64 (69) 74 (79) 84 M.

In einer Höhe von 54 (55) 56 (58) 59 cm Für die Ausschnittrundung 1 M abn:

In der Hinr bis zu den letzten 3 M str, 2 M re zus, 1 M re. Die Abn noch 11× in jeder 6. R wdh.

In einer Höhe von 60 (61) 62 (64) 65 cm für das **Armloch am rechten Rand** 1× 7 M abketten, dann noch 6× in jeder 2. R je 1 M abn: In der Hinr 1 M re, 2 M re zus und bis R-Ende str.

In einer Höhe von 22 (23) 24 (24) 25 cm ab Armloch hoch die **Schulterschrägung** wie beim Rückenteil arb.

RECHTES VORDERTEIL

Gegengleich zum linken Vorderteil nach Zählmuster III str. Das Einstrickmuster am rechten Rand des Zählmusters beginnen und bis zu dem Pfeil für die gewünschte Größe str.

ÄRMEL

68 (68) 72 (72) 76 M in Leinen auf dem dünneren Nadelspiel anschlagen und auf 4 Nadeln verteilen. Den Rd-Übergang zwischen der 1. und der 4. Nadel mit 1 MM markieren. Für das Bündchen 8 cm im Rippenmuster in Rd str. Der Ärmel kann auch auf der langen Rundstricknadel mit der Magic Loop-Technik gearbeitet werden (siehe Seite 191).

Zur dickeren Nadelstärke wechseln. 2 Rd glatt re str, dabei in der 2. Rd gleichmäßig verteilt 2 (6) 6 (6) 4 M zun = 70 (74) 78 (78) 80 M.

Mit der 1. Rd des Einstrickmusters nach Zählmuster IV beginnen, dabei den Pfeil für die gewünschte Größe beachten: Am rechten Pfeil beginnen und am linken Pfeil enden. Die 2.–116. (120.) 120. (124.) 124. Rd der Zählmuster IV und V arb, dabei wie dort angegeben zun: Am Rd-Beginn 1 M str, den Querfaden zwischen 2 M rechts verschränkt str, bis 1 M vor dem MM str, 1 M genauso zun, 1 M re. Nach den Zun liegen 110 (114) 120 (120) 124 M auf der Nadel.

Nach der 116. (120.) 120. (124.) 124. Rd beträgt die Ärmellänge 50 (51) 51 (52) 52 cm. Das Einstrickmuster in R nach Zählmuster fortsetzen und dabei **an beiden Seiten** 1× 7 M, dann noch 6× in jeder 2. R wie folgt je 1 M abketten: In der Hinr 1 M str, 2 M re zus, bis zu den letzten 3 M str, 1 Überzug, 1 M.

Den **zweiten Ärmel** ebenso arb.

FERTIGSTELLEN

Die Teile mit der linken Seite nach oben flach hinlegen, anfeuchten, in Form ziehen und liegend trocknen lassen.

Die Schulter- und Seitennähte schließen.

Die vordere Kante wird zweiteilig in Leinen mit der dünneren Rundstricknadel gestrickt: 26 M aus 10 cm auffassen (M-Zahl teilbar

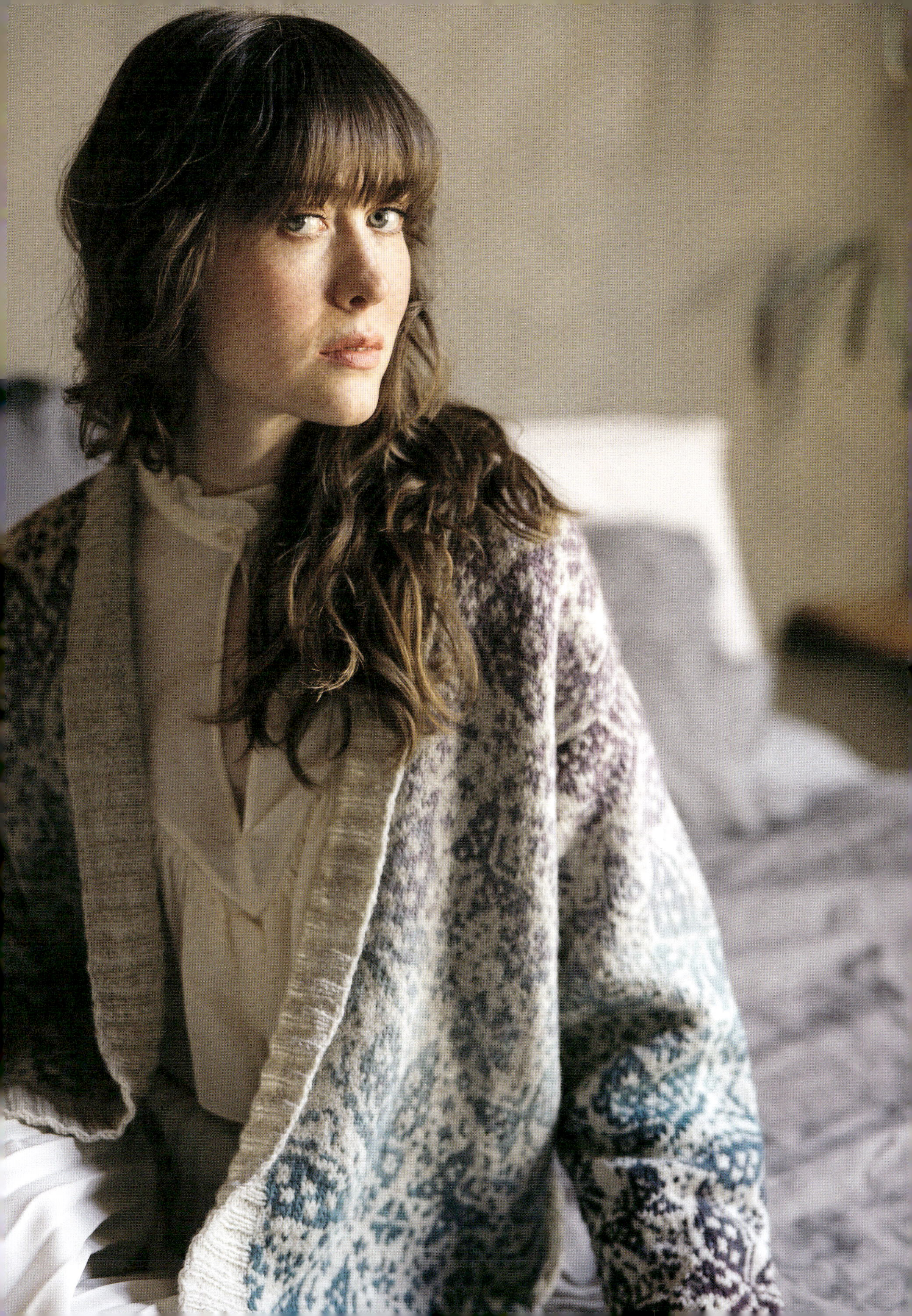

Zählmuster I
Die 1.–69. Rd stets wdh

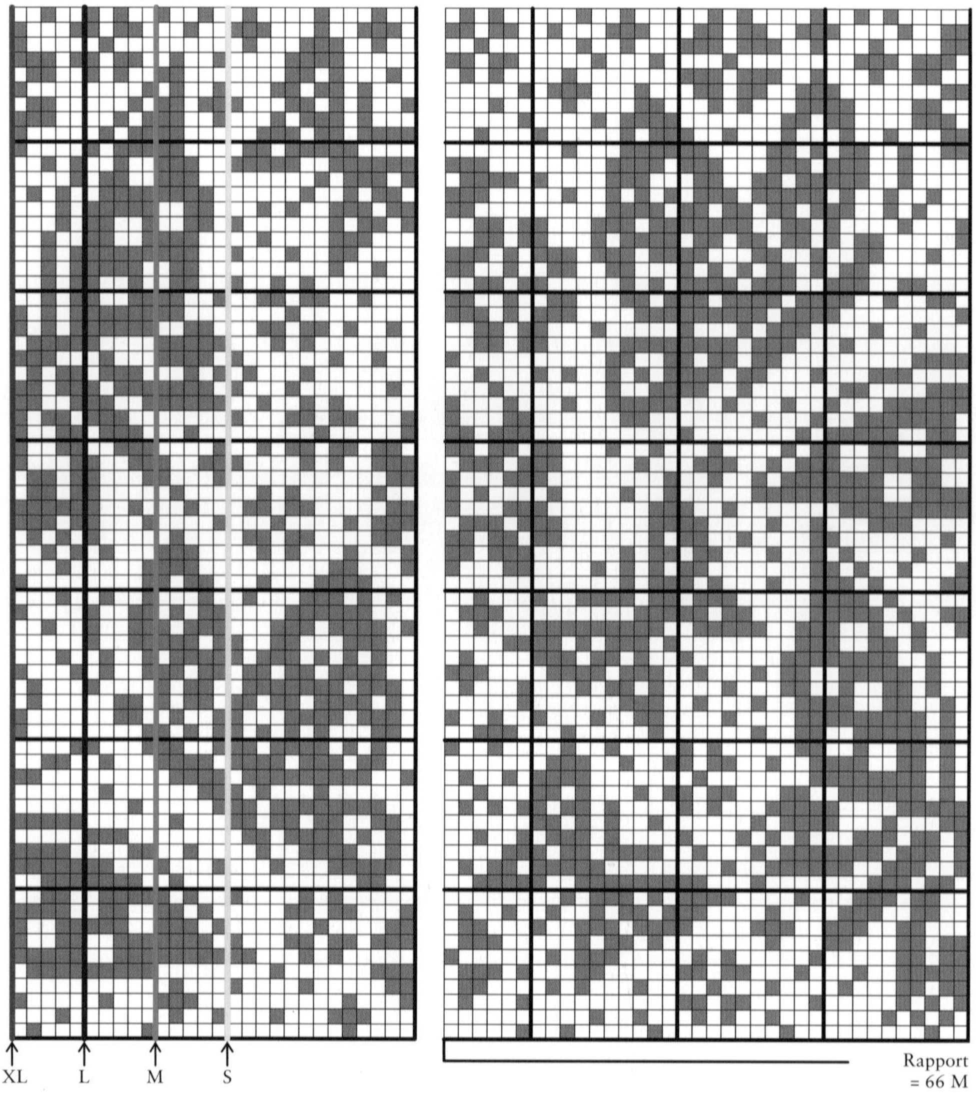

☐ = 1 M glatt re in Leinen: in Rd re, in Hinr re und in Rückr li str
■ = 1 M glatt re in Morgennebel: in Rd re, in Hinr re und in Rückr li str

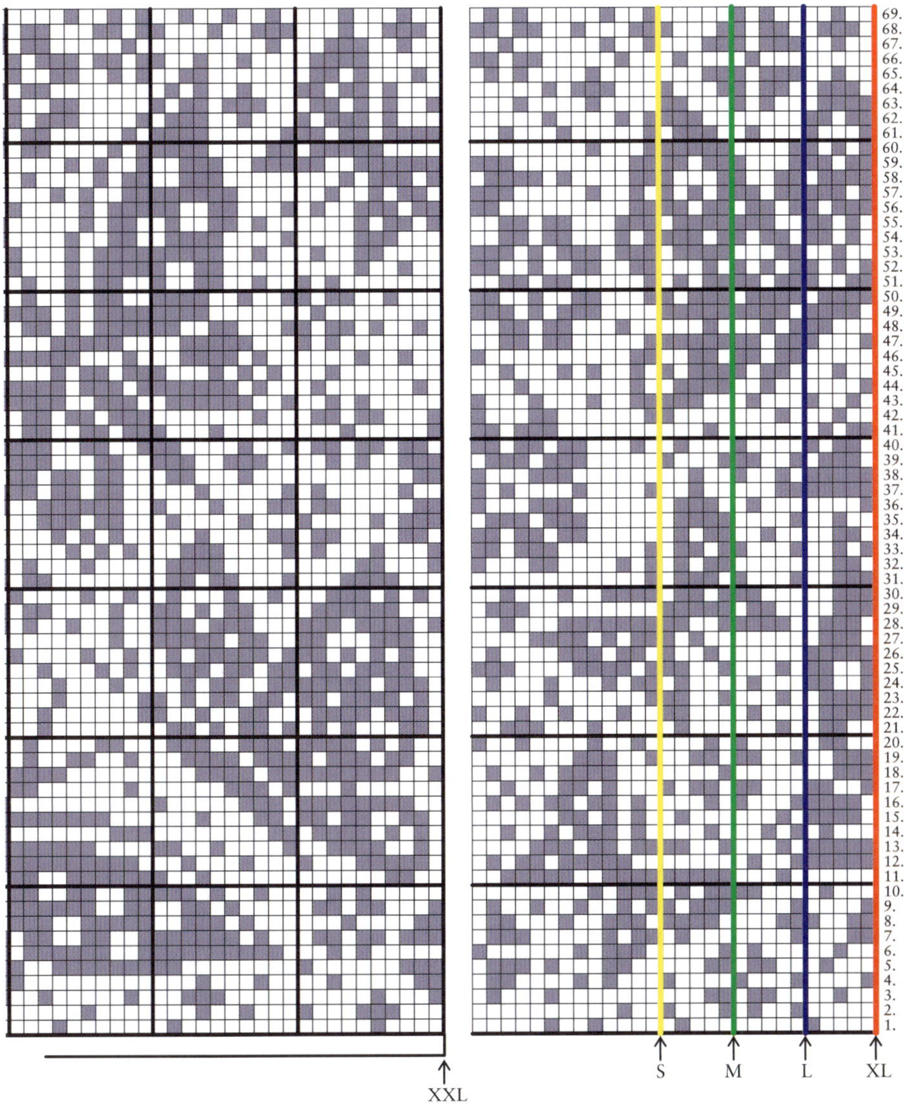
S
M
L
XL
XXL

durch 4 plus 2 M), dabei **für die linke Seite** in der hinteren Mitte des Halsausschnitts beginnen, **für die rechte Seite** an der unteren Kante des rechten Vorderteils beginnen.

Für das **Bündchen am linken Vorderteil** in der **1. R (Rückr)** mit dem Rippenmuster beginnen: 2 M li, * 2 M re, 2 M li, ab * stets wdh. In der **3. R (Rückr)** die M des linken V-Ausschnitts und die des Halsausschnitts bis zur hinteren Mitte in sechs etwa gleich große Teile einteilen und jeweils mit 1 MM markieren.

In der folgenden Hinr ab der hinteren Mitte bis zum 6. MM (= untere Kante des V-Ausschnitts des linken Vorderteils) str, die Arbeit wenden, 1 Doppel-M und bis R-Ende str. Die nächste R bis zum 5. MM str, die Arbeit wenden, 1 Doppel-M und bis R-Ende str. Mit jeder Hinr am jeweils nächsten MM vor der letzten Doppel-M wenden.

Wenn alle verkürzten R gestrickt sind, wieder über alle M str.

Wenn das Bündchen 8 cm misst, die M im Bündchenmuster locker abketten.

Das **Bündchen am rechten Vorderteil** gegengleich arb. Dann die hintere Mittelnaht am Kragen schließen.

Die **Ärmel** entsprechend den roten Markierungen in der Schnittskizze annähen.

Für den **Gürtel** mit dem dünneren Nadelspiel 18 M anschlagen und in der Rückr mit dem Rippenmuster beginnen: 3 M re, * 2 M li, 2 M re, ab * noch 2× wdh, 2 M li, die letzte M mit dem Faden vor der Arbeit abh. Die Arbeit wenden und die M str wie sie erscheinen. Die letzte M immer abheben, ohne sie zu stricken. Im Rippenmuster str, bis der Gürtel ca. 150 (150) 160 (160) 170 cm lang ist oder die gewünschte Länge erreicht hat.

Für eine **Gürtelschlaufe** 5 M auf dem Nadelspiel anschlagen und 5 M re str. * Die Arbeit nicht wenden, sondern die M und den Faden an das andere Ende der Nadel schieben und wieder 5 M re str, ab * wdh, bis ca. 6 cm gestrickt sind, dann die M abketten. Die **zweite Gürtelschlaufe** ebenso arb. Die Schlaufen auf die Seitennähte in Taillenhöhe annähen.

Zählmuster II

Linkes Vorderteil: Die 1.–69. R stets wdh

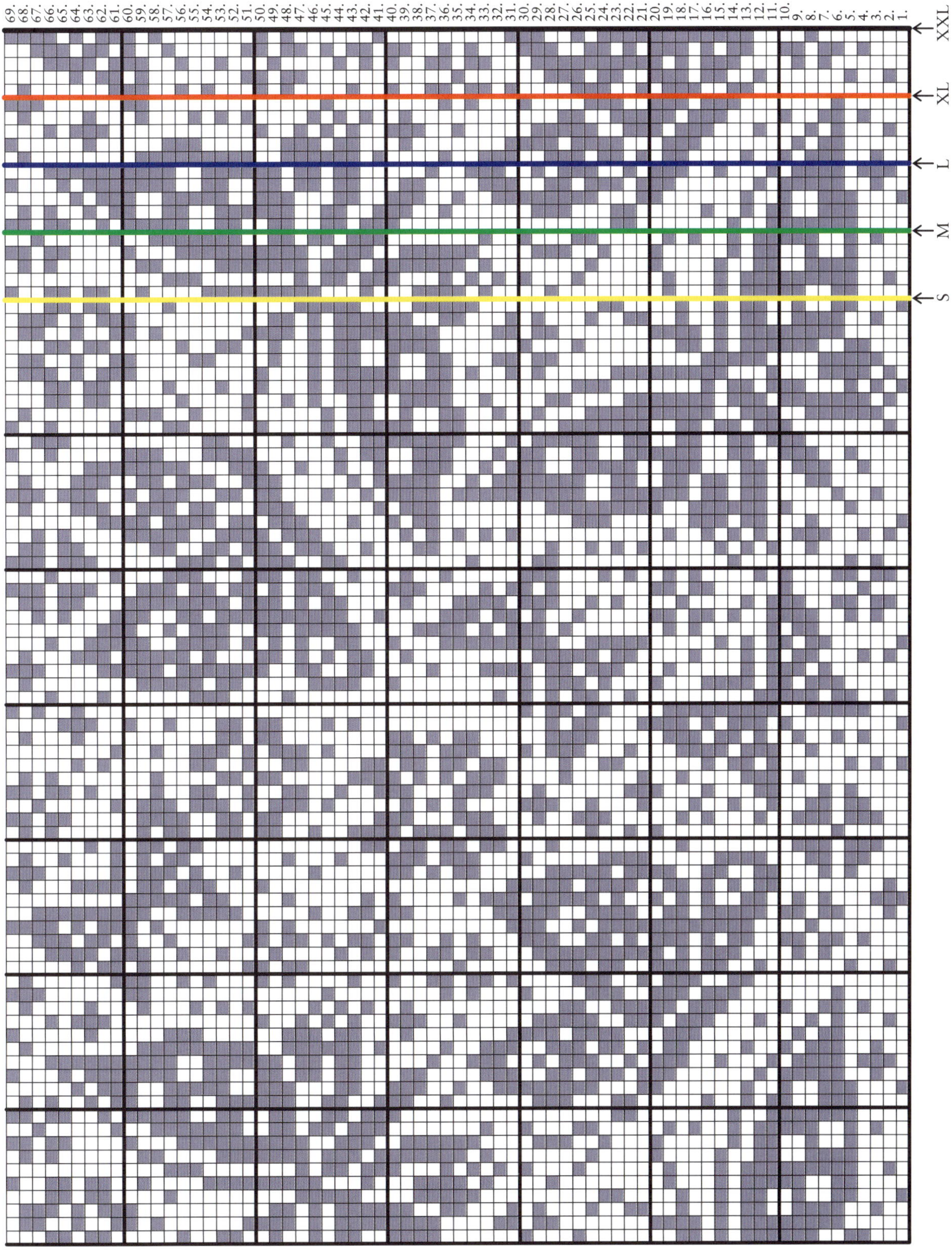

Zählmuster III

Rechtes Vorderteil: Die 1.–69. R stets wdh

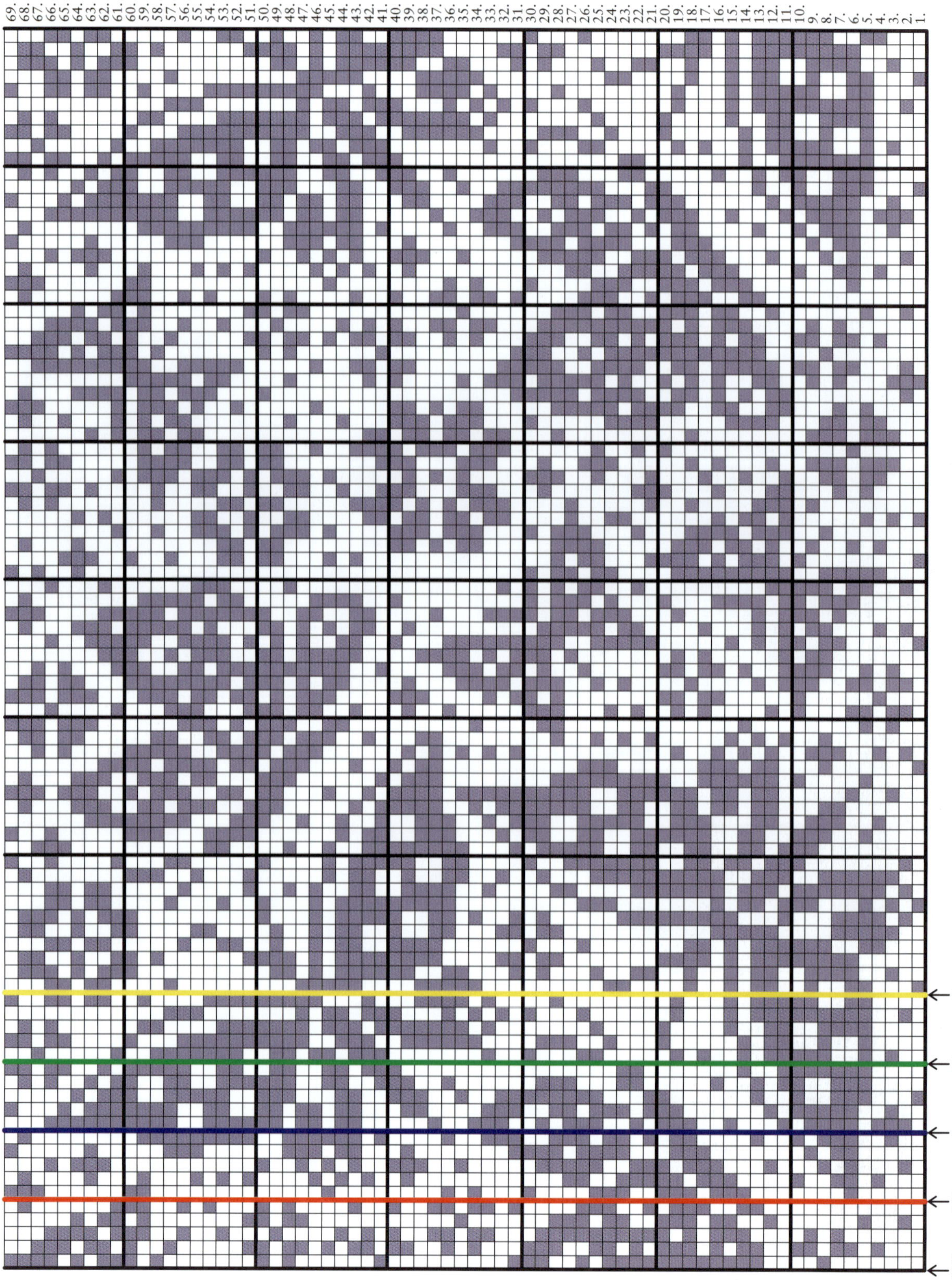

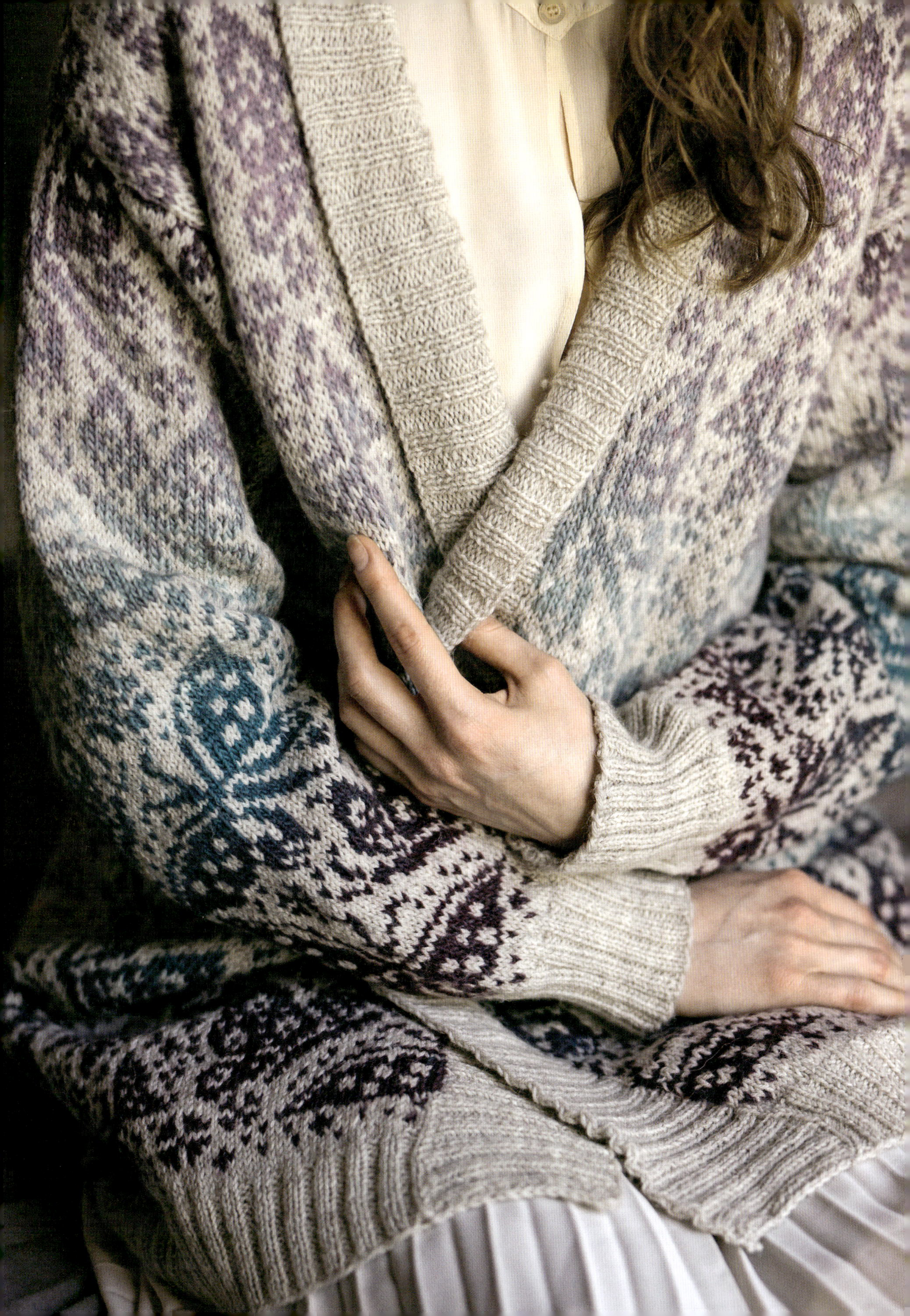

Zählmuster IV
Unterer Teil des Ärmels

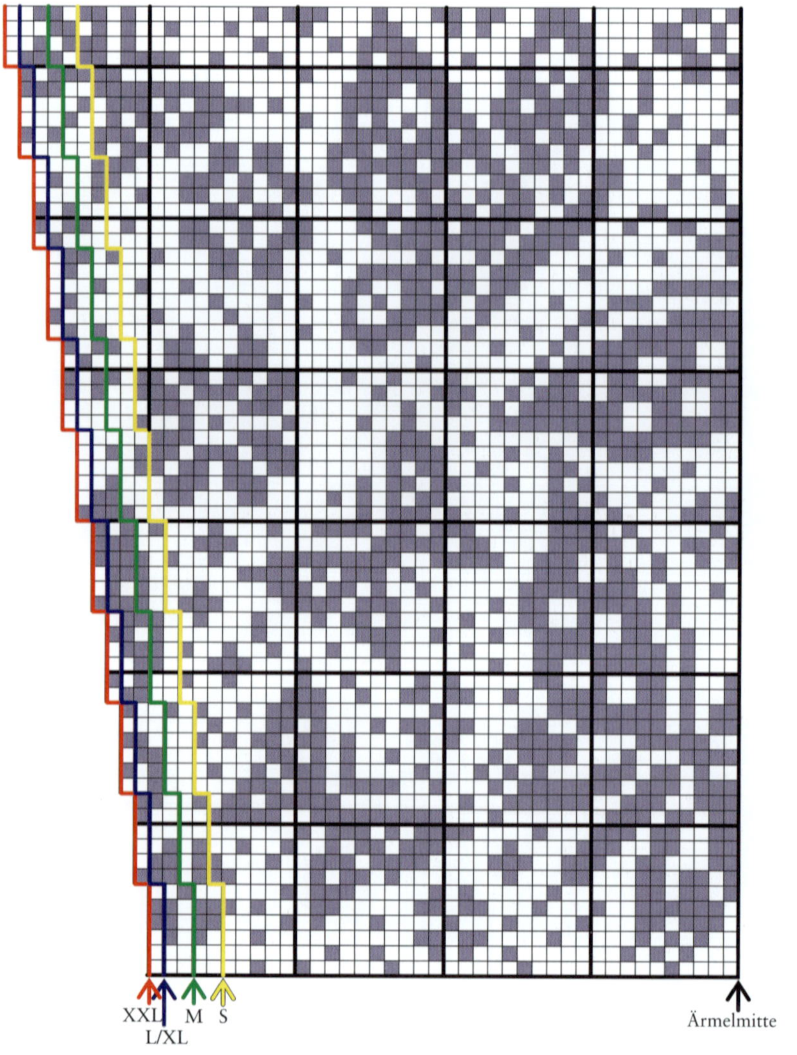

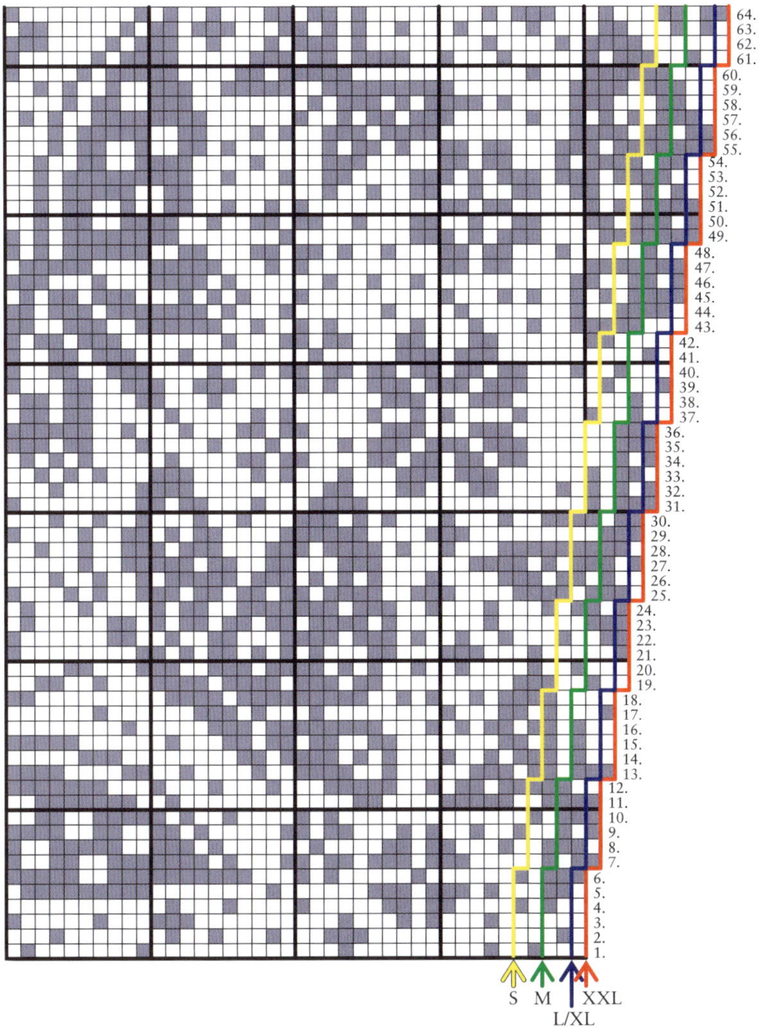
64.
63.
62.
61.
60.
59.
58.
57.
56.
55.
54.
53.
52.
51.
50.
49.
48.
47.
46.
45.
44.
43.
42.
41.
40.
39.
38.
37.
36.
35.
34.
33.
32.
31.
30.
29.
28.
27.
26.
25.
24.
23.
22.
21.
20.
19.
18.
17.
16.
15.
14.
13.
12.
11.
10.
9.
8.
7.
6.
5.
4.
3.
2.
1.
S
M
L/XL
XXL

Zählmuster V
Oberer Teil des Ärmels

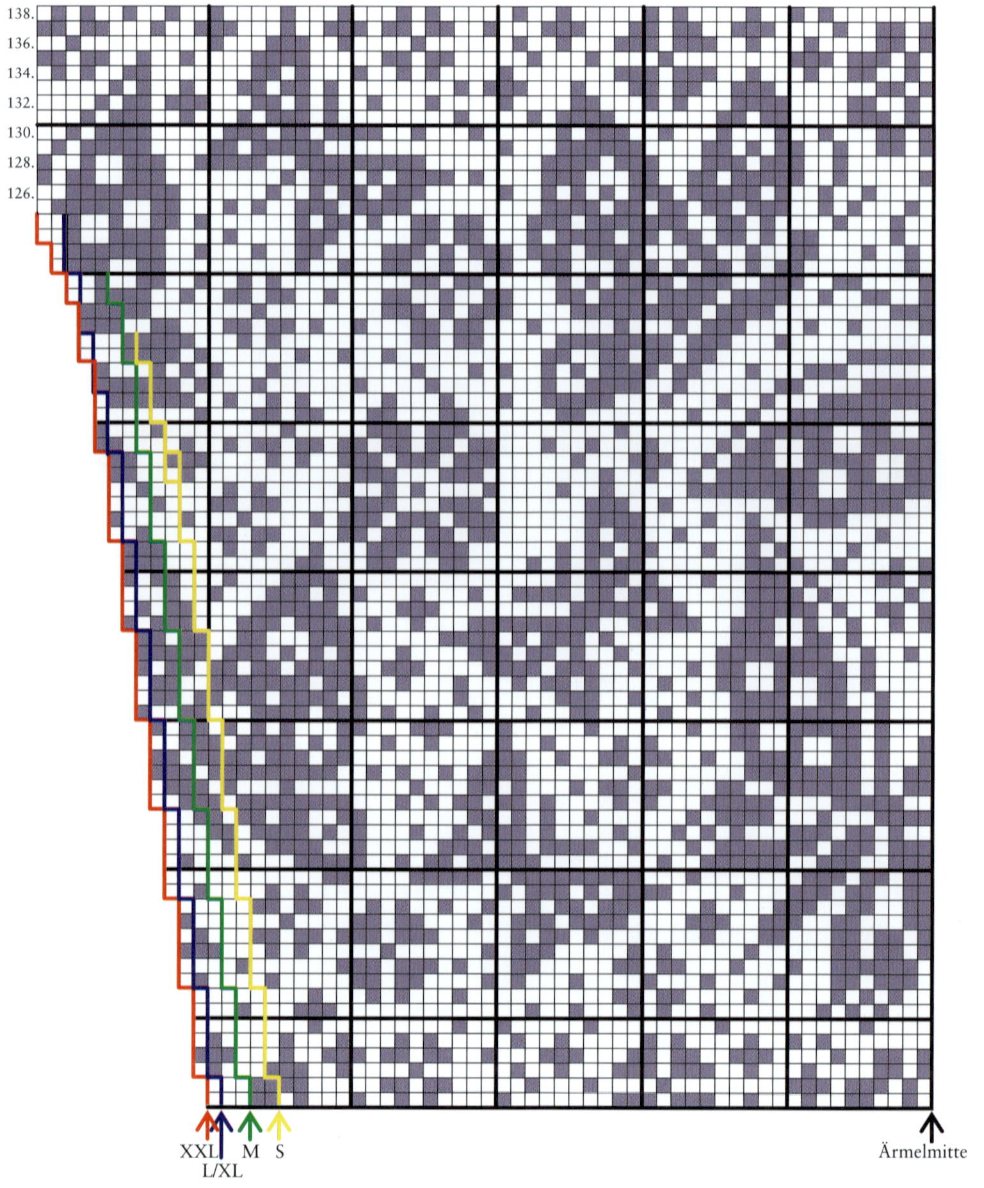

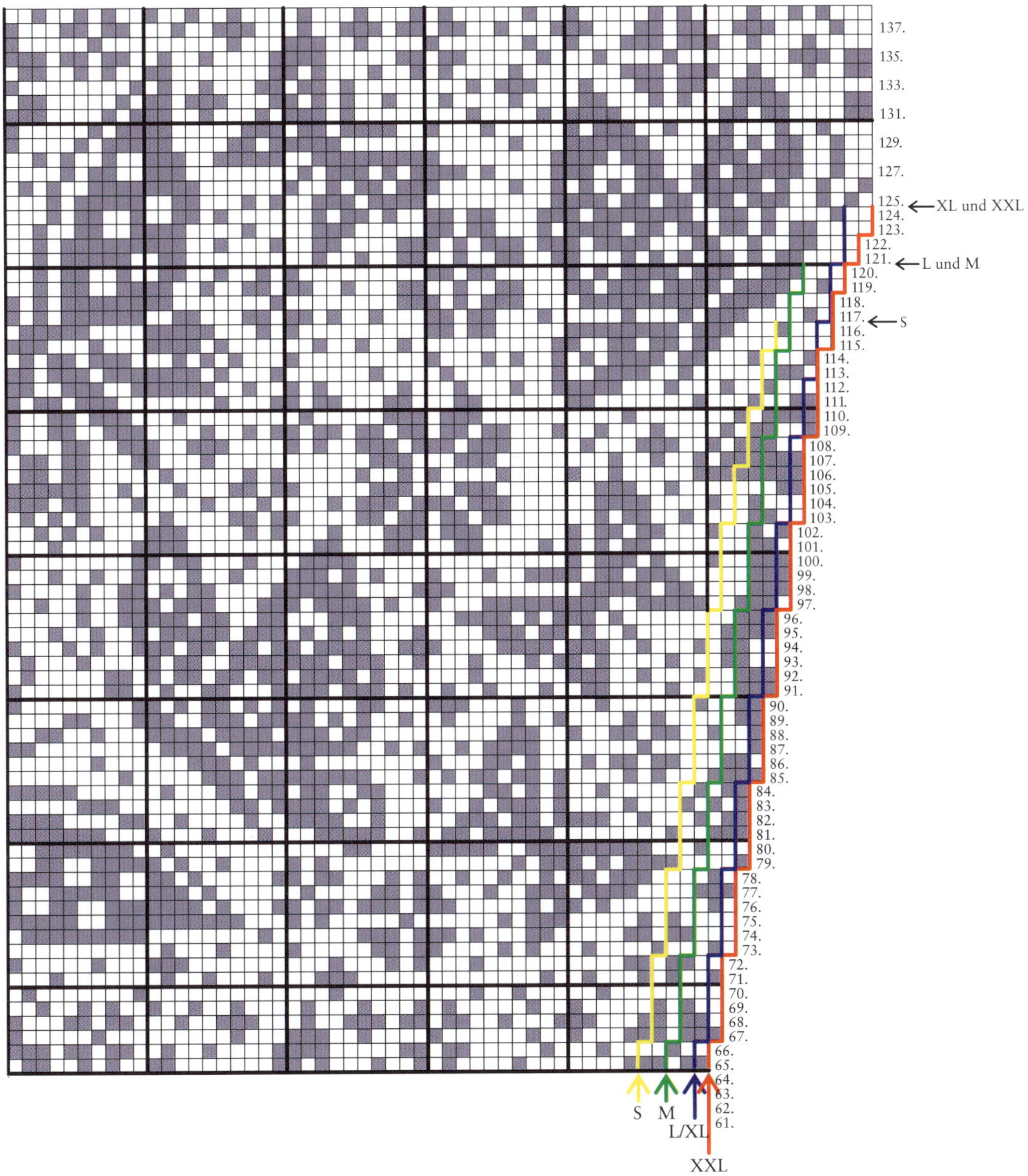
137.
135.
133.
131.
129.
127.
125. ← XL und XXL
121. ← L und M
117. ← S
S
M
L/XL
XXL

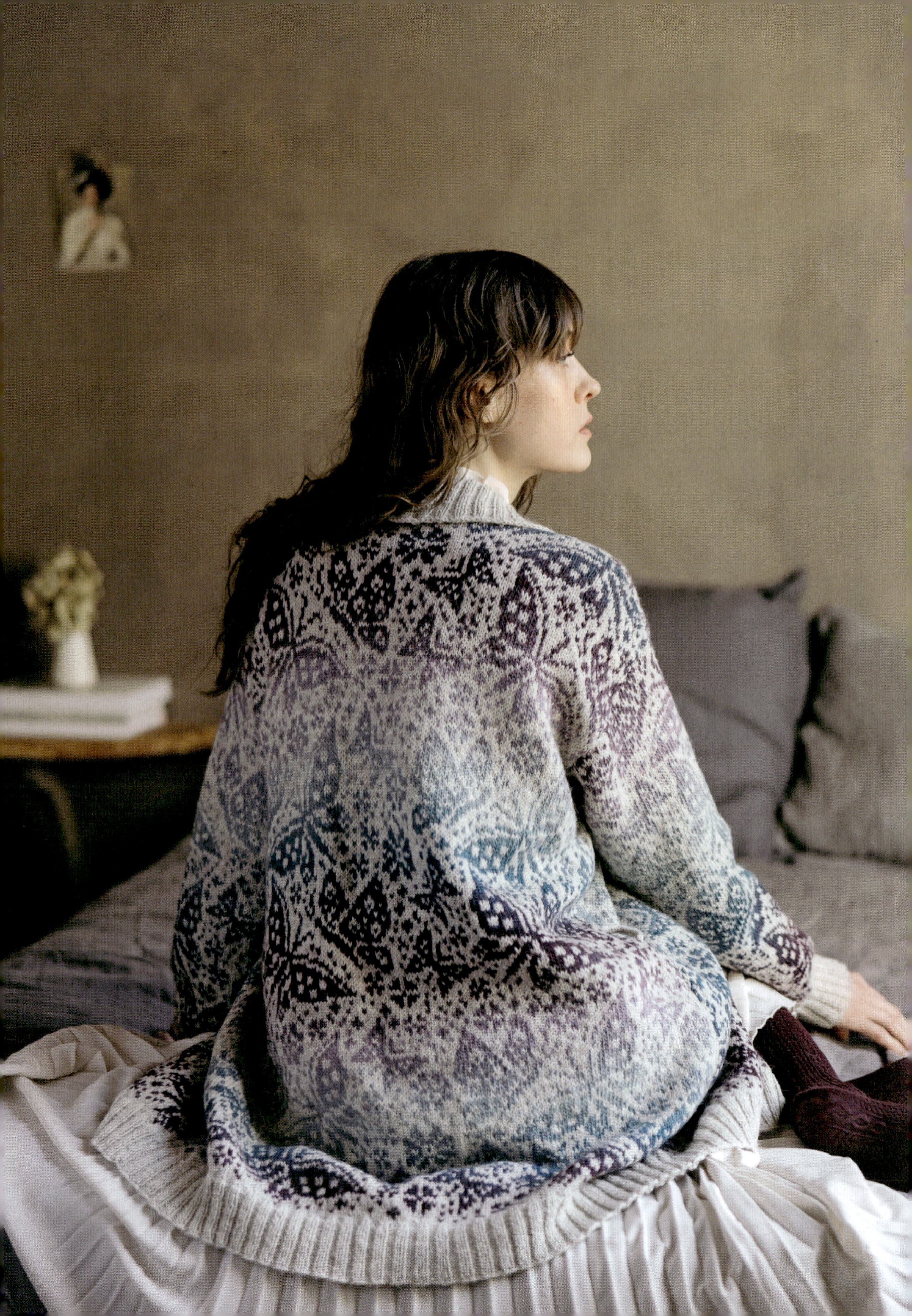

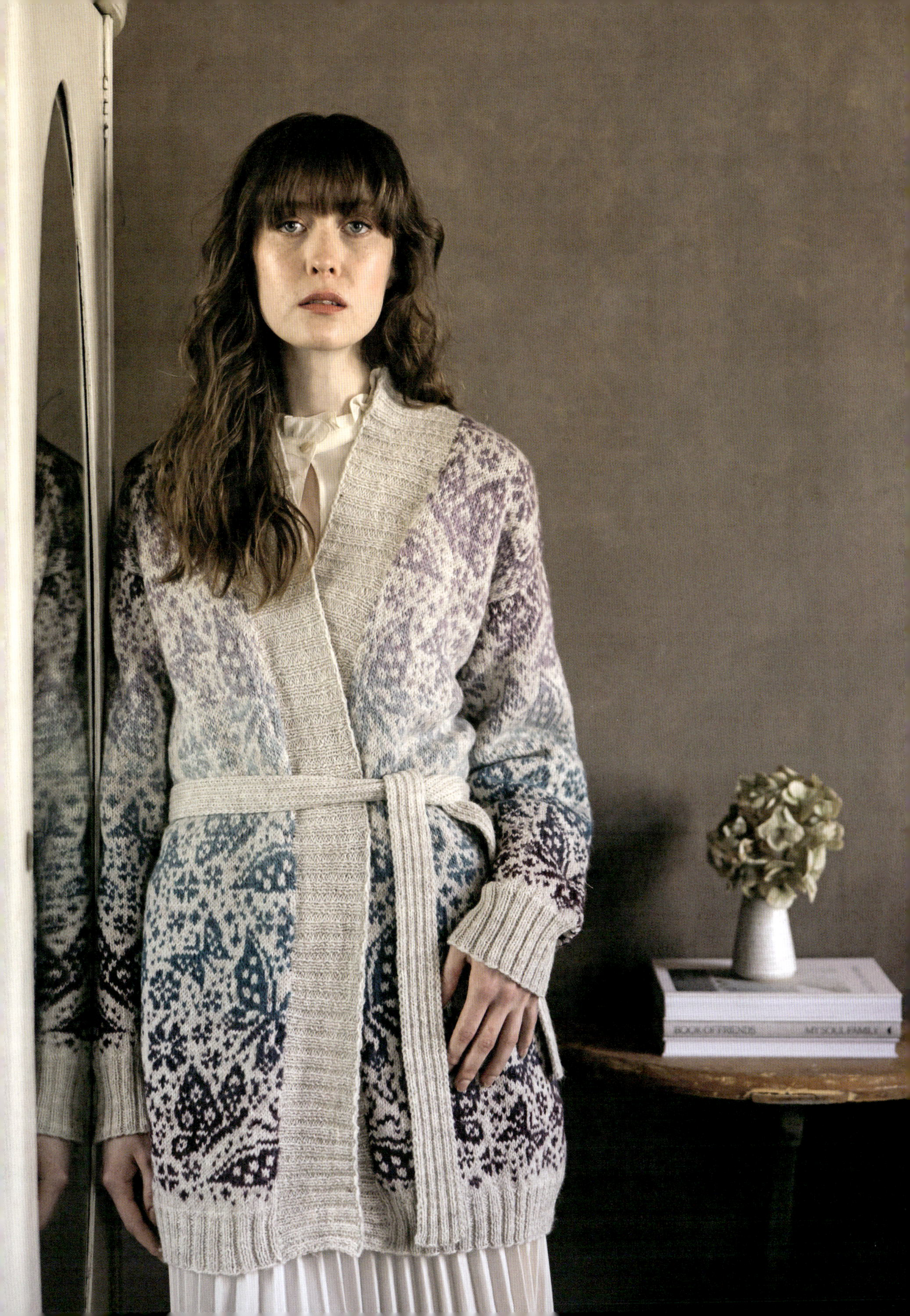
BOOK OF FRIENDS
MY SOUL FAMILY

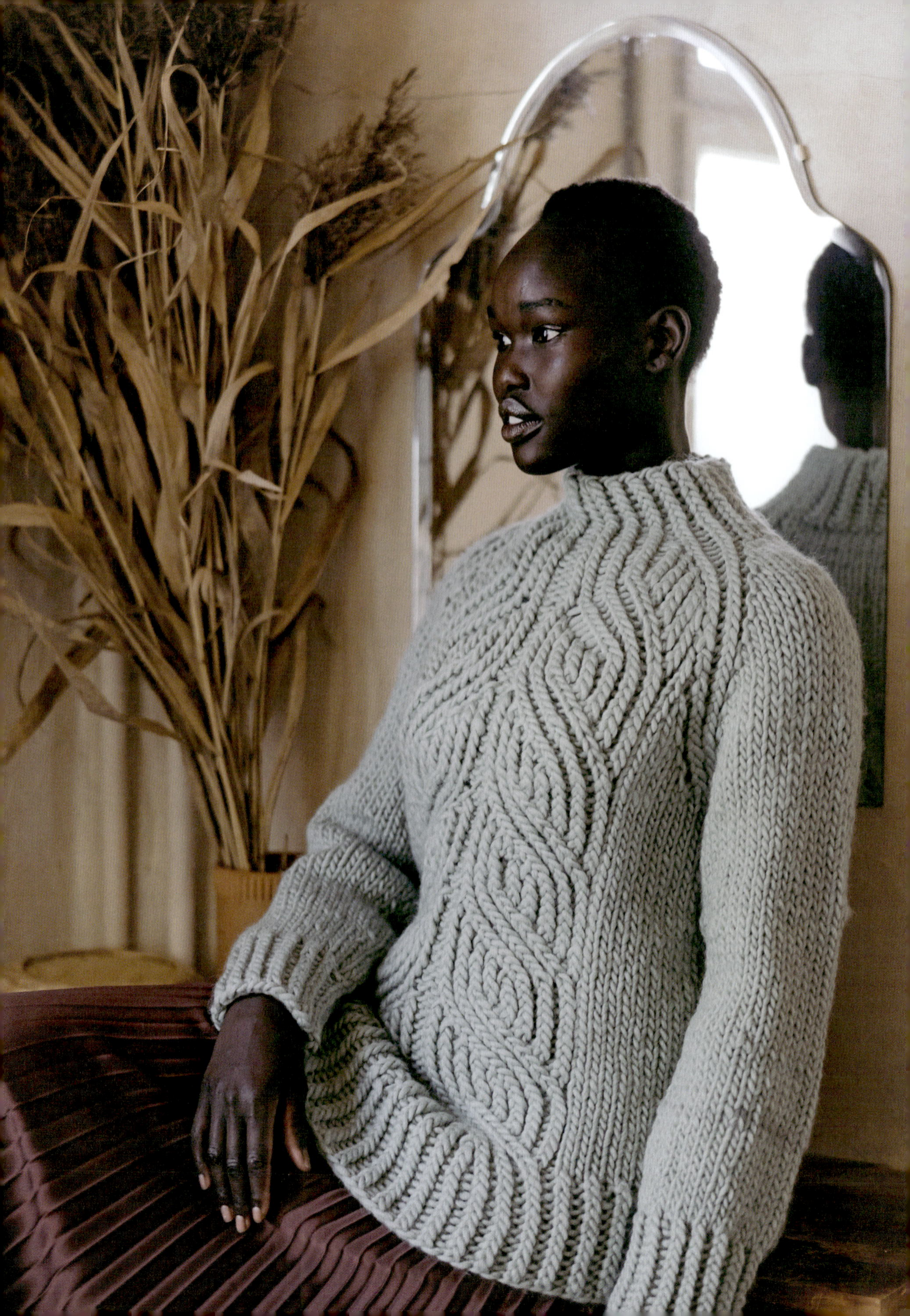

SEELEN-VERWANDTE III

– PULLOVER

Das wunderbar weiche und dicke Garn Novita Hygge besteht zu 100 % aus Wolle. Es bringt das wellenartige Zopfmuster der *Seelenverwandte III Socken* in diesem Pulli wunderbar zur Geltung. Die Raglanabnahmen an den Ärmeln sowie die verschränkten Maschen im Rippenmuster machen das Modell plastisch.

GRÖSSE XS (S) M (L) XL (XXL)
MASSE DES FERTIGEN STRICKSTÜCKS
Körperumfang 96 (104) 112 (120) 128 (136) cm
Länge in der hinteren Mitte 63 (65) 67 (69) 71 (73) cm
Innere Ärmellänge 43 (44) 45 (46) 46 (47) cm
GARNVERBRAUCH
Novita Hygge Wool (100 % Schurwolle, LL = 60 m/100 g):
900 (950) 1000 (1100) 1200 (1300) g Blauschwingel (Fb 304)
RUNDSTRICKNADELN 8 mm und 10 mm (oder entsprechend der eigenen Maschenprobe), jeweils 80 cm und 40 cm lang

NADELSPIELE 8 mm und 10 mm (oder entsprechend der eigenen Maschenprobe)
SONSTIGES Maschenmarkierer
MUSTER
Verschränktes Rippenmuster in Runden: * 1 M re verschr, 1 M li, ab * stets wdh.
Verschränktes Rippenmuster in Reihen: * 1 M re verschr, 1 M li, ab * stets wdh. In den Rückr die re M re und die li M li verschr str.
Glatt rechts in Runden: Alle M in allen Rd re str.
Strukturmuster: Nach Strickschrift und Anleitung str.
MASCHENPROBE 9 M und 14 Rd glatt rechts mit der dickeren Nadel = 10 cm × 10 cm

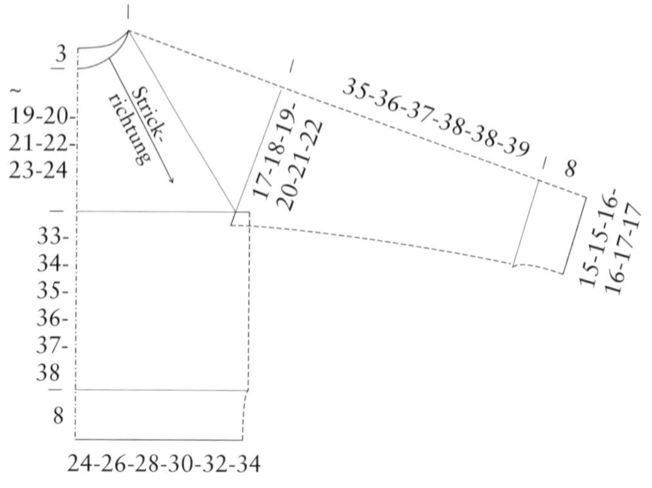

ZUNAHMEN

1 linksgeneigte Zunahme (= den Querfaden zwischen 2 M von vorne auf die li Nadel nehmen und re verschr durch das hintere M-Glied str).
1 rechtsgeneigte Zunahme (= den Querfaden zwischen 2 M von hinten auf die li Nadel nehmen und re durch das vordere M-Glied str).

HINWEIS

Der Pullover wird nahtlos von oben nach unten gestrickt. Der Pfeil in der Schnittskizze zeigt die Strickrichtung an.

OBERER TEIL

Mit dem dünneren Nadelspiel oder der kürzeren Rundstricknadel 53 M für das Halsbündchen anschlagen und im verschränkten Rippenmuster in Rd str: [1 M re verschr, 1 M li] 12× arb, 2 M re verschr, 2 M li, 2 M re verschr, [1 M li, 1 M re verschr] 11× arb, 1 M li. 8 cm im verschränkten Rippenmuster str, dabei die abweichenden M (2 M re verschr, 2 M li, 2 M re verschr) in der vorderen Mitte beachten.

Zur dickeren Nadelstärke wechseln. Die nächste Rd str, dabei für die Zunahmen wie folgt MM setzen: 1 MM am Rd-Übergang, in der hinteren Mitte, dann für das **Rückenteil** 7 M re, 1 M li, 1 M re verschr, 1 M li und die zuletzt gestrickte M mit 1 MM kennzeichnen, für den **Ärmel** 1 M re verschr, 1 M li, 3 M re, 1 M li und 1 M re verschr, 1 M li und die zuletzt gestrickte M mit 1 MM kennzeichnen, für das **Vorderteil** 18 M im verschränkten Rippenmuster wie zuvor str, 1 M li und die zuletzt gestrickte M mit 1 MM kennzeichnen, für den **2. Ärmel** 1 M re verschr, 1 M li, 3 M re, 1 M li und 1 M re verschr, 1 M li und die zuletzt gestrickte M mit 1 MM kennzeichnen, für das **Rückenteil** 1 M re verschr, 1 M li und 6 M re, am Rd-Ende 1 M zun, dazu den Querfaden zwischen 2 M re verschr str = 54 M.

Den **Nacken** wie folgt erhöhen: In der nächsten Rd 7 M re str, wenden. 1 M mit dem Faden vor der Arbeit li abh, den Faden straff nach hinten über die Nadel ziehen, sodass eine Doppel-M entsteht. 13 M li str, wenden. 1 Doppel-M wie zuvor bilden und bis zur vorigen Doppel-M re str. Die Doppel-M als 1 M str und noch 7 M im Muster str (bei der markierten M über 5 M im verschränkten Rippenmuster arb, Raglanlinie) und die Arbeit wenden. Wie zuvor 1 Doppel-M bilden und bis zur vorigen Doppel-M im Muster str. Die Doppel-M als 1 M li str, 7 M im Muster str, wenden. Noch 1 Doppel-M bilden und bis zum Rd-Übergang str. Dann 1 Rd im Muster über alle M str.

An beiden Seiten der markierten M mit den **Raglan-Zunahmen** beginnen. **Hinweis:** Die Zunahmen für das Vorderteil nach Strickschrift I arb, die li M sind in der Strickschrift jeweils am äußeren Rand markiert.

Die jeweils 5 M zwischen den Zunahmen als Raglanlinie im verschränkten Rippenmuster arb.

Zunahme-Rd (Zunahmen an allen Teilen): Ab der hinteren Mitte die M des Rückenteils bis 2 M vor dem 1. MM re str, 1 **linksgeneigte Zunahme**, 5 M im verschränkten Rippenmuster (2 M + markierte M + 2 M), 1 **rechtsgeneigte Zunahme**, die M des Ärmels bis 2 M vor dem nächsten MM re str, 1 **linksgeneigte Zunahme**, 1 M li, 1 M re verschr, dann die M des Vorderteils im Strukturmuster nach Strickschrift I ab der 1. Rd arb und wie dort angegeben zun, anschließend 1 M re verschr, 1 M li, 1 **rechtsgeneigte Zunahme**, dann die M des 2. Ärmels bis 2 M vor dem nächsten MM re str, 1 **linksgeneigte Zunahme**, 5 M im verschränkten Rippenmuster arb, 1 **rechtsgeneigte Zunahme** und die M des Rückenteils bis Rd-Ende re str. In der Rd wurden 8 M zugenommen = 62 M.

Zwischen-Rd (Zunahmen nur am Vorderteil): Die M des Rückenteils und der Ärmel str, wie sie erscheinen, dabei die zugenommenen M glatt re str. Für das Vorderteil nach der 2. Rd der Strickschrift arb. In dieser Rd werden **nur am Vorderteil** 2 M zugenommen = 64 M.

Die **Zunahme-Rd** wdh = 72 M.

Die **Zwischen-Rd** arb, dabei nur am Vorderteil zun (4. Rd der Strickschrift) = 74 M.

Die **Zunahme-Rd** wdh = 82 M.

Die **Zwischen-Rd** arb, dabei nur am Vorderteil zun (6. Rd der Strickschrift) = 84 M.

Die **Zunahme-Rd** wdh = 92 M.

Die **Zwischen-Rd** arb, dabei nur am Vorderteil zun (8. Rd der Strickschrift) = 94 M.

Ab jetzt wird auch beim Vorderteil nur noch in jeder 2. Rd zugenommen: Die Zuname-Rd und die Zwischen-Rd (für das Vorderteil weiter nach der Strickschrift) weiter abwechseln, bis die 16. Rd der Strickschrift I gestrickt ist = 126 M: 36 M Rückenteil, 44 M Vorderteil und 23 M pro Ärmel.

Am Anfang und am Ende des Strukturmusters je 1 MM setzen. Die Stellen sind in der Strickschrift I mit einem roten Pfeil am oberen Rand gekennzeichnet. So sind die Zunahmen leichter zu arb.

Die Zunahmen am Vorderteil 2 M von der markierten M entfernt vornehmen, die zugenommenen M glatt re str.

Am Vorderteil das Strukturmuster ab der 1. Rd nach Strickschrift II arb, dabei die 1.–10. Rd stets wdh, dabei je nach der gewünschten Größe zun:

Die Zunahmen am **Rückenteil** noch 3× (4×) 5× (7×) 8× (9×), am **Ärmel** noch 3× (3×) 4× (5×) 6× (6×) und am **Vorderteil** noch 3× (4×) 5× (7×) 8× (9×) in jeder 2. Rd wdh.

Die Arbeit hat jetzt 150 (154) 162 (174)182 (186) M insgesamt: 42 (44) 46 (50) 52 (54) M Rückenteil, 29 (29) 31 (33) 35 (35) M Ärmel und 50 (52) 54 (58) 60 (62) M Vorderteil.

Dann die M **wie folgt aufteilen**: Für das Rückenteil 21 (22) 23 (25) 26 (27) M re str (= die 1. Hälfte der M des Rückenteils), die 29 (29) 31 (33) 35 (35) M des 1. Ärmels auf einem Hilfsfaden stilllegen, für das Armloch 1 (3) 4 (4) 5 (7) M anschlagen, die 50 (52) 54 (58) 60 (62) M des Vorderteils str (dabei die mittleren 36 M nach Strickschrift II arb), die 29 (29) 31 (33) 35 (35) M des 2. Ärmels auf einem Hilfsfaden stilllegen, für das 2. Armloch 1 (3) 4 (4) 5 (7) M anschlagen und die restlichen 21 (22) 23 (25) 26 (27) M für das Rückenteil re str.

UNTERES VORDER- UND RÜCKENTEIL

Die 94 (102) 108 (116) 122 (130) M für den Rumpf weiter im Muster str: In der vorderen Mitte das Muster über 36 M fortführen, die übrigen M glatt re str.

In einer Höhe von ca. 33 (34) 35 (36) 37 (38) cm ab Armloch zur dünneren Nadel wechseln und alle M im verschränkten Rippenmuster entsprechend dem Muster des Vorderteils str. In der 1. Rd in der Mitte des Musters am Vorderteil 1 M re und am Rd-Ende 1 M li zun. Nach 8 cm im verschränkten Rippenmuster mustergemäß abketten.

ÄRMEL

Die Ärmel entweder mit der Magic Loop-Technik (siehe Seite 191) oder auf dem Nadelspiel in Rd str. Die stillgelegten 29 (29) 31 (33) 35 (35) Ärmel-M auf die dickere Nadel heben und zusätzlich aus den für das Armloch angeschlagenen M 2 (4) 4 (4) 4 (6) M auffassen = 31 (33) 35 (37) 39 (41) M. Den Rd-Übergang in der Mitte der aus dem Armloch aufgefassten M mit 1 MM markieren.

Glatt re in Rd str.

In einer Höhe von 12 (10) 11 (8) 8 (7) cm ab Armloch **an beiden Seiten** des MM 1 M abn: 1 M str, 2 M re zus, bis zu den letzten 3 M re str, 1 Überzug (= 1 M re abh, 1 M re, die abgehobene M über die gestrickte M ziehen), 1 M re.

Diese Abnahmen noch 1× alle 12 cm (2× alle 10 cm) 2× alle 11 cm (3× alle 8 cm) 3× alle 8 cm (4× alle 7 cm) wdh = 27 (27) 29 (29) 31 (31) M. In einer Höhe von 35 (36) 37 (38) 38 (39) cm ab Armloch zur dünneren Nadelstärke wechseln und alle M im verschränkten Rippenmuster arb, dabei in der 1. Rd 1 M abn = 26 (26) 28 (28) 30 (30) M. 8 cm im verschränkten Rippenmuster str, dann mustergemäß abketten.

Den **zweiten Ärmel** ebenso arb.

FERTIGSTELLEN

Den Pullover leicht dämpfen.

Strickschrift I
Die 1.–16. Rd 1× arb

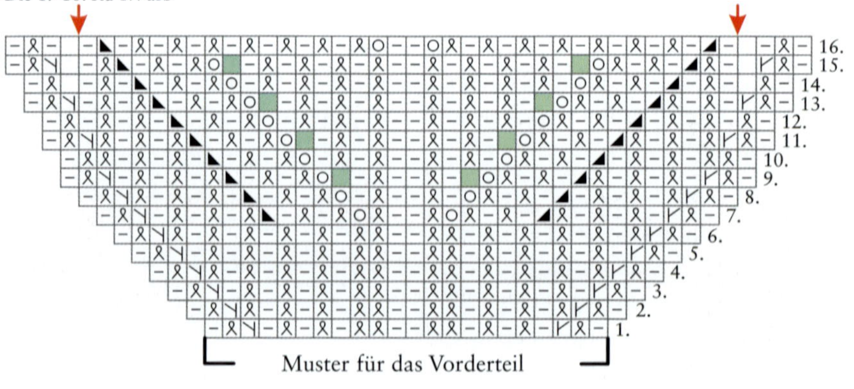

Strickschrift II
Die 1.–10. Rd stets wdh

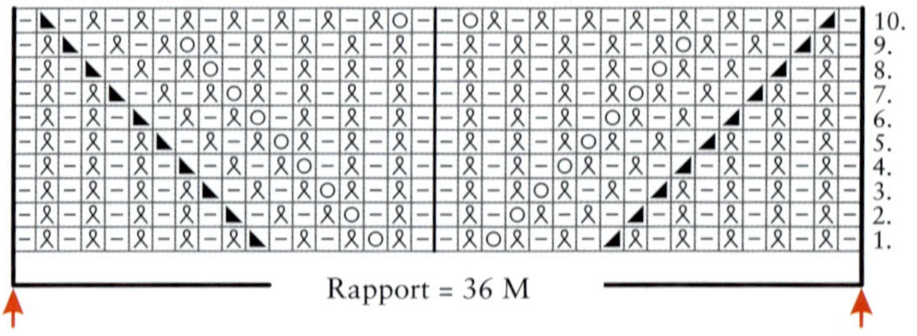

= 1 M re
= 1 M re verschr
= 1 M li
= Raglanzunahme nach rechts geneigt: den Querfaden zwischen 2 M von hinten auf die li Nadel heben und von vorn re str
= Raglanzunahme nach links geneigt: den Querfaden zwischen 2 M von vorn auf die li Nadel heben und von hinten re str
= Umschlag
= 2 M nacheinander wie zum Rechtsstricken abh und re verschr zus
= 2 M re zus
= Fortführung des Musters in der vorderen Mitte

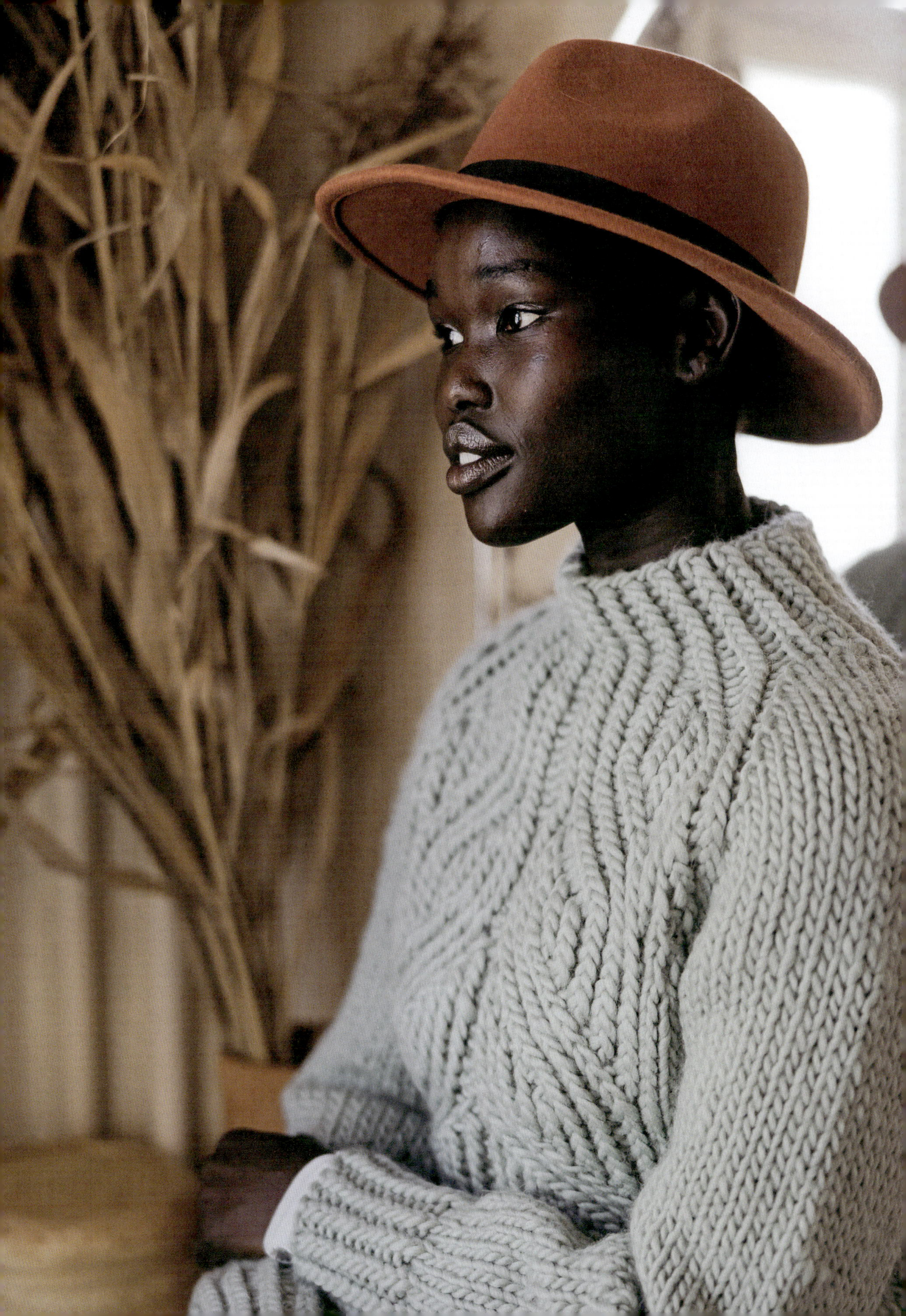

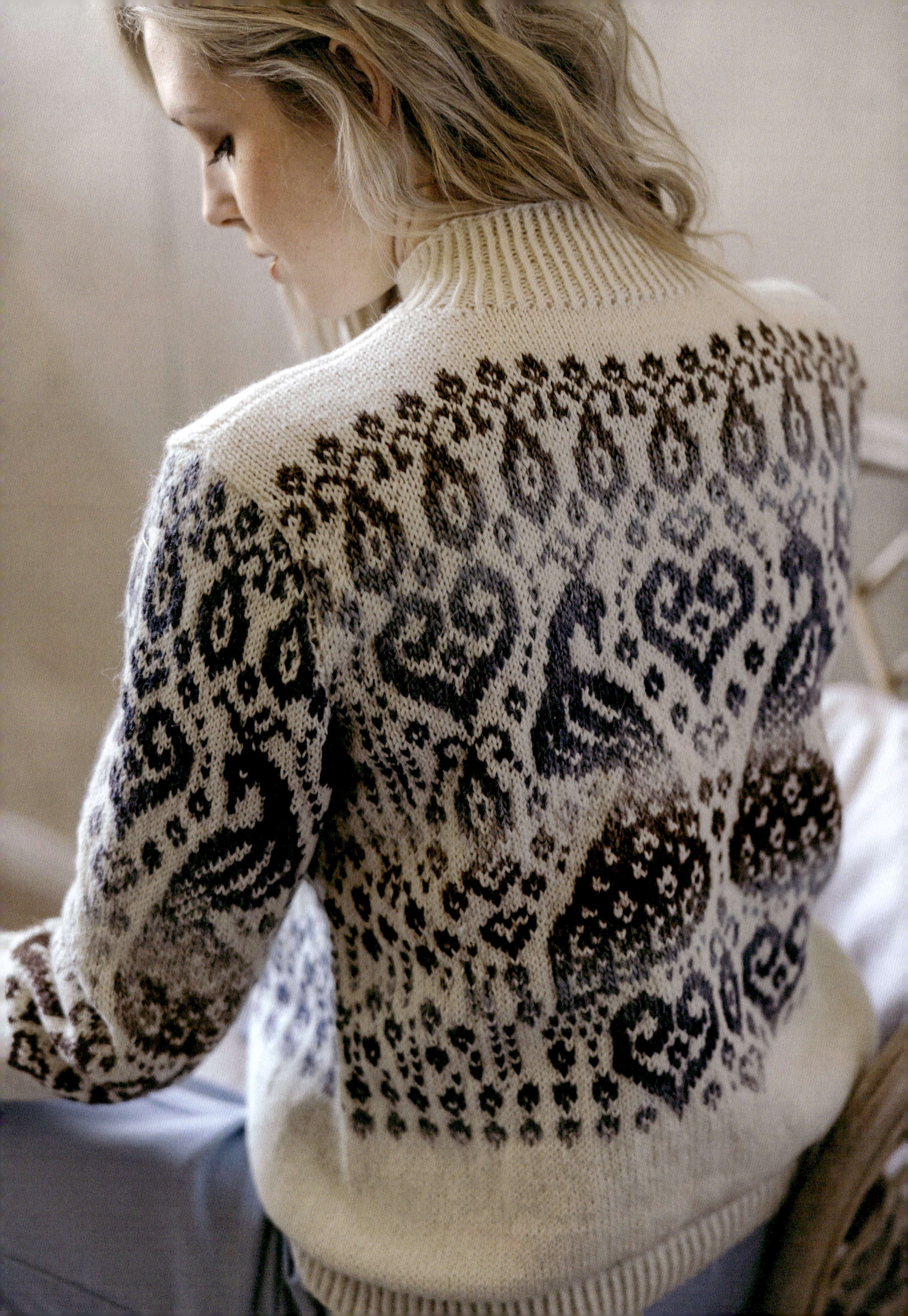

STOLZ & VORURTEIL

– PULLOVER

Der Pullover mit den gegenüberliegenden Pfauenvögeln wirkt durch den Farbverlauf des Garns Novita Kajastus sehr lebendig. Der Rapport mit den vielen Farbtönen birgt so manche Überraschung bei dem üppig gemusterten Pullover. Als Musterfarbe können Sie auch ein einfarbiges Garn wählen, wenn Sie ein ruhigeres Gesamtbild möchten. Der schöne, hohe Kragen sorgt für einen gewissen Stand.

GRÖSSE XS (S) M (L) XL (XXL)

MASSE DES FERTIGEN STRICKSTÜCKS

Körperumfang 88 (96) 104 (112) 122 (132) cm

Länge 56 (58) 60 (62) 64 (66) cm

Innere Ärmellänge 47 (48) 49 (50) 50 (51) cm

GARNVERBRAUCH

Novita Nalle (75 % Schurwolle, 25 % Polyamid, LL = 260 m/100 g): 300 (350) 400 (450) 500 (550) g Naturweiß (Fb 010) und

Novita Kajastus (75 % Schurwolle, 25 % Polyamid, LL = 280 m/100 g): 150 (200) 250 (300) 350 (400) g Meeresstrand (Fb 872)

RUNDSTRICKNADELN 3 mm und 3,5 mm (oder entsprechend der eigenen Maschenprobe), je 40 cm und 80 cm lang

NADELSPIELE 3 mm und 3,5 mm (oder entsprechend der eigenen Maschenprobe) für die Ärmel, wenn nicht mit der Magic Loop-Technik gearbeitet wird (siehe Seite 191)

MUSTER

Verschränktes Rippenmuster in Runden: * 1 M re verschr, 1 M li, ab * stets wdh.

Glatt rechts in Runden: Alle M in allen Rd re str.

Glatt rechts in Reihen: In Hinr re M, in Rückr li M str.

Einstrickmuster: Glatt rechts nach Zählmuster und Anleitung str.

Spannfäden über mehr als 5 M auf der Rückseite der Arbeit miteinander verkreuzen, dabei die Verkreuzungen in der nächsten Rd/R an anderen Stellen vornehmen.

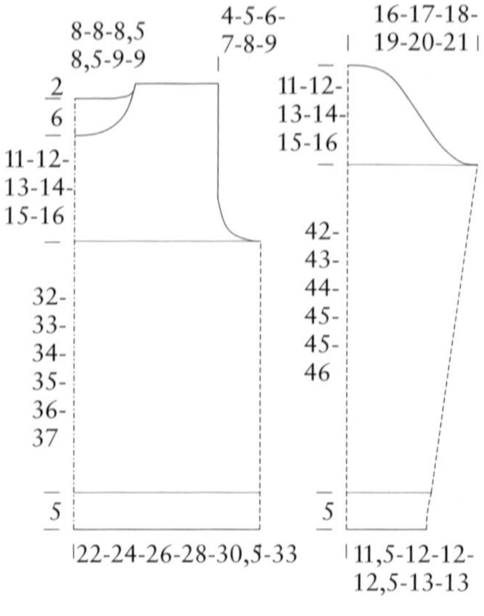

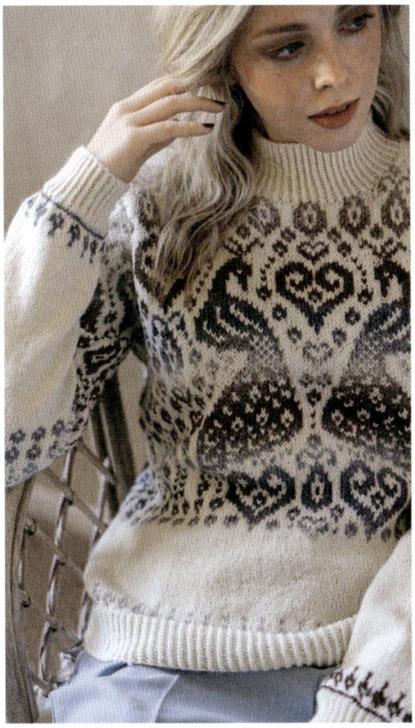

MASCHENPROBE 26 M und 28 Rd im Einstrickmuster mit der dickeren Nadel = 10 cm × 10 cm

UNTERES VORDER- UND RÜCKENTEIL

230 (250) 270 (290) 318 (342) M in Naturweiß auf der dünneren Rundstricknadel (80 cm) anschlagen, zur Rd schließen und 5 cm im verschränkten Rippenmuster in Rd str. Zur dickeren Nadel wechseln und in Naturweiß 1 Rd re str, dabei gleichmäßig verteilt 2 M zun = 232 (252) 272 (292) 320 (344) M.

Dann das schmale Einstrickmuster ab der 1. Rd nach Zählmuster I arb, dabei den Rapport von 4 M 58× (63×) 68× (73×) 80× (86×) arb. Wenn alle Rd des Zählmusters I gestrickt sind, glatt re in Naturweiß weiterarb, dabei in der 1. Rd gleichmäßig verteilt 2 M abn = 230 (250) 270 (290) 318 (342) M. Beim einfarbigen Stricken bei Bedarf zu den dünneren Nadeln wechseln.

In einer Höhe von 14 (15) 16 (17) 18 (19) cm mit dem großen Einstrickmuster nach Zählmuster II ab der 1. Rd beginnen: * Ab dem der Größe entsprechenden Pfeil am rechten Rand des Zählmusters 1 (6) 1 (6) 3 (9) M str, Abschnitt A–B 1× (1×) 2× (2×) 3× (3×) arb [= 10-10-20-20-30-30 M], Abschnitt C–D [= 93 M] str, Abschnitt F–G 1× (1×) 2× (2×) 3× (3×) arb [= 10-10-20-20-30-30 M] und 1 (6) 1 (6) 3 (9) M bis zum entsprechenden Pfeil am linken Rand str, ab * 1× wdh. Die 2.–101. Rd nach Zählmuster arb.

Nach dem Einstrickmuster wird an der **Schulter** glatt re in Naturweiß gestrickt. Beim einfarbigen Stricken bei Bedarf zu den dünneren Nadeln wechseln.

In einer Höhe von 37 (38) 39 (40) 41 (42) cm die Arbeit ab dem Rd-Übergang in Vorder- und Rückenteil teilen: 115 (125) 135 (145) 159 (171) M pro Teil.

OBERES RÜCKENTEIL

Für das Rückenteil 115 (125) 135 (145) 159 (171) M glatt re in R im Einstrickmuster arb, dabei am Anfang der 1. R für das

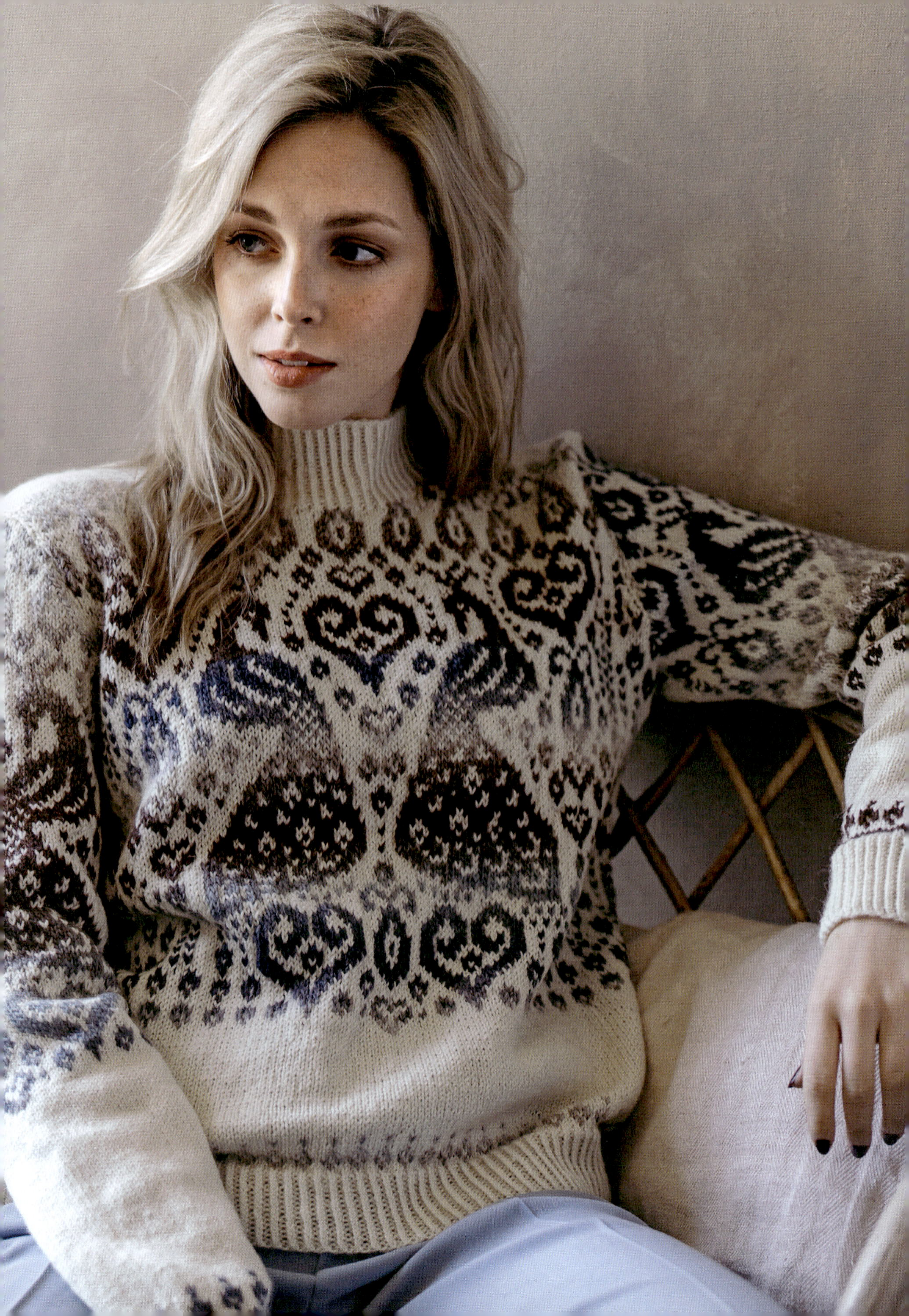

Armloch 1× 4 (5) 5 (5) 6 (6) M abketten und bis R-Ende str. Die Arbeit wenden. Für das **2. Armloch** 1× 4 (5) 5 (5) 6 (6) M abketten und bis R-Ende str. Das Einstrickmuster in R str, dabei für die Armlöcher in jeder 2. R noch 1× (1×) 2× (2×) 2× (2×) 3 M, 1× (1×) 1× (2×) 2× (3×) 2 M und 1× (3×) 3× (3×) 5× (5×) 1 M abn = 95 (99) 103 (109) 117 (125) M.

In einer Höhe von 17 (18) 19 (20) 21 (22) cm ab Armloch für den **Halsausschnitt** die mittleren 35 (35) 37 (37) 39 (39) M auf einem Hilfsfaden stilllegen und beide Seiten getrennt beenden. Für die Ausschnittrundung in jeder 2. R noch 2× 2 M abketten.

In einer Höhe von 19 (20) 21 (22) 23 (24) cm ab Armloch 26 (28) 29 (32) 35 (39) M für die **Schulter** abketten.

Die **andere Seite** gegengleich arb.

OBERES VORDERTEIL

Für das Vorderteil 115 (125) 135 (145) 159 (171) M glatt re in R im Einstrickmuster str, dabei das **Armloch** wie beim Rückenteil arb.

In einer Höhe von 11 (12) 13 (14) 15 (16) cm ab Armloch für den **Halsausschnitt** die mittleren 21 (21) 23 (23) 25 (25) M auf einem Hilfsfaden stilllegen und beide Seiten getrennt beenden. Für die Ausschnittrundung in jeder 2. R noch 2× 3 M, 1× 2 M und 3× 1 M abketten.

In einer Höhe von 19 (20) 21 (22) 23 (24) cm ab Armloch 26 (28) 29 (32) 35 (39) M für die **Schulter** abketten.

Die **andere Seite** gegengleich arb.

ÄRMEL

60 (60) 60 (64) 68 (68) M in Naturweiß auf dem dünneren Nadelspiel anschlagen, auf 4 Nadeln verteilen und zur Rd schließen. 5 cm im verschränkten Rippenmuster in Rd str. Zum dickeren Nadelspiel wechseln und in Naturweiß 1 Rd re str.

Das schmale Einstrickmuster ab der 1. Rd nach Zählmuster I arb, dabei den Rapport von 4 M 15× (15×) 15× (16×) 17× (17×) arb. Wenn alle Rd des Zählmusters I fertig gestrickt sind, glatt re in Naturweiß weiterarb, dabei in der 1. Rd gleichmäßig verteilt 1 (3) 3 (1) 1 (1) M zun = 61 (63) 63 (65) 69 (69) M. Beim einfarbigen Stricken bei Bedarf zu den dünneren Nadeln wechseln.

Bei einer Ärmellänge von 10 (9) 8 (7) 10 (10) cm an beiden Seiten des Rd-Beginns 1 M zun: 1 M re str, 1 M zun (= den Querfaden zwischen 2 M aufnehmen und re verschr str), bis 1 M vor Rd-Ende str, 1 M zun, 1 M re. Die Zunahmen alle 3 (3) 2,5 (2,5) 2 (2) cm noch 10× (11×) 14× (15×) 16× (18×) wdh = 83 (87) 93 (97) 103 (107) M.

Bei einer Ärmellänge von 26 (27) 28 (29) 29 (30) cm mit dem großen Einstrickmuster nach Zählmuster II ab der 3. Rd beginnen. Am unteren Rand des Zählmusters ist die Mitte des Musters durch einen Pfeil gekennzeichnet, von hier aus bitte den Musteranfang berechnen. Mit dem Einstrickmuster ab der 4. Rd fortfahren. Der Mittelteil des großen Musters beinhaltet 93 M, je nach gewünschter Größe Abschnitt A–B am

Zählmuster I
Die 1.–8. Rd stets wdh

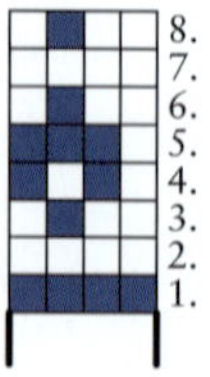

Rapport = 4 M

□ = 1 M glatt re in Naturweiß: in Rd re, in Hinr re und in Rückr li str
■ = 1 M re in Meeresstrand: in Rd re, in Hinr re und in Rückr li str
☑ = 1 M in Meeresstrand im Maschenstich auf die fertige Arbeit aufsticken

rechten Rand bzw. Abschnitt F–G am linken Rand nach Bedarf wdh.

Bei einer Ärmellänge von 47 (48) 49 (50) 50 (51) cm am Ende der nächsten Rd 5 (6) 6 (6) 7 (7) M abketten, wenden und am Ende der folgenden Rückr ebenfalls 5 (6) 6 (6) 7 (7) M abketten. Das Einstrickmuster weiter in R str, dabei in jeder 2. R an beiden Seiten 1× 3 M, 2× 2 M, 10× (11×) 12× (14×) 15× (16×) 1 M, 1× 2 M und 1× 3 M abketten. Dann alle M abketten.

Den **zweiten Ärmel** ebenso arb.

Die Teile leicht dämpfen.

Die Schulternähte schließen.

Die Ärmel einsetzen.

Halsbündchen: Die für den Halsausschnitt stillgelegten M auf die kurze Rundstricknadel heben und in Naturweiß noch weitere M aus dem Halsausschnitt auffassen, sodass insgesamt 110 (110) 114 (114 (118) 118 M auf der Nadel liegen. 6 cm im verschränkten Rippenmuster in Rd str. Die M im Musterverlauf oder mit der italienischen Methode abketten.

An den im Zählmuster angegebenen Stellen die M im Maschenstich aufsticken.

Den fertigen Pullover leicht dämpfen.

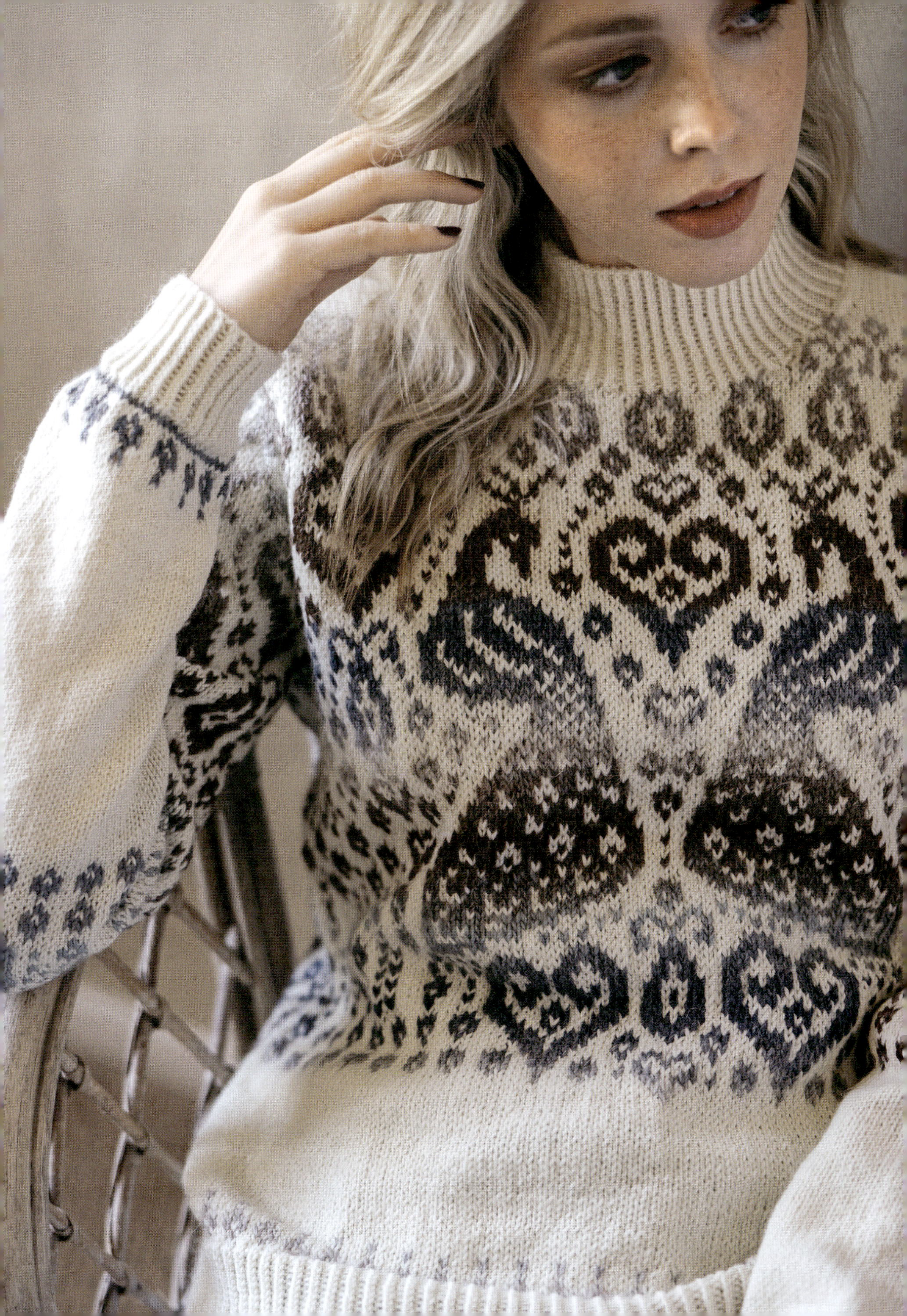

Zählmuster II
Die 1.–101. Rd 1× arb

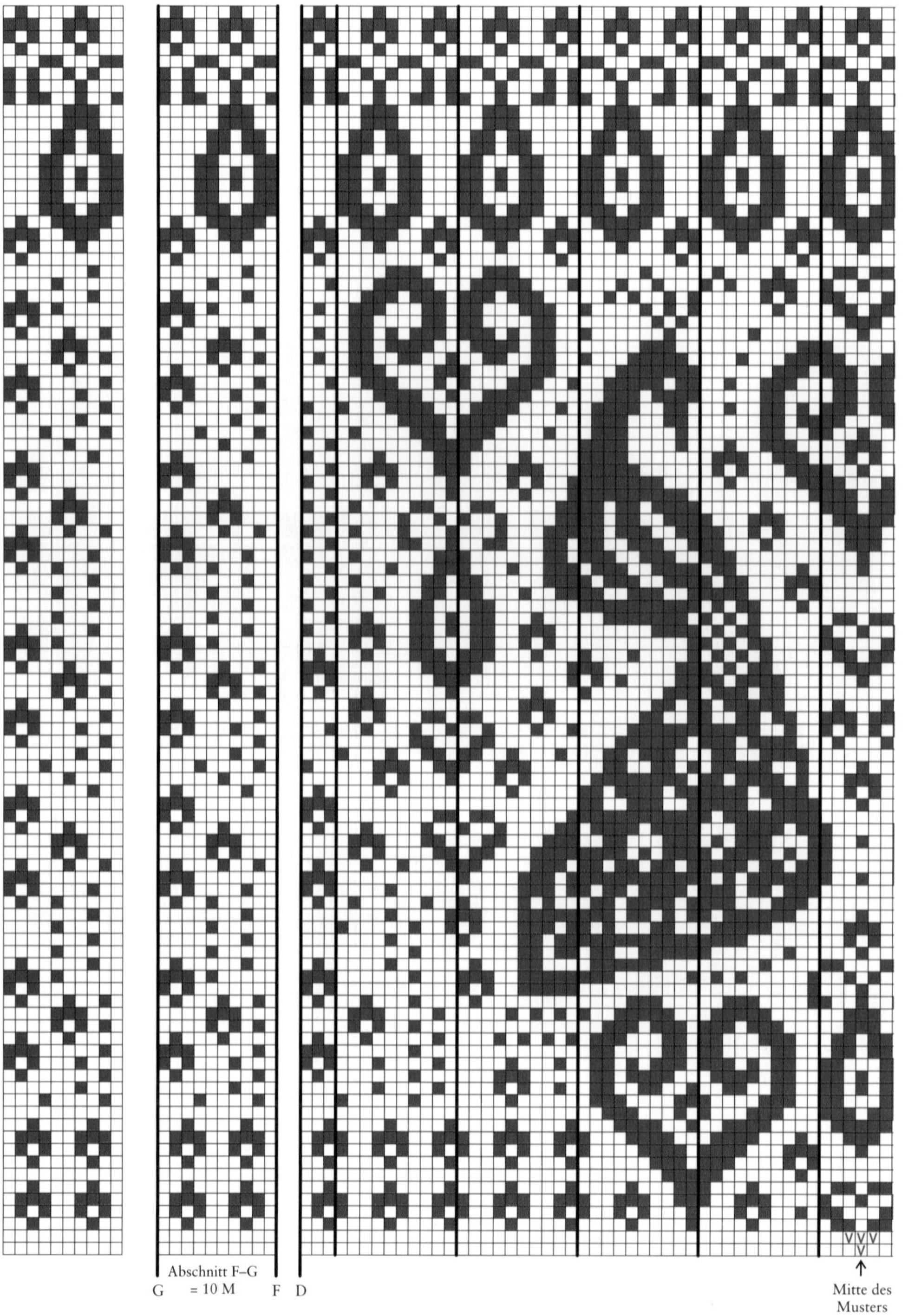

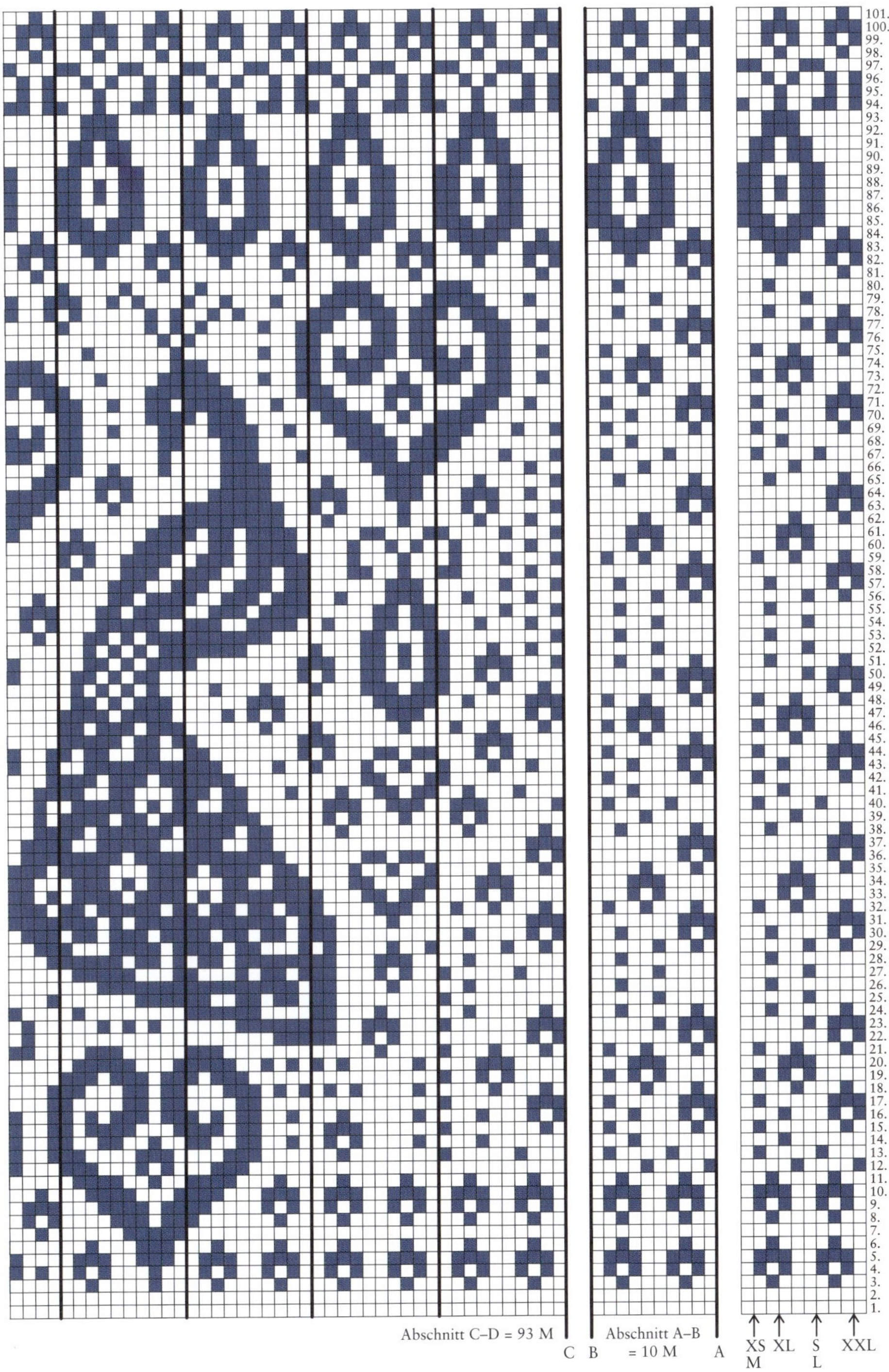

Abschnitt C–D = 93 M
C B
Abschnitt A–B = 10 M
A
XS M
XL
S L
XXL

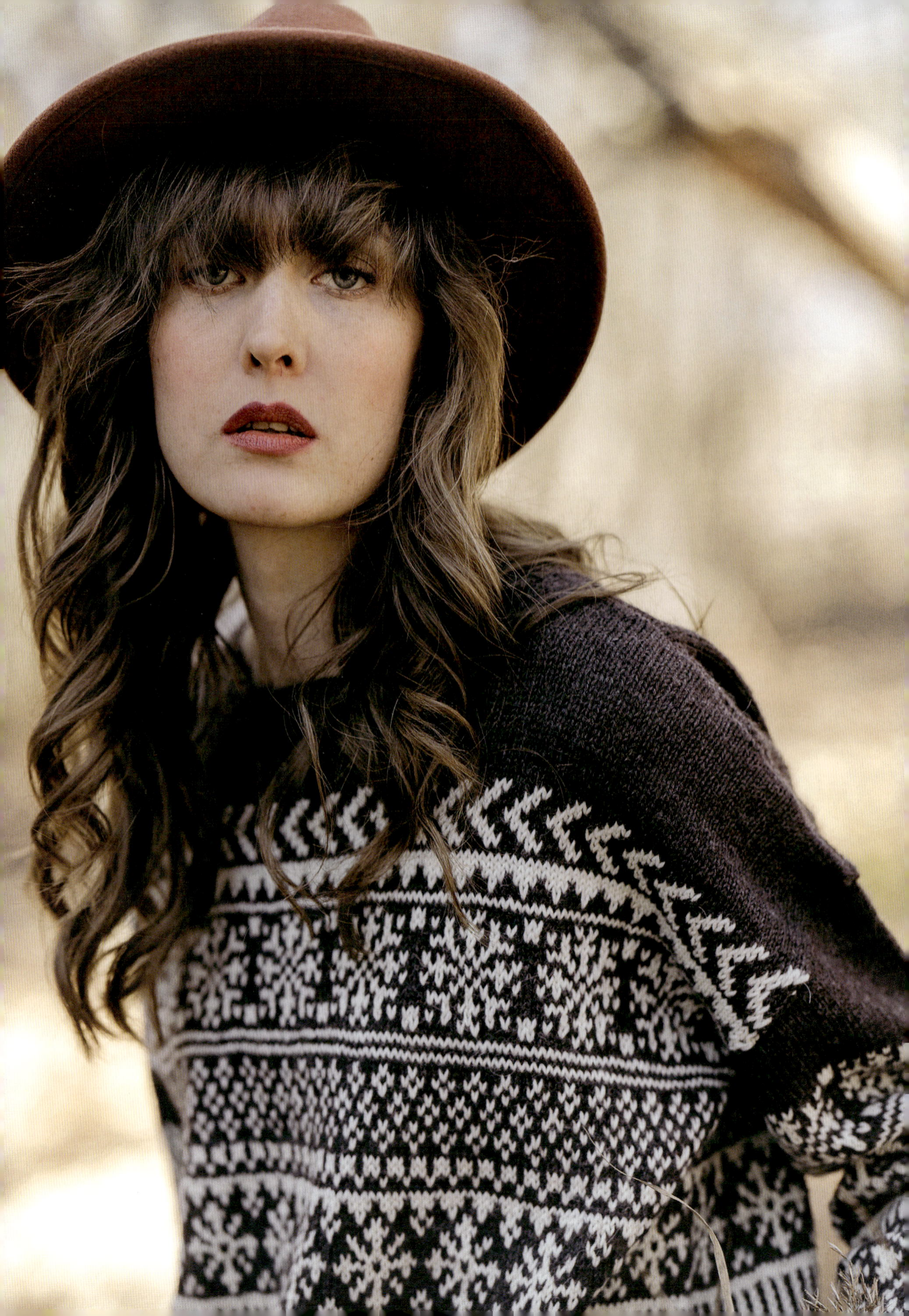

ANNALENA

– PULLOVER

Der von den Annalena-Socken inspirierte Pullover mit lässig-lockerer Passform ist ein treuer Freund für entspannte Wochenenden. Der Clou bei dem Modell sind die grafischen Muster, der Streifen mit Schneeflocken ist dabei das Highlight.

GRÖSSE XS (S) M (L) XL
MASSE DES FERTIGEN STRICKSTÜCKS
Körperumfang 92 (102) 114 (124) 136 cm
Länge 58 (60) 62 (64) 66 cm
Innere Ärmellänge 43 (44) 45 (46) 47 cm
GARNVERBRAUCH
Novita Nalle (75 % Schurwolle, 25 % Polyamid, LL = 260 m/100 g): 250 (250) 300 (350) 400 g Naturweiß (Fb 010) und 250 (300) 350 (400) 450 g Lorchel (Fb 064)
RUNDSTRICKNADELN 3 mm (oder entsprechend der eigenen Maschenprobe), 40 und 80 cm lang
RUNDSTRICKNADEL 3,5 mm (oder entsprechend der eigenen Maschenprobe), 80 cm lang
NADELSPIELE 3 mm und 3,5 mm (oder entsprechend der eigenen Maschenprobe) für die Ärmel, wenn nicht mit der Magic Loop-Technik gearbeitet wird (siehe Seite 191)
MUSTER
Rippenmuster in Runden: * 2 M re, 2 M li, ab * stets wdh.
Glatt rechts in Runden: Alle M in allen Rd re str.
Einstrickmuster in Runden: Glatt rechts nach Zählmuster und Anleitung str.

Spannfäden, die über mehr als 4 M gehen, auf der Rückseite der Arbeit miteinander verkreuzen, dabei die Verkreuzungen in der nächsten Rd/R an anderen Stellen vornehmen.
Glatt rechts in Reihen: In Hinr re M und in Rückr li M str.
Einstrickmuster in Reihen: Glatt rechts nach Zählmuster und Anleitung str.

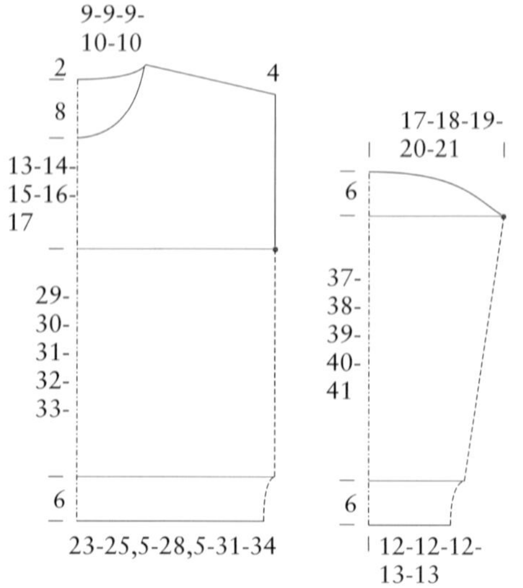

MASCHENPROBE 28 M und 27 Rd im Einstrickmuster mit den dickeren Nadeln = 10 cm × 10 cm, 28 M glatt rechts mit den dünneren Nadeln = 10 cm

HINWEIS

Vorder- und Rückenteil werden von unten bis zum Armloch in Rd gestrickt, die oberen Teile werden getrennt in R gearbeitet.

UNTERES RÜCKEN- UND VORDERTEIL

Der Rumpf wird in Rd von unten bis zum Armloch gestrickt.

272 (308) 340 (376) 408 M in Naturweiß auf der dünneren Rundstricknadel anschlagen und 6 cm im Rippenmuster in Rd str. 1 Rd re, dabei gleichmäßig verteilt 16 (20) 20 (24) 24 M abn = 256 (288) 320 (352) 384 M. Den Rd-Übergang mit einem MM kennzeichnen.

5 (6) 7 (8) 9 cm in Naturweiß glatt re in Rd str. Dann zu den dickeren Nadeln wechseln und mit dem Einstrickmuster nach Zählmuster I ab der 1. Rd beginnen, den Rapport von 16 M 16× (18×) 20× (22×) 24× arb. Die 2.–33. Rd des Zählmusters arb.

34. Rd: Für Größe XS und L gleichmäßig verteilt 4 M abn, für Größe M gleichmäßig verteilt 4 M zun = 252 (288) 324 (348) 384 M.

Die 35.–65. Rd nach Zählmuster I arb. Den Rapport von 12 M 21× (24×) 27× (29×) 32× pro Rd arb.

66. Rd: Für Größe M gleichmäßig verteilt 4 M abn und für Größe XS und L gleichmäßig verteilt 4 M zun = 256 (288) 320 (352) 384 M.

Das Strickstück ist jetzt ca. 35 (36) 37 (38) 39 cm lang. Nun die M für das Rücken- bzw. Vorderteil teilen = jeweils 128 (144) 160 (176) 192 M. Die M für das Vorderteil auf einem Hilfsfaden stilllegen.

OBERES RÜCKENTEIL

Die 128 (144) 160 (176) 192 M des Rückenteils in R weiterstr. Die 67. R nach Zählmuster arb, dabei an beiden Seiten jeweils 1 M als Randm neu anschlagen = 130 (146) 162 (178) 194 M. Die Arbeit wenden und die 68. R str.

69. R: Die 5 (5) 6 (6) 7 M am rechten Rand der Strickschrift str, den Rapport von 15 M bis zum R-Ende wdh. Die 70.–81. R des Zählmusters arb.

Die 82.–89. R arb und den Rapport von 4 M so oft wie möglich wdh (das Muster geht nicht auf).

Die 90.–96. R str und den Rapport von 5 M so oft wie möglich wdh (das Muster geht nicht auf).

Zu den dünneren Nadeln wechseln und weiter glatt re in R in Lorchel str.

In einer Höhe von 19 (20) 21 (22) 23 cm ab Armausschnitt für die **Schultern an beiden Seiten** in jeder 2. R 2× 6 M und 4× 7 M (6× 8 M) 2× 10 M und 4× 9 M (1× 11 M und 5× 10 M) 3× 11 M und 3× 12 M abketten.

Gleichzeitig in einer Höhe von 21 (22) 23 (24) 25 cm ab Armausschnitt (für die Schulter wurde bereits 3× abgekettet) die mittleren 42 (42) 42 (48) 48 M für den **Halsausschnitt** abketten und beide Seiten getrennt beenden,

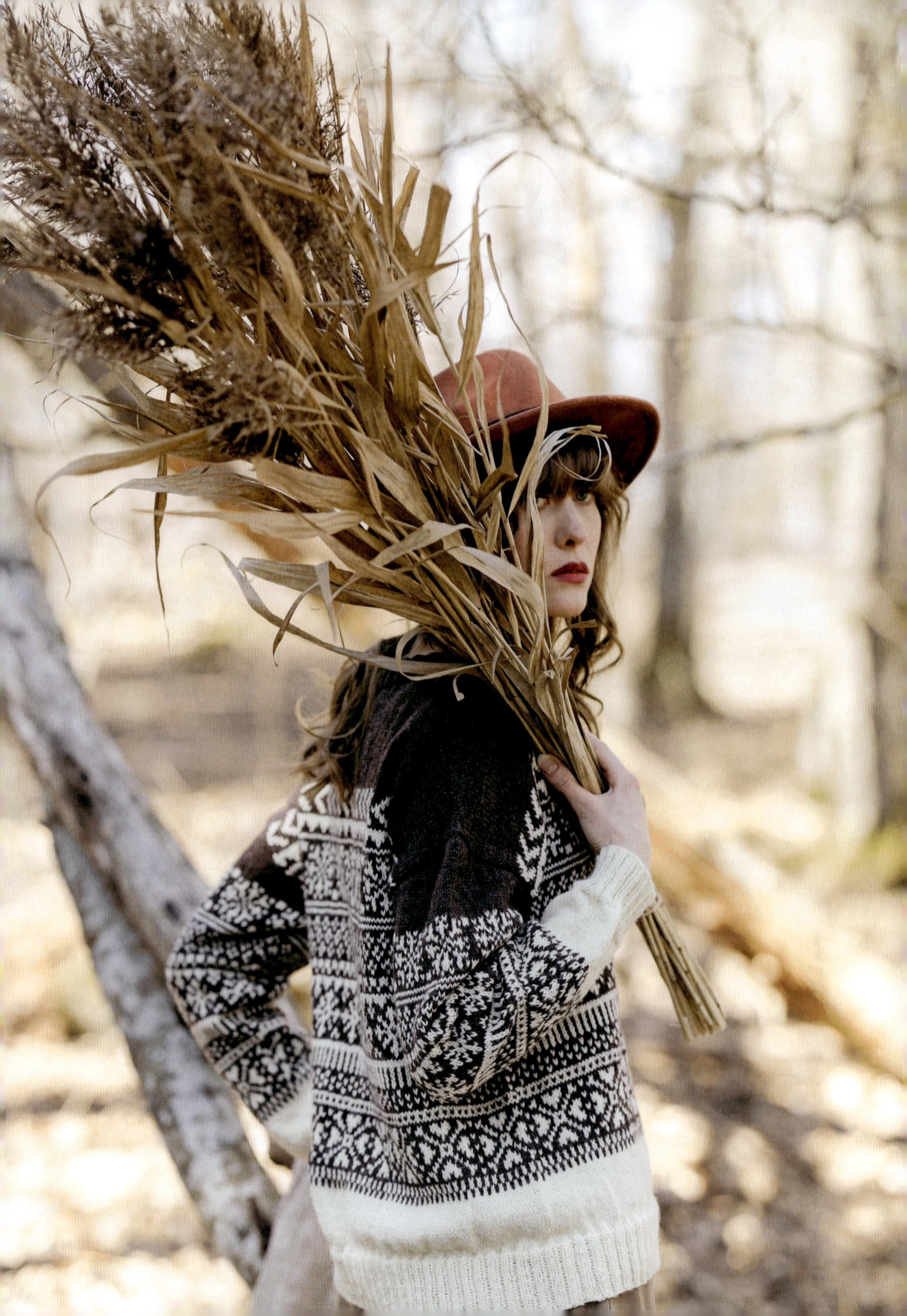

dabei für die Ausschnittrundung in jeder 2. R 2× 2 M abketten.

Die **andere Seite** gegengleich arb.

OBERES VORDERTEIL

Die 128 (144) 160 (176) 192 M für das Vorderteil in R weiterstr.

Die 67. R nach Zählmuster arb, dabei an beiden Seiten jeweils 1 M als Randm neu anschlagen = 130 (146) 162 (178) 194 M. Die Arbeit wenden und die 68. R str.

69. R: Die 5 (5) 6 (6) 7 M am rechten Rand des Zählmusters str, den Rapport von 15 M bis zum R-Ende wdh. Die 70.–81. R des Zählmusters arb.

Die 82.–89. R arb und den Rapport von 4 M so oft wie möglich wdh (das Muster geht nicht auf).

Die 90.–96. R str und den Rapport von 5 M so oft wie möglich wdh (das Muster geht nicht auf).

Zu den dünneren Nadeln wechseln und weiter glatt re in R in Lorchel str.

In einer Höhe von 13 (14) 15 (16) 17 cm ab Armausschnitt die mittleren 26 (26) 26 (32) 32 M für den **Halsausschnitt** abketten und beide Seiten getrennt beenden, dabei für die Ausschnittrundung in jeder 2. R 1× 3 M, 2× 2 M und 5× 1 M abketten.

In einer Höhe von 18 (19) 20 (21) 22 (23) cm ab Armausschnitt für die **Schultern an beiden Seiten** in jeder 2. R 2× 6 M und 4× 7 M (6× 8 M) 2× 10 M und 4× 9 M (1× 11 M und 5× 10 M) 3× 11 M und 3× 12 M abketten.

Die **andere Seite** gegengleich arb.

ÄRMEL

60 (60) 60 (64) 64 M in Naturweiß auf dem dünneren Nadelspiel anschlagen und auf 4 Nadeln verteilen, falls nicht mit der Magic Loop-Technik gearbeitet wird (siehe Seite 191). 6 cm im Rippenmuster in Rd str. 1 Rd re, dabei gleichmäßig verteilt 7 M zun = 67 (67) 67 (71) 71 M. Den Rd-Übergang mit einem MM kennzeichnen.

5 (6) 7 (8) 9 cm in Naturweiß glatt re in Rd str.

Bei einer Ärmellänge von 10 (10) 8 (7) 11 cm an beiden Seiten des Rd-Übergangs 1 M zun: Am Rd-Beginn 1 M re str, 1 M zun (= den Querfaden zwischen 2 M aufnehmen und re verschr str), bis 1 M vor Rd-Ende str, 1 M zun, 1 M re. Die Zunahmen alle 2,5 (2) 2 (2) 1,5 cm noch 12× (15×) 18× (19×) 22× arb = 93 (99) 105 (111) 117 M.

Gleichzeitig bei einer Ärmellänge von 11 (12) 13 (14) 15 cm zu den dickeren Nadeln wechseln und mit dem Einstrickmuster nach Zählmuster II ab der 1. Rd beginnen. Am unteren Rand des Zählmusters ist die Mitte des Musters durch einen Pfeil gekennzeichnet, von hier aus bitte den Musteranfang berechnen. Die 2.–19. Rd nach Zählmuster II arb.

Die 20.–35. Rd arb und den Rapport von 4 M so oft wie möglich wdh (das Muster geht nicht auf).

Die 36.–48. Rd str. Am unteren Rand des Zählmusters ist die Mitte des Musters durch einen Pfeil gekennzeichnet, von hier aus bitte den Musteranfang berechnen.

Zählmuster I

Die 1.–96. Rd nach Anleitung arb

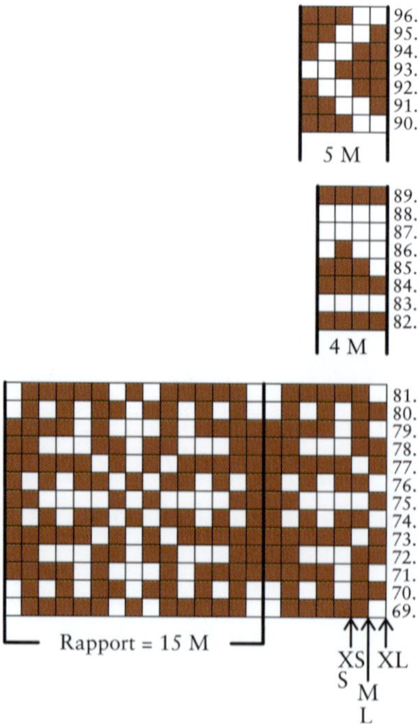

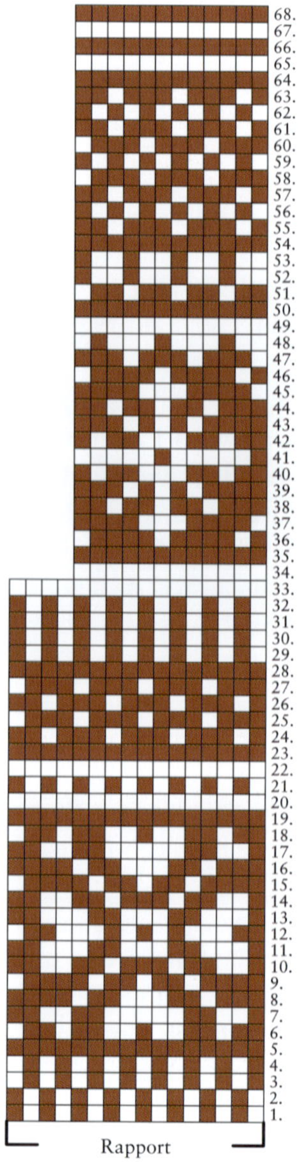

Die 49.–54. Rd str und den Rapport von 3 M so oft wie möglich wdh (das Muster geht nicht auf).

Die 55.–68. Rd str und den Rapport von 4 M so oft wie möglich wdh (das Muster geht nicht auf).

Die 69.–81. Rd str. Am unteren Rand des Zählmusters ist die Mitte des Musters durch einen Pfeil gekennzeichnet, von hier aus bitte den Musteranfang berechnen.

Zu den dünneren Nadeln wechseln und weiter glatt re in Rd in Lorchel str.

Bei einer Ärmellänge von 43 (44) 45 (46) 47 cm am Rd- Beginn 5 (5) 4 (6) 6 M abketten und bis zum Rd-Übergang str. Die Arbeit wenden, am R-Beginn 5 (5) 4 (6) 6 abketten und bis R-Ende str. Glatt re in R weiterstr. **Beidseitig** in jeder 2. R 8× 4 M (3× 5 M und 5× 4 M) 1× 4 M und 7× 5 M

■ = 1 M glatt re in Lorchel: in Rd re, in Hinr re und in Rückr li str

□ = 1 M glatt re in Naturweiß: in Rd re, in Hinr re und in Rückr li str

Zählmuster II
Die 1.–81. Rd nach Anleitung arb

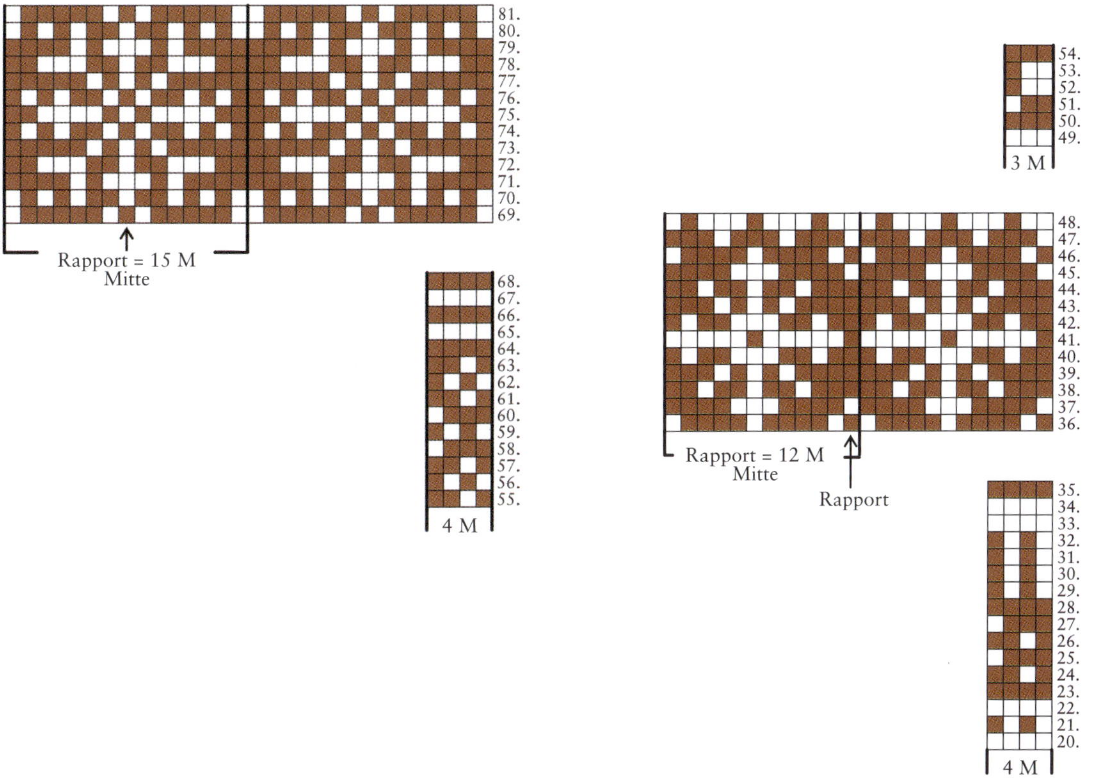

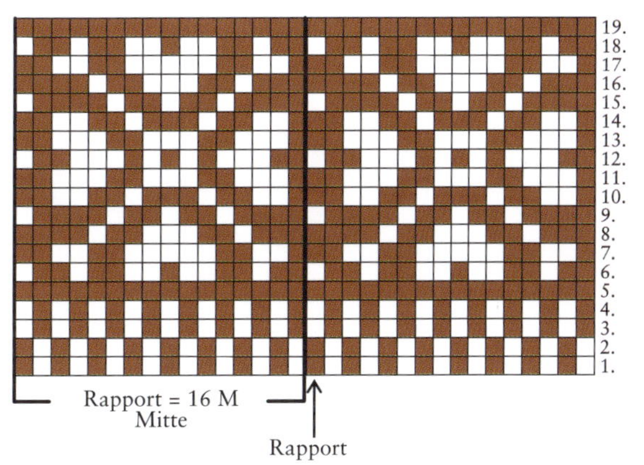

(8× 5M) 3× 6 M und 5× 5 M abketten. Die übrigen M abketten.

Den **zweiten Ärmel** ebenso arb.

FERTIGSTELLEN

Die Teile mit der linken Seite nach oben flach hinlegen, anfeuchten, in Form ziehen und liegend trocknen lassen.

Die Schulternähte schließen.

Halsbündchen: Die für den Halsausschnitt stillgelegten M auf die kurze Rundstricknadel heben und in Lorchel noch weitere M aus dem Halsausschnitt auffassen, dabei an einer Schulter beginnen, sodass insgesamt 124 (124) 124 (128) 128 M auf der Nadel liegen. 3 cm im Rippenmuster in Rd str und im Musterverlauf abketten.

Die Ärmel wie in der Schnittskizze rot markiert einsetzen.

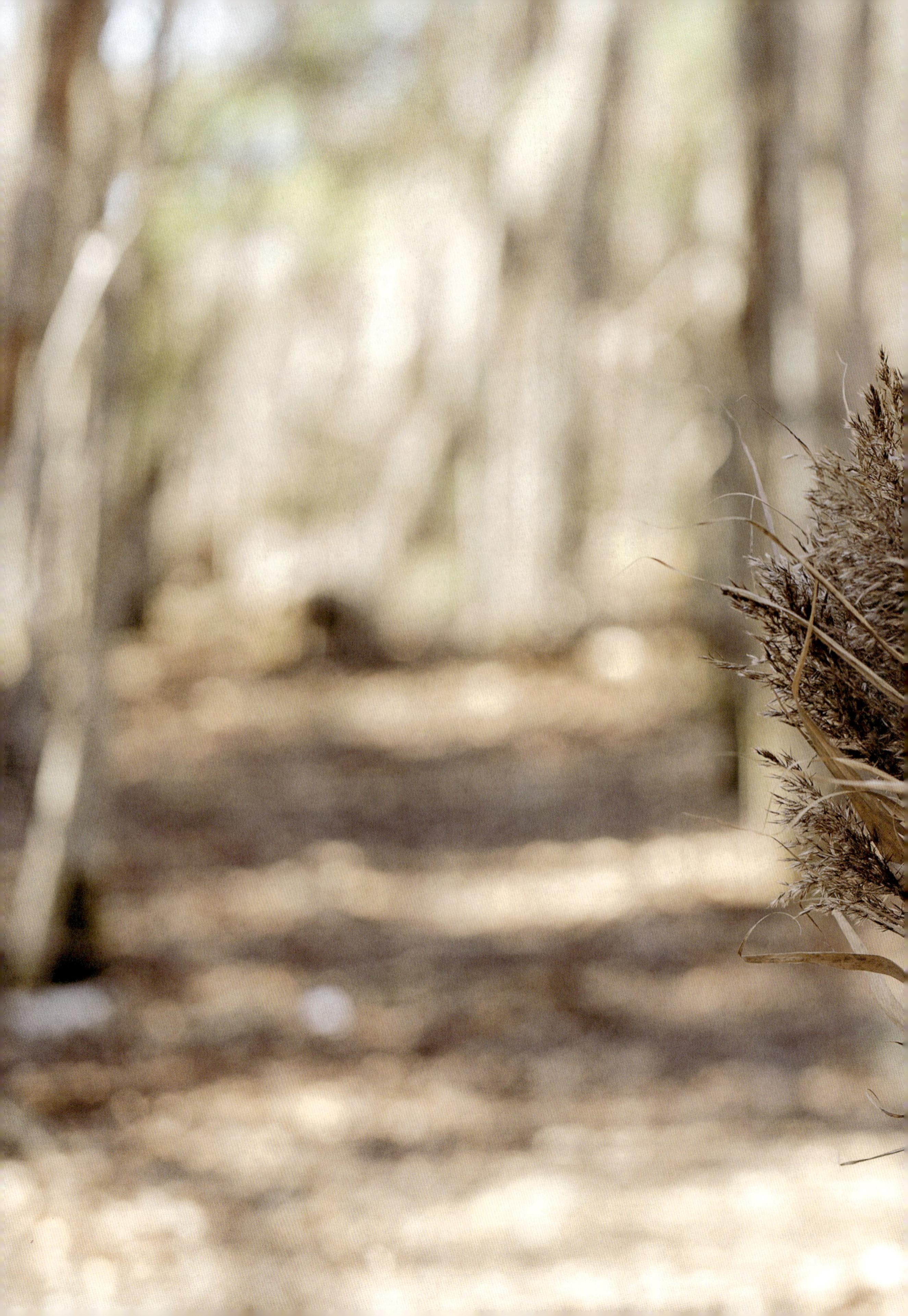

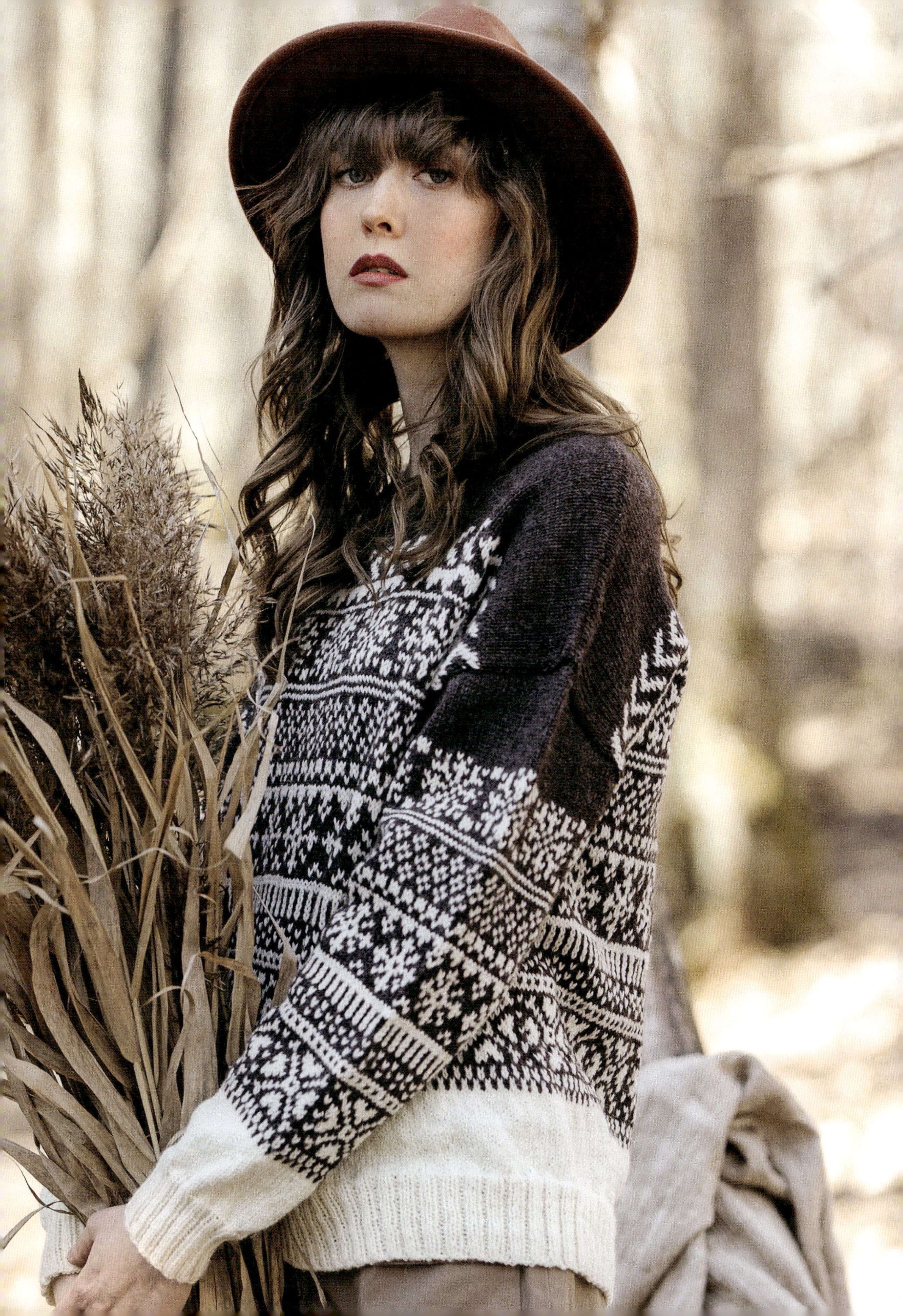

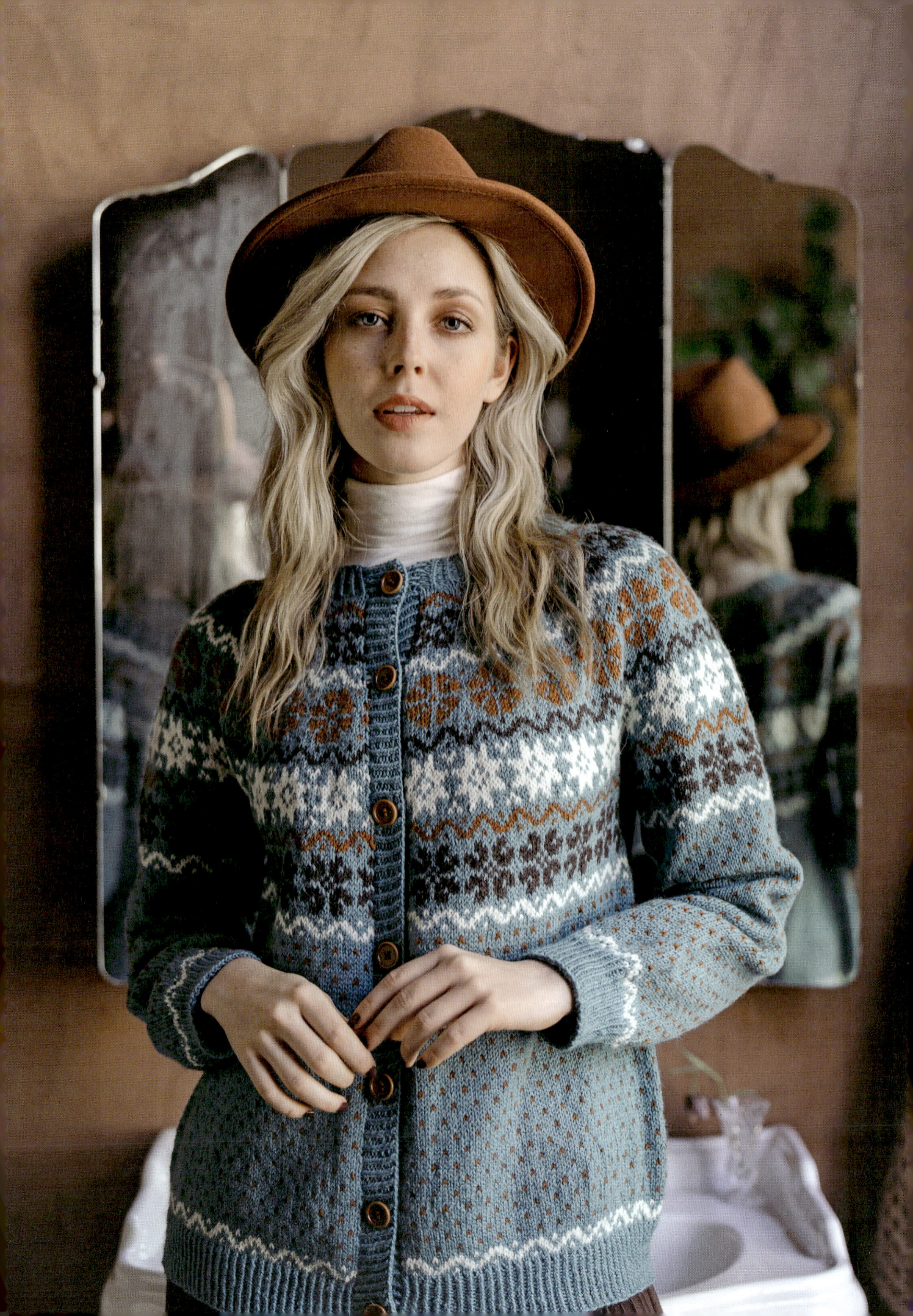

MITTSOMMER-NACHT

– JACKE

Die mehrfarbig gestrickte Jacke ist ein echter Hingucker. Die Arbeit wird in Runden gestrickt und später vorne aufgeschnitten, danach werden die Knopfleisten gearbeitet. Kurze Spannfäden erleichtern das Stricken des Musters. Die entsprechend der Musterfarbe ausgewählten Knöpfe geben dem Pullover den letzten Schliff.

GRÖSSE XS/S (M) L (XL) XXL

MASSE DES FERTIGEN STRICKSTÜCKS

Körperumfang 94 (102) 110 (118) 126 cm

Länge in der hinteren Mitte, vom unteren Rand des Bündchens gemessen 59 (61) 63 (65) 67 cm

Innere Ärmellänge 46 (47) 48 (48) 49 cm

GARNVERBRAUCH

Novita Nalle (75 % Schurwolle, 25 % Polyamid, LL = 260 m/100 g): 350 (400) 450 (500) 550 g Tropfen (Fb 183) und 50 (100) 100 (150) 150 g Steinpilz (Fb 663) und 50 (100) 100 (100) 150 g Naturweiß (Fb 010) und 50 (100) 100 (100) 150 g Lorchel (Fb 064)

RUNDSTRICKNADELN 3 mm und 3,5 mm (oder entsprechend der eigenen Maschenprobe), jeweils 40 cm und 80 cm lang

NADELSPIELE 3 mm und 3,5 mm (oder entsprechend der eigenen Maschenprobe) für die Ärmel, wenn nicht mit der Magic Loop-Technik gearbeitet wird (siehe Seite 191)

MUSTER

Verschränktes Rippenmuster in Reihen: * 1 M re verschr, 1 M li, ab * bis R-Ende wdh. In den Rückr die re M re und die li M li verschr stricken.

Verschränktes Rippenmuster in Runden: * 1 M re verschr, 1 M li, ab * stets wdh.

Glatt rechts in Runden: Alle M in allen Rd re str.

Einstrickmuster in Runden: Glatt rechts nach Zählmuster und Anleitung str. Spannfäden über mehr als 5 M auf der Rückseite der Arbeit miteinander verkreuzen, dabei die Verkreuzungen in der nächsten Rd/R an anderen Stellen vornehmen.

SONSTIGES: 7 Knöpfe

MASCHENPROBE 28 M und 27 Rd im Einstrickmuster = 10 cm × 10 cm

HINWEIS: Die Jacke wird nahtlos vom Halsausschnitt bis zur unteren Kante und den Ärmelbündchen gestrickt. Der Pfeil in der Schnittskizze zeigt die Strickrichtung an. Die Jacke wird vorne mittig aufgeschnitten und an den vorderen Kanten werden Knopfleisten gearbeitet.

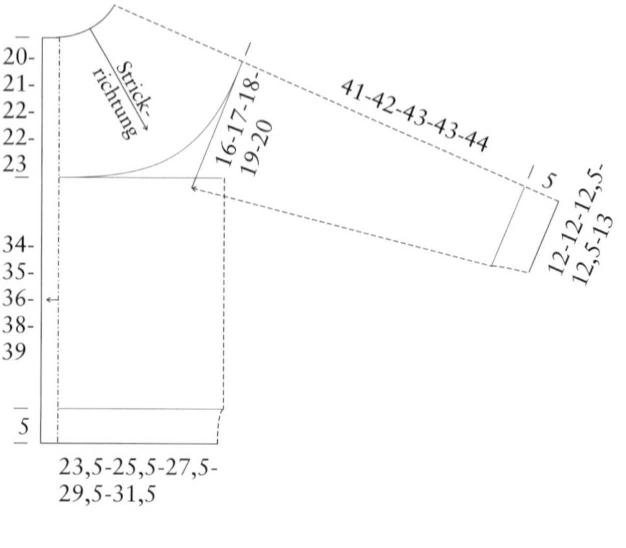

PASSE

107 (111) 115 (119) 127 M in Tropfen auf der kürzeren Rundstricknadel (3 mm) anschlagen und in der Rückr mit dem verschränkten Rippenmuster mit 1 M re verschr beginnen. 3 cm im verschränkten Rippenmuster in R str.

Am Ende der letzten Rückr 6 neue M anschlagen (= 6 Steek-M zum späteren Aufschneiden) und die M zur Rd schließen = 113 (117) 121 (125) 133 M. Der Rd-Übergang liegt vor den Steek-M, diese Stelle auf Wunsch mit einem MM markieren.

Glatt re in Rd str, dabei in der 1. Rd gleichmäßig verteilt 26 (29) 32 (35) 34 M zun, dabei keine Zun bei den 6 Steek-M vornehmen = 139 (146) 153 (160) 167 M. Dann noch 1 (1) 2 (2) 3 Rd glatt re str.

Mit dem Einstrickmuster nach Zählmuster I und II ab der 1. Rd beginnen: Zunächst die 6 M von Zählmuster I arb (Steek-M), dann den Rapport von Zählmuster II (7 M + 1 Umschlag) 19× (20×) 21× (22×) 23× arb = 158 (166) 174 (182) 190 M.

Die 2.–5. Rd des Zählmusters str. In der 5. Rd wird bei jedem Rapport 1 M zugenommen = 177 (186) 195 (204) 213 M. Ab jetzt am Rd-Anfang immer die 6 M im Einstrickmuster nach Zählmuster I str, dabei die 1.–4. Rd wdh. Wenn bei den großen Motiven eine Rd nur in der Hauptfarbe gestrickt wird, die Steek-M ebenfalls nur in der Hauptfarbe str. Die Steek-M werden nun nicht mehr erwähnt, sie sind aber in den M-Zahlen enthalten.

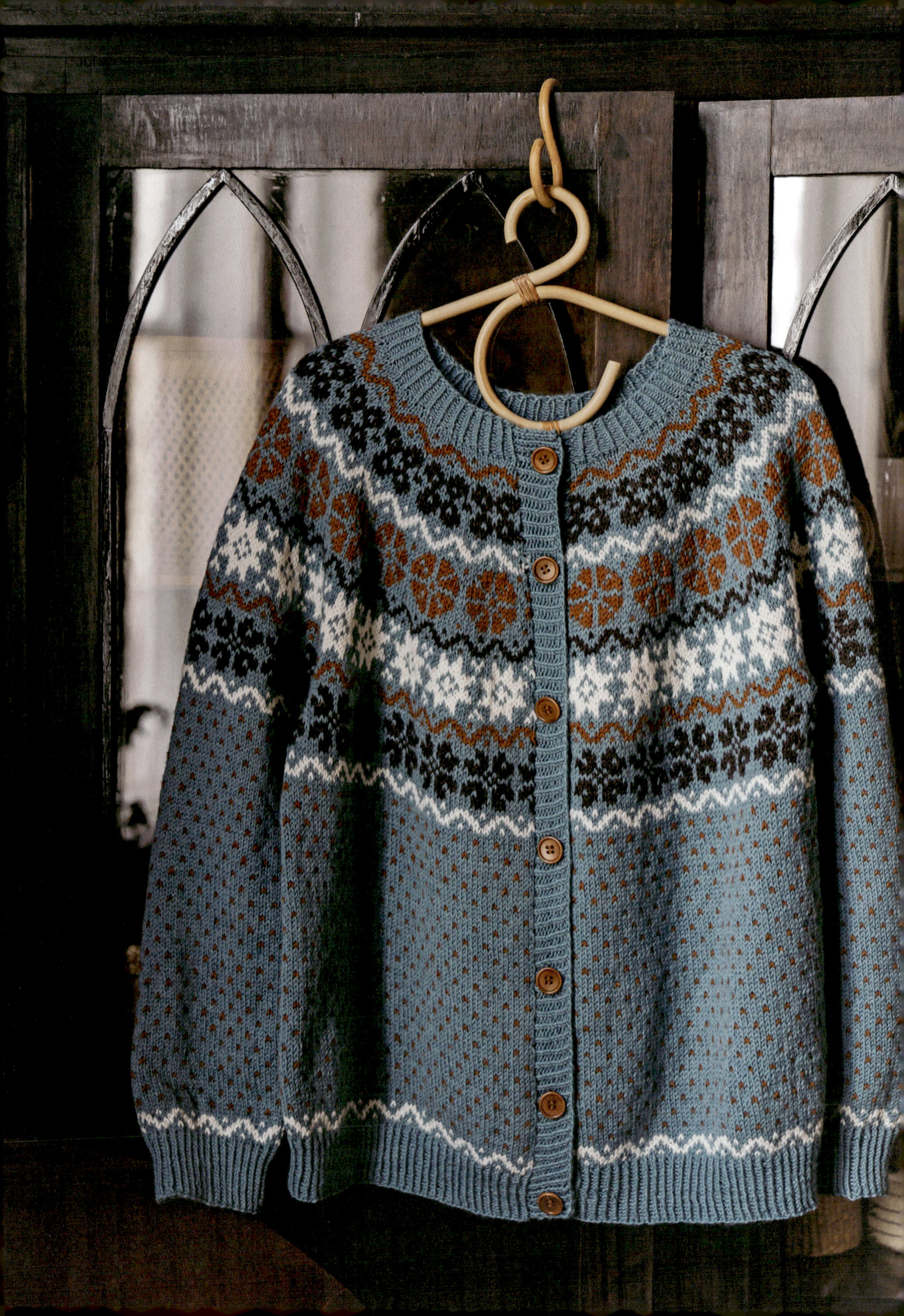

Zählmuster I
Die 1.–4. Rd stets wdh

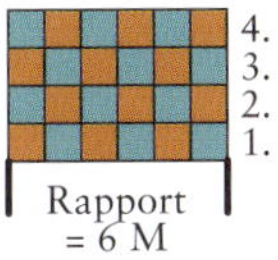

Zählmuster II
Die M nach Anleitung einteilen

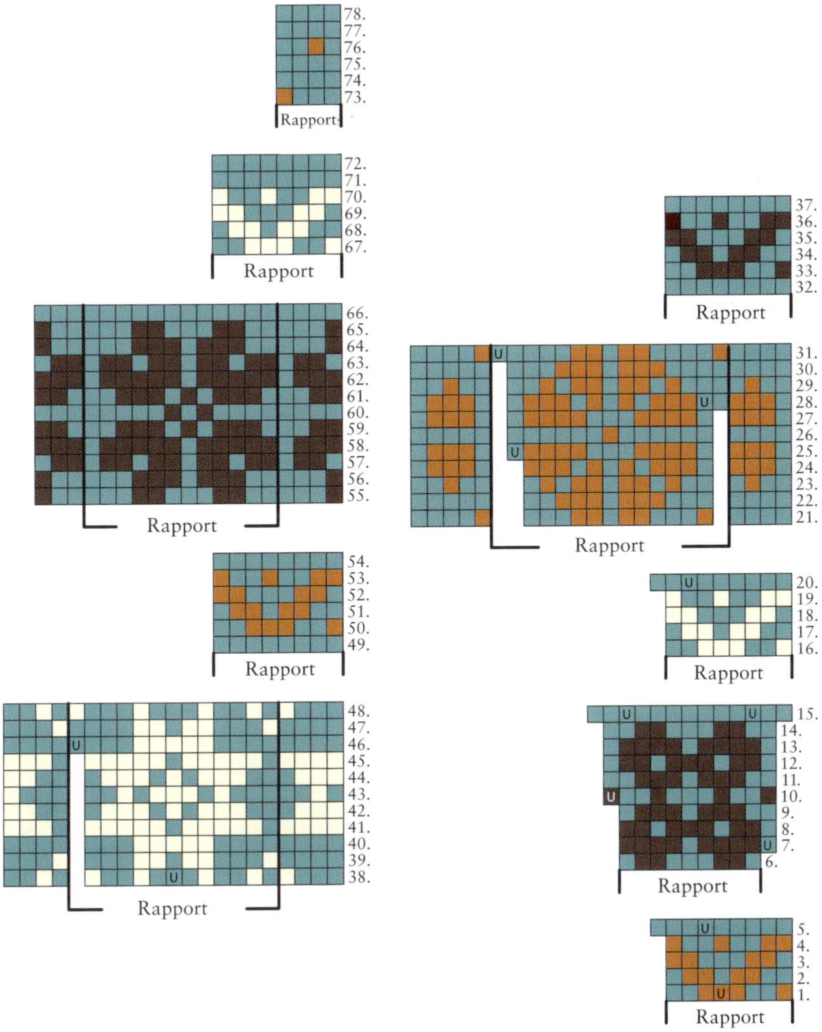

- = 1 M re in Tropfen
- = 1 M re in Naturweiß
- = 1 M re in Steinpilz
- = 1 M re in Lorchel
- U = 1 M aus dem Querfaden in des Kästchens re verschr zun

Die 6.–15. Rd von Zählmuster II str und den Rapport 19× (20×) 21× (22×) 23× arb. In der 7. und 10. Rd werden bei jedem Rapport 1 M und in der 15. Rd 2 M zugenommen = 253 (266) 279 (292) 305 M.

Die 16.–20. Rd von Zählmuster II str und den Rapport von 8 M 30× (32×) 34× (35×) 37× arb und mit den letzten M einen neuen Rapport beginnen (das Muster geht nicht auf). In der 20. Rd wird bei jedem Rapport 1 M zugenommen = 283 (298) 313 (327) 342 M.

Das Einstrickmuster weiter ab der 21. Rd str: Am rechten Rand von Zählmuster II 0 (2) 3 (4) 0 M str, den Rapport von 12 M 23× (24×) 25× (26×) 28× arb und am linken Rand noch 1 (2) 4 (5) M str.

Die 22.–31. Rd arb. In der 25., 28. und 31. Rd werden bei jedem Rapport 1 M zugenommen = 352 (370) 388 (405) 426 M.

Die 32.–37. Rd str und den Rapport von 8 M so oft wie möglich wdh (das Muster geht nicht auf), in der 37. Rd 0 (0) 1 (0) 1 M zun = 352 (370) 389 (405) 427 M.

Das Einstrickmuster weiter ab der 38. Rd str: Am rechten Rand von Zählmuster II 2 (0) 4 (1) 1 M str, den Rapport von 11 M + 1 Zun 31× (33×) 34× (36×) 38× arb und am linken Rand noch 3 (1) 5 (2) 2 M str. Bei jedem Rapport wird 1 M zugenommen = 383 (403) 423 (441) 465 M.

Die 39.–48. Rd str. In der 6. Rd wird bei jedem Rapport 1 M zugenommen = 414 (436) 457 (477) 503 M.

Die 49.–54. Rd str und den Rapport von 8 M so oft wie möglich wdh (das Muster geht nicht auf), in der 54. Rd gleichzeitig 0 (2) 5 (5) 3 M zun = 414 (438) 462 (482) 506 M.

Das Einstrickmuster weiter ab der 55. Rd str: Am rechten Rand von Zählmuster II 0 (0) 0 (4) M str, den Rapport von 12 M 34× (36×) 38× (39×) 41× arb und am linken Rand noch 0 (0) 0 (4) 4 M str.

Die 56.–66. Rd von Zählmuster II str. Wenn die Passe in der vorderen Mitte 20 (21) 22 (22) 23 cm ab Bündchen misst, die M für die Ärmel stilllegen und das Einstrickmuster über Rumpf und Ärmel getrennt fertigstellen.

Mit dem Einstrickmuster in der Rd für die gewünschte Größe fortfahren und die Ärmel vom Vorder- und Rückenteil trennen: 6 Steek-M str, die Hälfte der Vorderteil-M (= 62 (66) 70 (74) 78 M) str, für den Ärmel die nächsten 80 (84) 88 (90) 93 M stilllegen, für das Armloch 8 (10) 14 (16) 19 neue M anschlagen, die 124 (132) 140 (148) 158 Rückenteil-M str, die nächsten 80 (84) 88 (90) 93 M für den zweiten Ärmel stilllegen, für das Armloch 8 (10) 14 (16) 19 neue M anschlagen und die restlichen 62 (66) 70 (74) 78 M des Vorderteils str.

UNTERES VORDER- UND RÜCKENTEIL

Die 270 (290) 314 (334) 358 M des Vorder- und Rückenteils im Einstrickmuster str, dabei zunächst die 66. Rd von Zählmuster II beenden.

Das Muster für den Rumpf fortsetzen, dabei wird das Muster nur an den für das Armloch hinzugefügten M unterbrochen.

Die 67.–72. Rd von Zählmuster II str und den Rapport von 8 M so oft wie möglich wdh (das Muster geht nicht auf). Das Einstrickmuster weiter ab der 73. Rd von Zählmuster II str und den Rapport von 4 M so oft wie möglich wdh. Die 74.–78. Rd str, dann die 73.–78. Rd bis zu einer Länge des Rumpfes von ca. 32 (33) 34 (36) 37 cm ab Armloch wdh, dabei mit einer 75. oder 78. Rd enden.

Die 67.–71. Rd noch 1× arb und den Rapport von 8 M so oft wie möglich wdh (das Muster geht nicht auf).

In einer Höhe von 34 (35) 36 (38) 39 cm ab Armloch die 6 Steek-M abketten, über die restlichen M in Tropfen 5 cm im verschränkten Rippenmuster in Hin- und Rückr arb. Dann die M locker im Muster abketten.

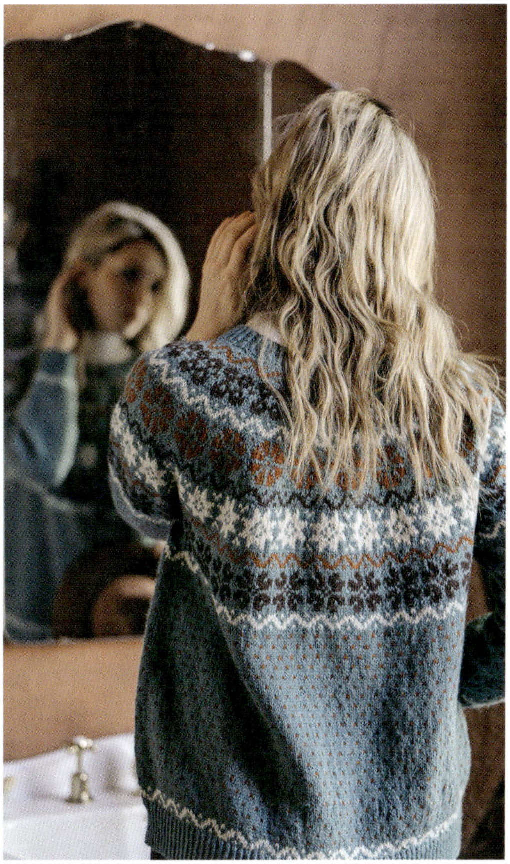

ÄRMEL

Die 80 (84) 88 (90) 93 M des zweiten Ärmels zurück auf die Nadel heben. Mit Tropfen aus der Mitte der für das Armloch angeschlagenen M und aus dem Rand des Armlochs 4 (5) 7 (8) 10 M auffassen, mit dem Einstrickmuster über die 80 (84) 88 (90) 93 Ärmel-M für die gewünschte Größe fortfahren und aus dem zweiten Rand des Armlochs noch 4 (5) 7 (8) 9 M auffassen = 88 (94) 102 (106) 112 M.

Den MM für den Rd-Beginn in die Mitte der aufgefassten M setzen und das Einstrickmuster nach Zählmuster II bis zum Ende der 66. Rd str. Dann das Einstrickmuster wie bei der Passe weiterarb, dabei wird das Muster nur an den für das Armloch hinzugefügten M unterbrochen.

Die Ärmel können entweder auf der Rundstricknadel mit der Magic Loop-Technik (siehe Seite 191) oder mit dem Nadelspiel gestrickt werden. Bei einer Ärmellänge von 3 (3) 3 (4) 3 cm ab Armloch an beiden Seiten des MM 1 M abn: 1 M re, 2 M re zus, bis 3 M vor Rd-Ende str, 2 M re zus, 1 M re. Die Abnahmen alle 4 (3) 2,5 (2) 2 cm insgesamt noch 9× (12×) 15× (17×) 19× wdh = 68 (68) 70 (70) 72 M.

Nach der 66. Rd die 67.–72. Rd von Zählmuster II arb und den Rapport von 8 M so oft wie möglich wdh (das Muster geht nicht auf). Dann die 73.–78. Rd wdh, bis der Ärmel ca. 39 (40) 41 (41) 42 cm lang ist. Die 67.–71. Rd noch 1× str und den Rapport von 8 M so oft wie möglich wdh (das Muster geht nicht auf).

Sobald der Ärmel 41 (42) 43 (43) 44 cm lang ist, zu den dünneren Nadeln wechseln. In Tropfen 1 Rd re str, dabei gleichmäßig verteilt 8 M abn = 60 (60) 62 (62) 64 M. 5 cm im verschränkten Rippenmuster arb, dann die M locker im Muster abketten.

Den **zweiten Ärmel** ebenso arb.

FERTIGSTELLEN

Die Teile leicht dämpfen.

Vordere Blenden: Die Stelle über den Steek-M stark dämpfen. Die Schnittkanten von Hand oder mit der Nähmaschine zunächst verstärken. Dann das Strickstück in der Mitte der Steek-M aufschneiden.

Aus der Schnittkante des linken Vorderteils von der rechten Seite der Arbeit in Tropfen 3 M aus 4 Rd auffassen. Im verschränkten Rippenmuster str, dabei mit 1 M re in der Rückr beginnen. In einer Höhe von 3 cm die M im Muster abketten.

Die **Positionen der Knöpfe** auf der soeben gestrickten Blende markieren: 2 cm von der oberen Kante, ca. 2 cm von der unteren Kante und die restlichen 5 Knöpfe in gleichen Abständen dazwischen.

Die Blende des rechten Vorderteils ebenso str, dabei nach 1 cm Höhe die Knopflöcher an den Positionen einarbeiten, die an der linken Blende markiert wurden. **Knopfloch:** 2 M zus, Umschlag. Zum Schluss die Knöpfe annähen.

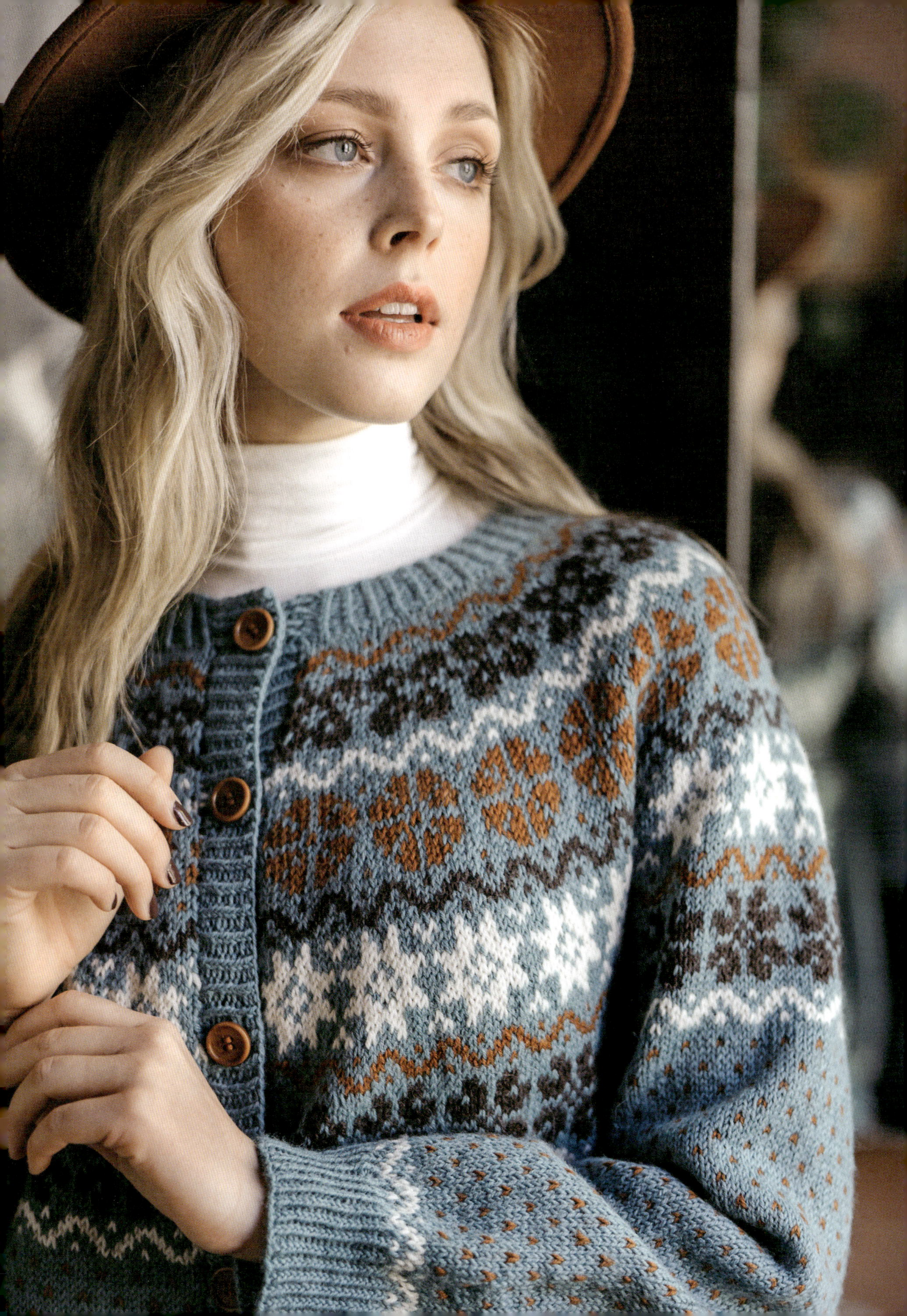

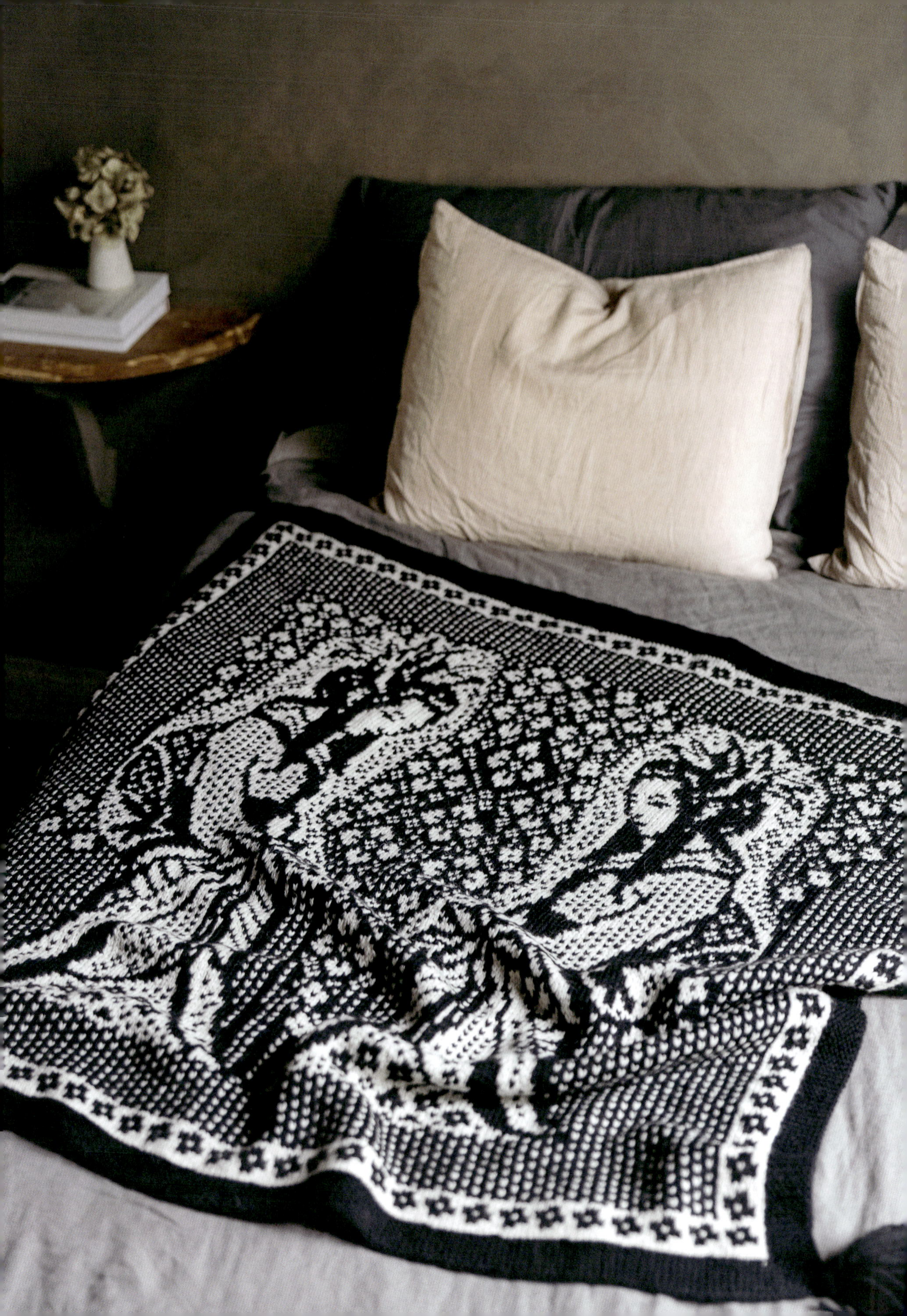

ZUR ZEIT DER KIRSCHBLÜTEN

– KUSCHELDECKE

Diese aus dickem Isoveli-Garn gestrickte Kuscheldecke lässt sich auch gut als Schultertuch tragen. Das auffällige Muster wird von einer floralen Bordüre umrahmt und die vier Ecken sind mit lustigen Quasten geschmückt. Die Arbeit wird in Runden gestrickt, aufgeschnitten und schließlich durch Anstricken der Kanten fertiggestellt.

GRÖSSE ca. 120 cm × 130 cm
GARNVERBRAUCH
Novita Isoveli (75 % Wolle, 25 % Polyamid, LL = 130 m/100 g): 800 g Ruß (Fb 099) und 500 g Linen (Fb 061)
RUNDSTRICKNADELN 6,0 mm und 5,0 mm (oder entsprechend der eigenen Maschenprobe), 80 cm lang
MUSTER
Glatt rechts in Runden: Alle M in allen Rd re str.
Einstrickmuster in Runden: Glatt rechts in Rd nach Zählmuster und Anleitung str. Spannfäden über mehr als 4 M auf der Rückseite der Arbeit miteinander verkreuzen, dabei die Verkreuzungen in der nächsten Rd/R an anderen Stellen vornehmen.
Kraus rechts: In Hin- und Rückr stets re M str.
MASCHENPROBE 18 M im Einstrickmuster mit den dickeren Nadeln = 10 cm
HINWEIS Zuerst wird das Mittelstück der Decke in Runden gestrickt. Dann wird die Arbeit in der Mitte der Steek-M aufgeschnitten und anschließend werden die Bordüren einzeln angestrickt.

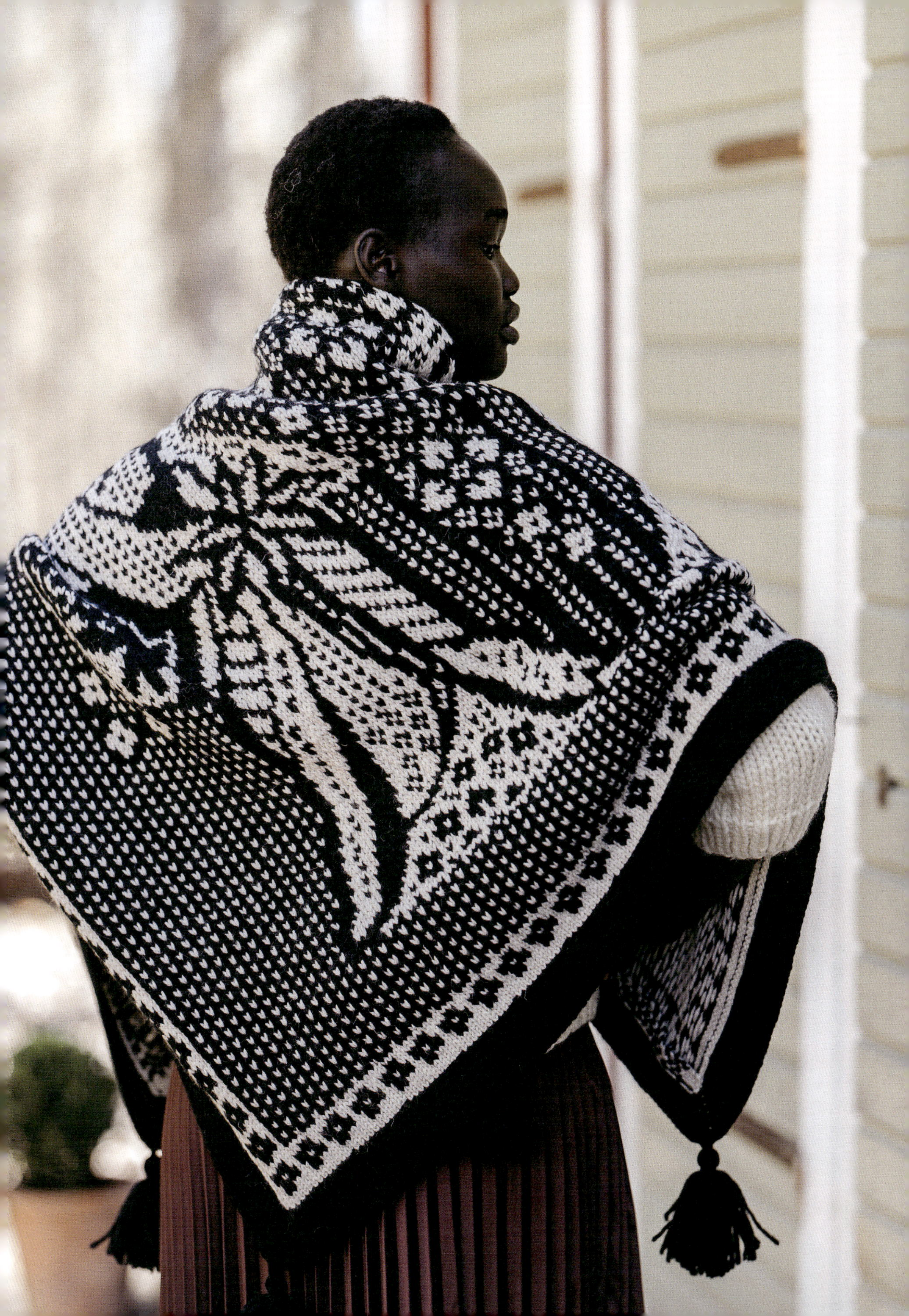

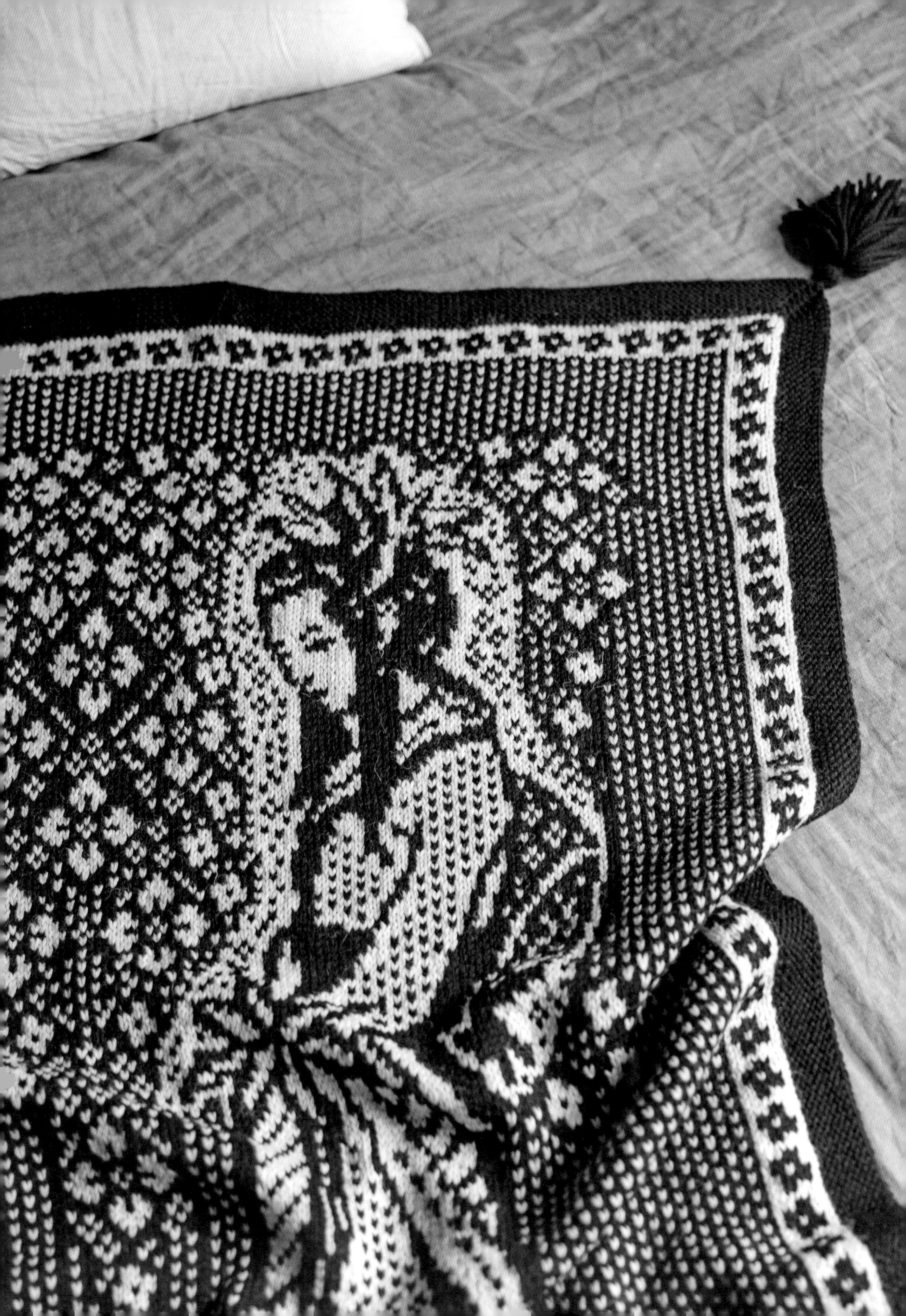

201 M + 6 Steek-M = 207 M in Linen anschlagen. Den Rd-Beginn mit einem MM markieren. 2 Rd glatt re über alle M str.

Mit dem Einstrickmuster nach der 1. Rd des Zählmusters beginnen: Zunächst 1 M in Linen und 1 M in Ruß im Wechsel über die 6 Steek-M str, dann das Motiv über 201 M nach Zählmuster 1A und anschließend 1B arb. Bei den Steek-M stets die linenfarbigen M in Ruß und die rußfarbigen M in Linen str, wobei 1 M einem Kästchen entspricht. Die 2.–96. Rd von Zählmuster 1A und 1B, danach die 97.–191. Rd von Zählmuster 2A und 2B str.

Noch 2 Rd glatt rechts in Linen über alle M str, dann die M abketten.

Die Stelle über den Steek-M stark dämpfen. Die Schnittkanten von Hand oder mit der Nähmaschine zunächst verstärken. Dann das Strickstück in der Mitte der Steek-M aufschneiden.

BORDÜREN

Oberer und unterer Rand: Mit der dünneren Rundstricknadel aus jeder M (mit Ausnahme der Steek-M) 1 M mit Ruß aufnehmen. In der 1. R (= Rückr) re str, dabei jede 10. und 11. M re zus. Weiter kraus re in R str und mit den Zunahmen beginnen. Am R-Anfang 1 M re, 1 M verdoppeln (= 1 M re, 1 M re verschr in 1 M). Wenn noch 2 M in der R übrig sind, die nächste M verdoppeln, mit 1 M re enden. Die Zun in jeder 2. R wdh, bis die Bordüre ca. 5 cm breit ist. Die M in einer Hinr re abketten und ein Stück Faden zum Zusammennähen hängenlassen.

Lange Seiten: Den Steek an den äußeren M in Linen auf die Rückseite klappen. M aufnehmen, dabei durch beide Kanten der im Bruch liegenden M stechen.

Mit der dünneren Rundstricknadel in Ruß stets 3 M aus 4 R auffassen, dabei die erste und letzte M aus der gleichen M wie am oberen und unteren Rand auffassen. Die 1. R ist eine Rückr. Die Bordüre genauso stricken wie am oberen und unteren Rand.

Die Bordüren und die Bruchkanten an den Steek-M dämpfen. Die Ecknähte an den Bordüren im Matratzenstich schließen. Nach Wunsch ein Zierband über die Schnittkanten nähen, wenn diese verdeckt werden sollen.

FERTIGSTELLEN

Die Decke leicht dämpfen.

4 lange Quasten in Ruß herstellen und an den vier Ecken der Decke annähen.

Zählmuster 1B

Die 1.–96. Rd 1× arb

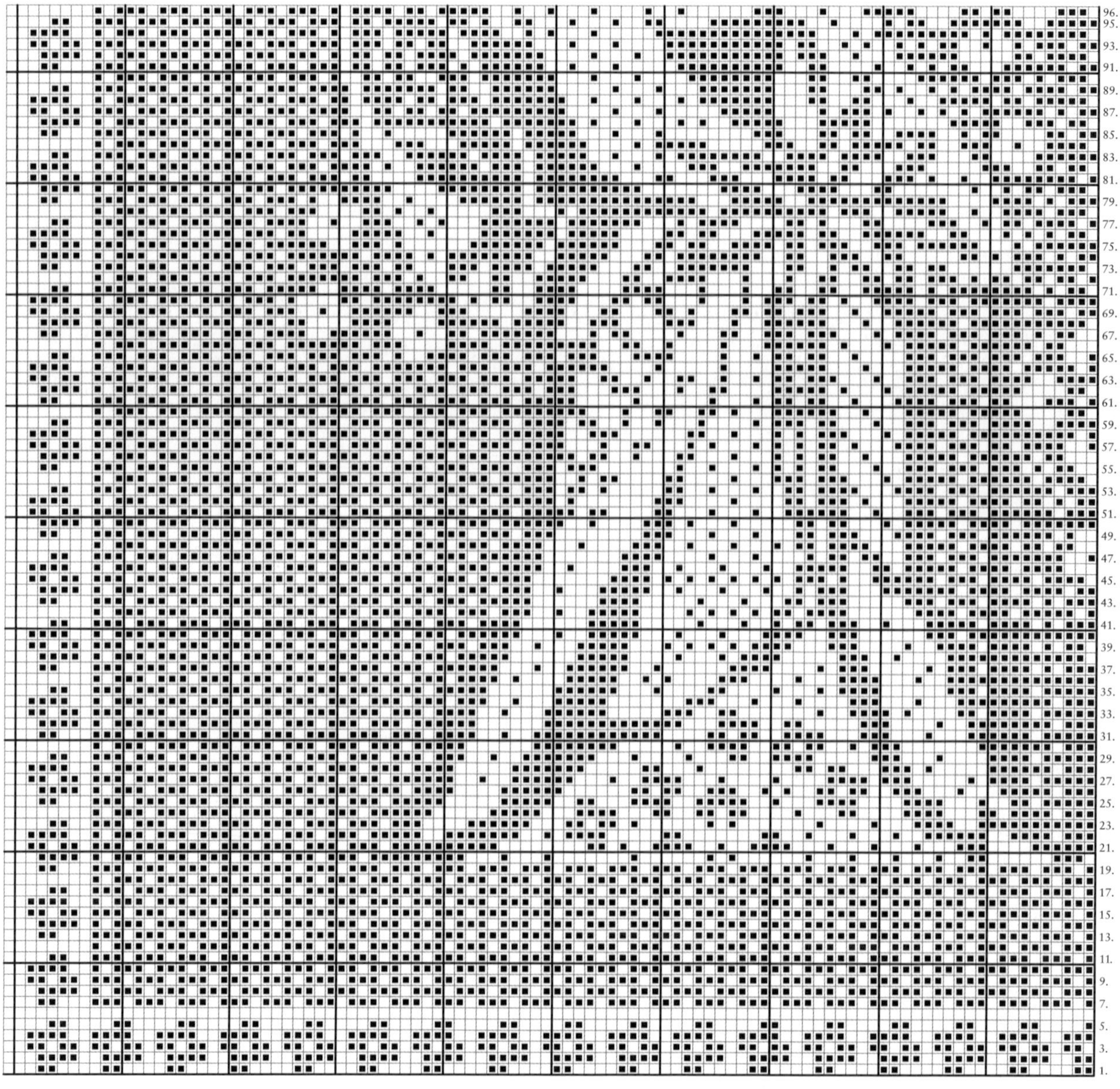

□ = 1 M re in Linen

■ = 1 M re in Ruß

Zählmuster 1A

Die 1.–96. Rd str 1× arb

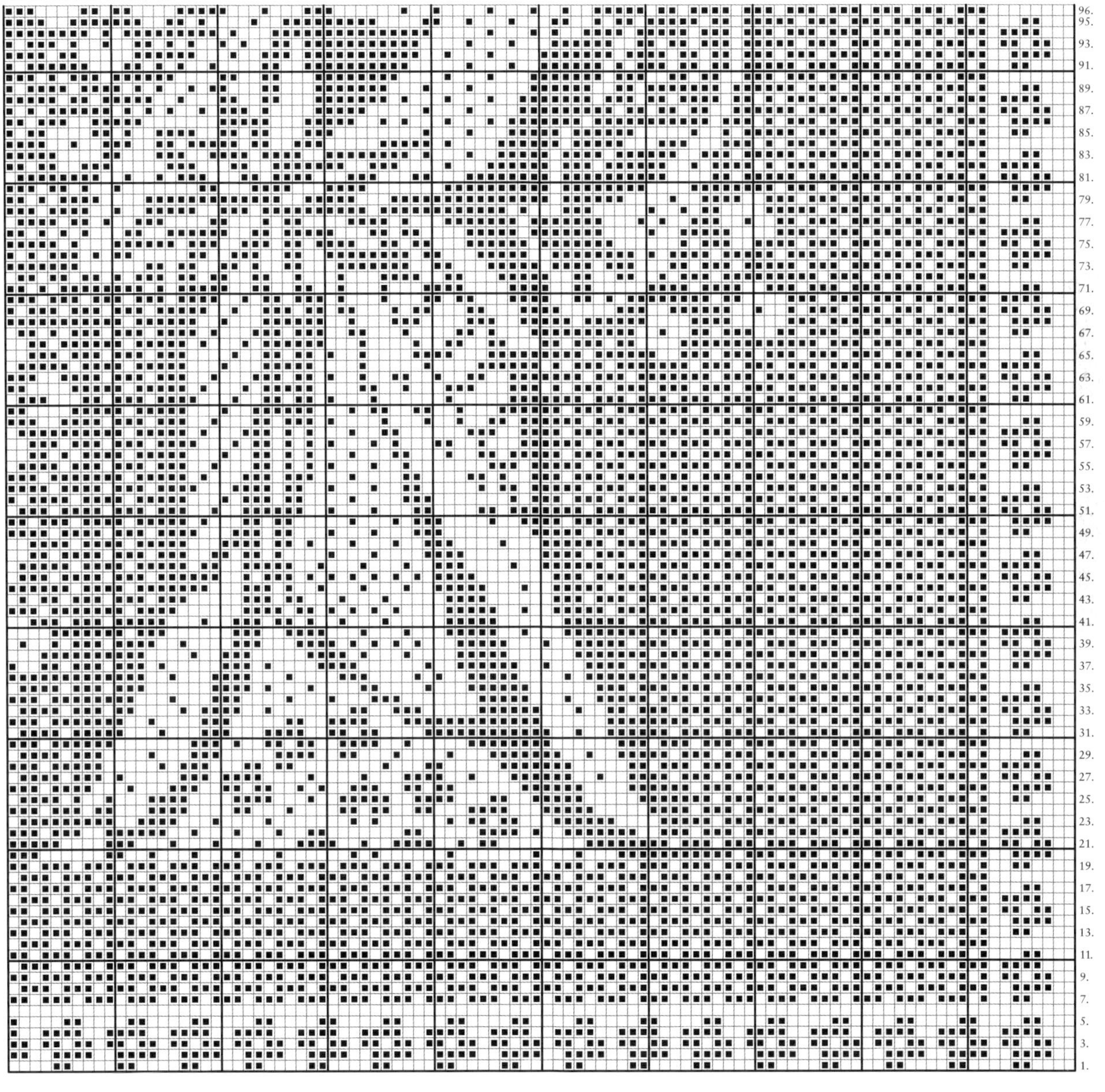

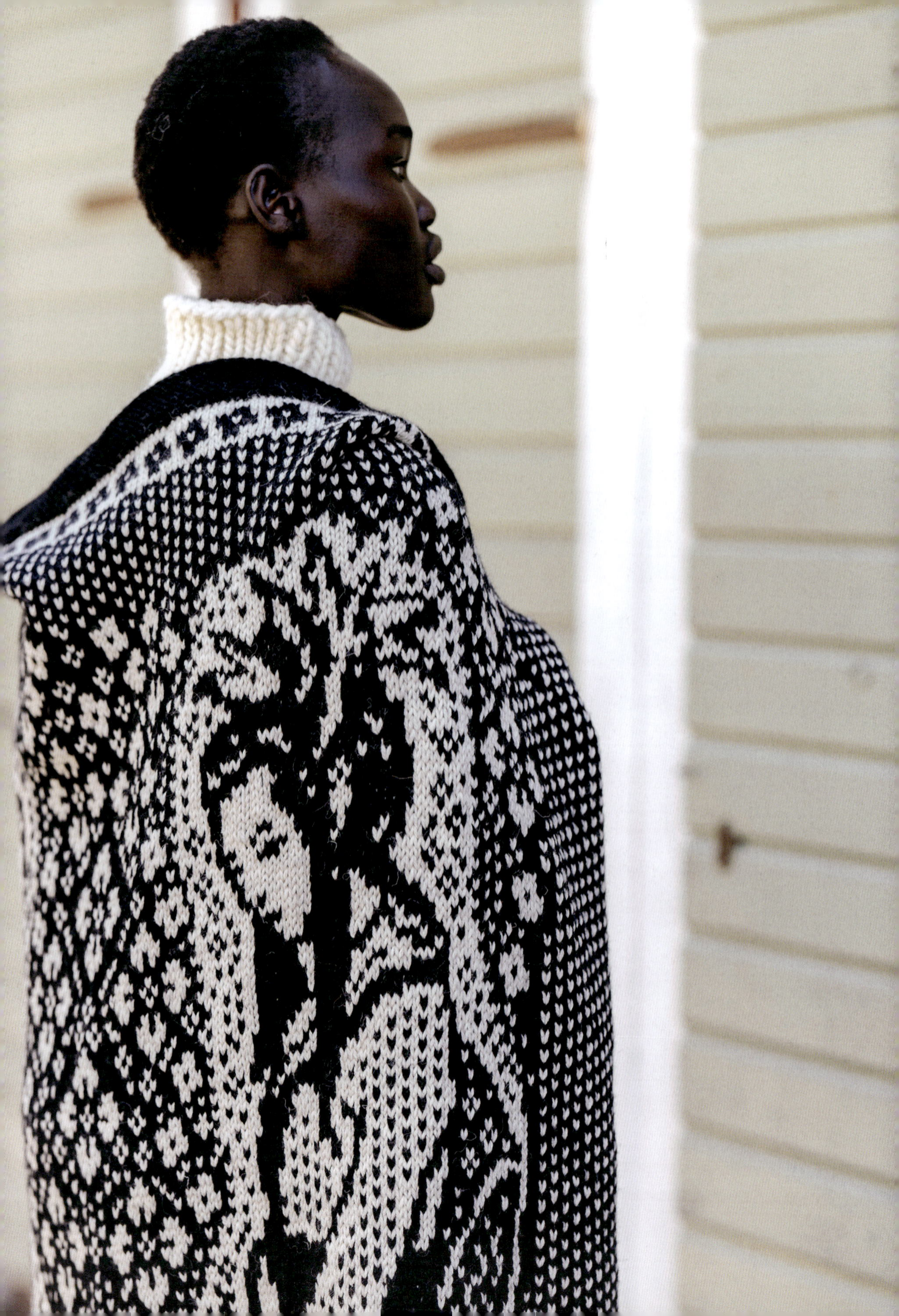

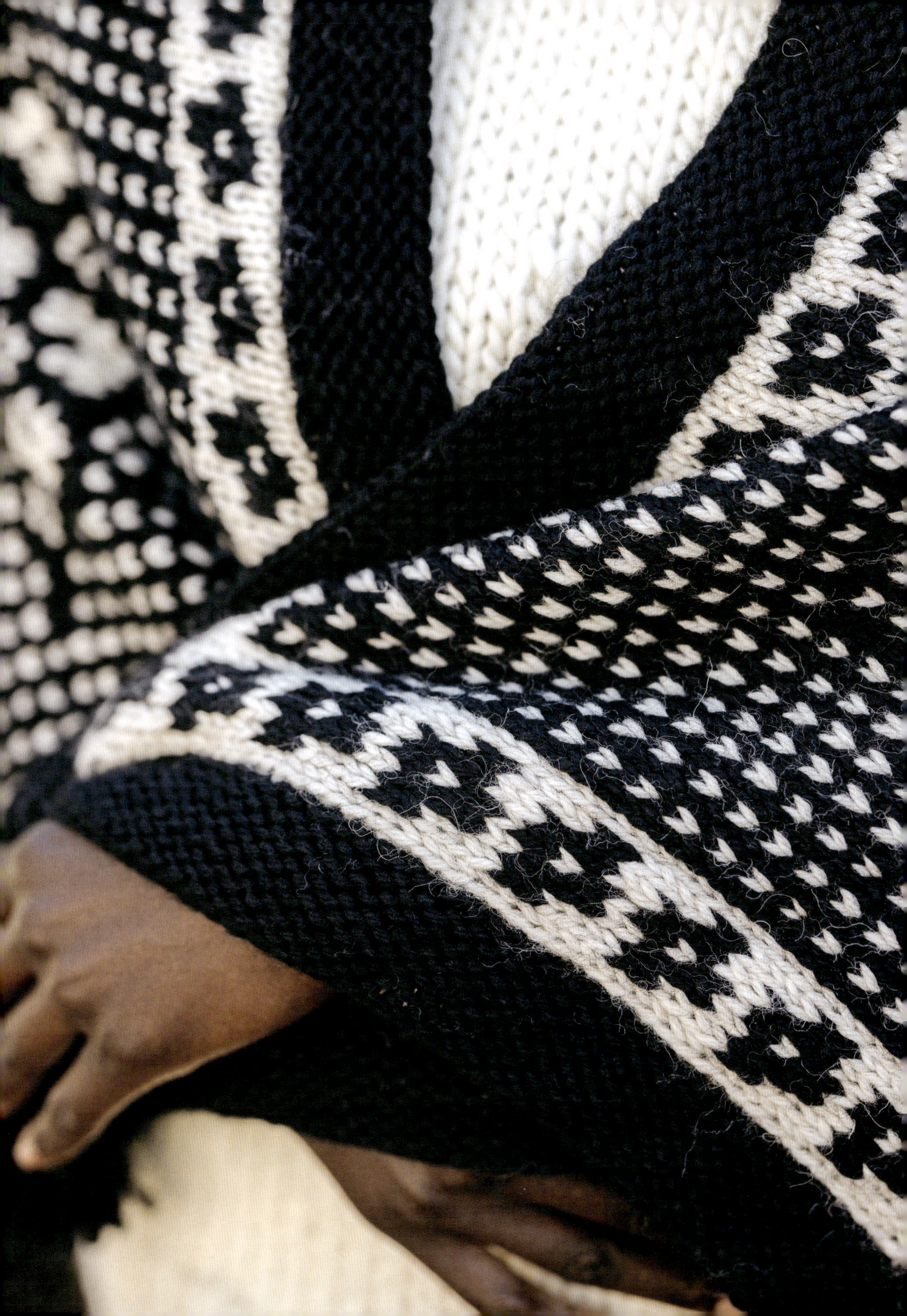

Zählmuster 2B
Die 97.–191. Rd 1× arb

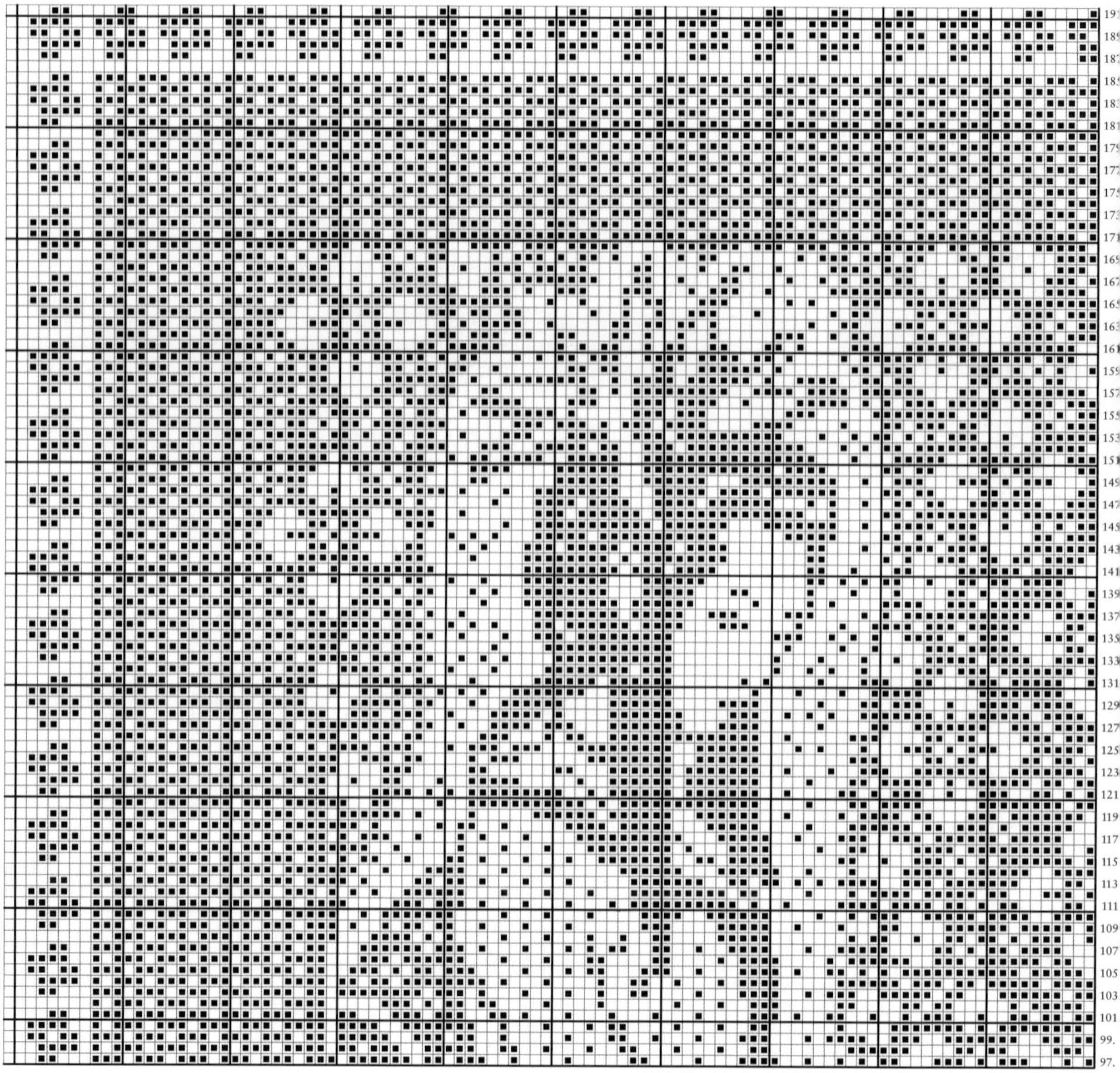

Zählmuster 2A
Die 97.–191. Rd 1× arb

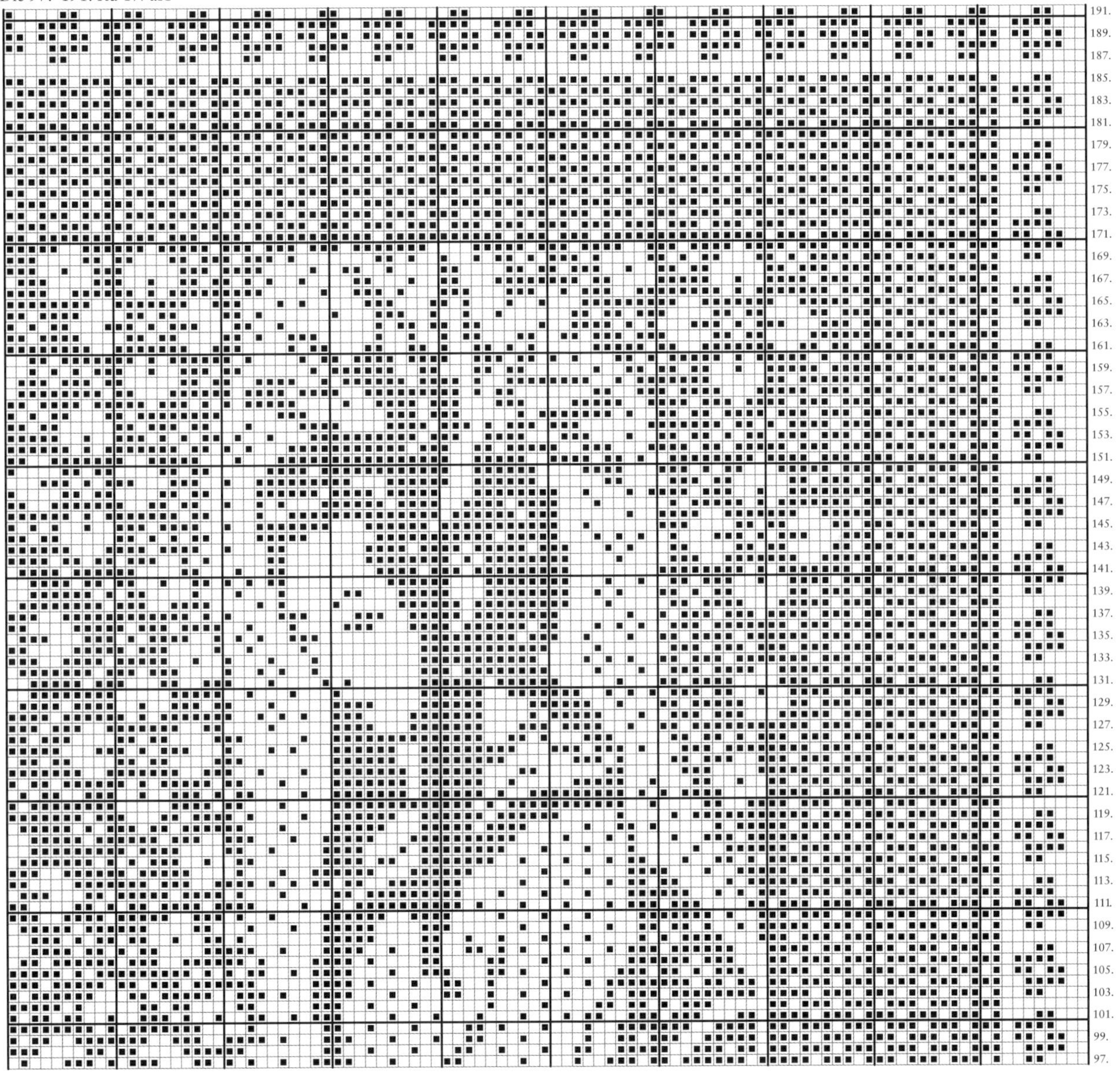

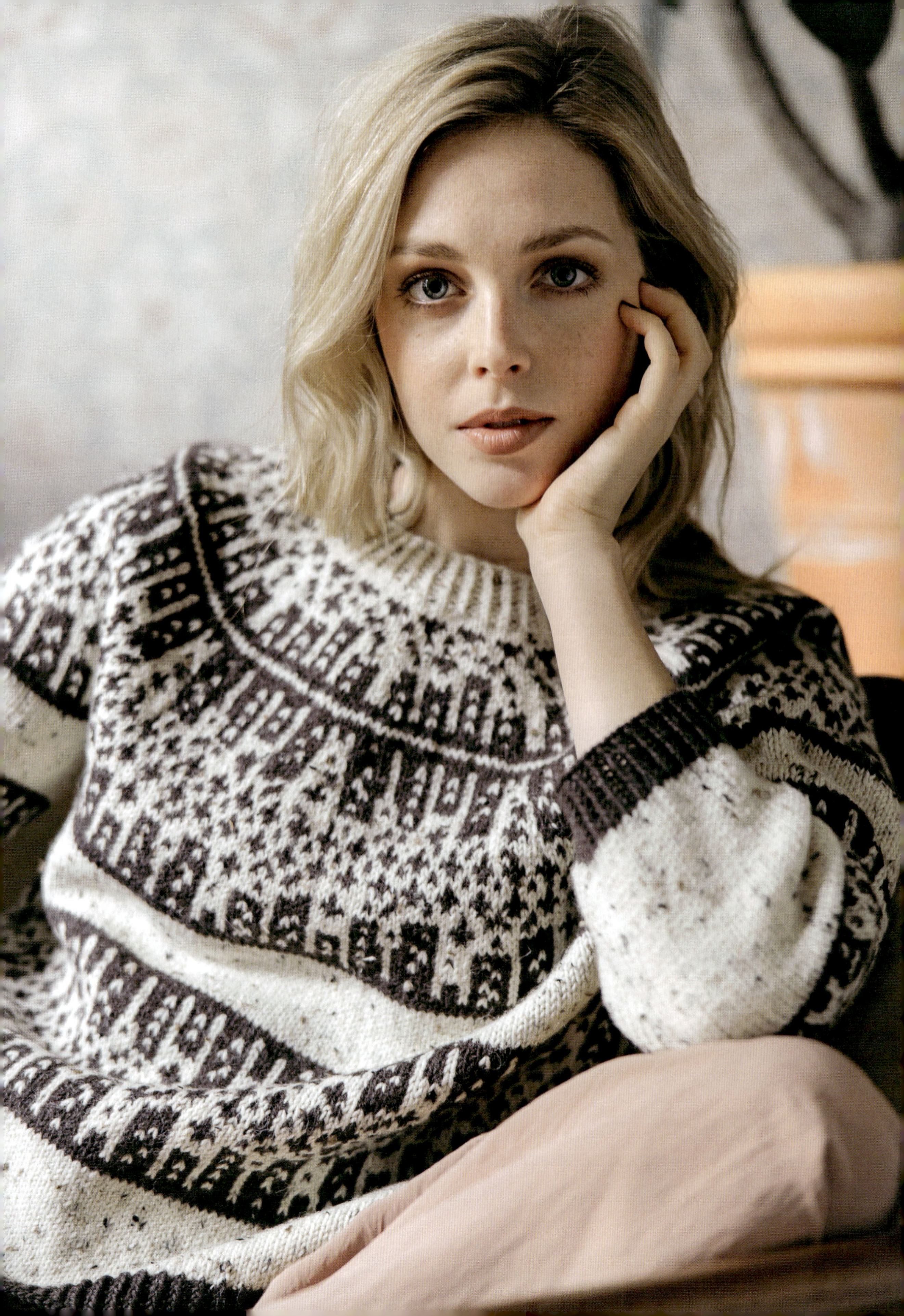

METROPOLE

– PULLOVER

Die Silhouetten der Wolkenkratzer einer Großstadt prägen diesen kastigen Grobtrickpullover. Das grafische Muster wird durch die Farbsprenkel des Garns aufgepeppt. Der Pullover ist kurz geschnitten, die Ärmel sind verkürzt.

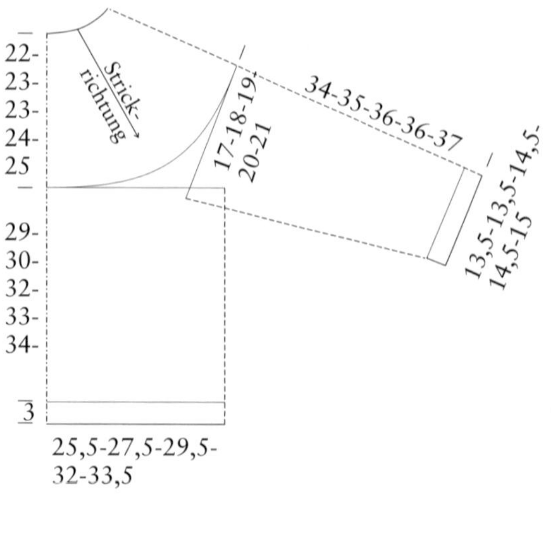

GRÖSSE S (M) L (XL) XXL

MASSE DES FERTIGEN STRICKSTÜCKS

Körperumfang 102 (110) 118 (128) 134 cm

Länge in der hinteren Mitte 54 (56) 58 (60) 62 cm

Innere Ärmellänge 34 (35) 36 (36) 37 cm

GARNVERBRAUCH

Novita 7 Veljestä Nummi (76 % Wolle, 20 % Polyamid, 4 % Viskose, LL = 200 m/100 g): 300 (350) 350 (400) 450 g Frost (Fb 945) und **Novita 7 Veljestä** (75 % Wolle, 25 % Polyamid, LL = 200 m/100 g): 200 (250) 300 (350) 400 g Lorchel (Fb 064)

RUNDSTRICKNADELN 3,5 mm und 4,0 mm (oder entsprechend der eigenen Maschenprobe), 40 cm und 80 cm lang

NADELSPIELE 3,5 mm und 4 mm (oder entsprechend der eigenen Maschenprobe) für die Ärmel, wenn nicht mit der Magic Loop-Technik gearbeitet wird (siehe Seite 191)

MUSTER

Verschränktes Rippenmuster in Runden: * 1 M re verschr, 1 M li, ab * stets wdh.

Glatt rechts in Runden: Alle M in allen Rd re str.

Einstrickmuster in Runden: Glatt rechts nach Zählmuster und Anleitung str. Spannfäden über mehr als 4 M auf der Rückseite der Arbeit miteinander verkreuzen, dabei die Verkreuzungen in der nächsten Rd/R an anderen Stellen vornehmen.

MASCHENPROBE 21 M und 24 Rd glatt re oder im Einstrickmuster mit den dickeren Nadeln = 10 cm × 10 cm

HINWEIS Der Pullover wird nahtlos vom Halsausschnitt bis zur unteren Kante und den Ärmelbündchen gearbeitet. Der Pfeil in der Schnittskizze zeigt die Strickrichtung an.

PASSE

110 (110) 112 (114) 114 M in Frost auf der dünneren Rundstricknadel (40 cm) anschlagen und 3 cm im verschränkten Rippenmuster in Rd str.

Zu den dickeren Nadeln wechseln. 1 Rd re str, dabei gleichmäßig verteilt 22 (22) 32 (42) 42 M zun = 132 (132) 144 (156) 156 M. Den Rd-Übergang mit einem MM kennzeichnen. Mit Frost noch 0 (1) 1 (2) 2 Rd glatt re arb.

Das Einstrickmuster ab der 5. (3.) 3. (1.) 1. Rd von Zählmuster I beginnen, den Rapport von 12 M dabei 11× (11×) 12× (13×) 13× arb. Die 2.–53. Rd des Zählmusters I str, dabei auch die darin eingezeichneten Zunahmen arb.

Nach Bedarf zur längeren Rundstricknadel wechseln.

Es ist einfacher, dem Zählmuster zu folgen, wenn die Rapporte mit MM gekennzeichnet werden.

Wenn Zählmuster I fertig gestrickt ist, liegen 308 (308) 336 (364) 364 M auf der Nadel.

In der 54. Rd gleichmäßig verteilt 0 (6) 0 (0) 4 M zun = 308 (314) 336 (364) 368 M. Die Passe hat jetzt von der unteren Kante des Halsbündchens gemessen eine Höhe von ca. 22 (23) 23 (24) 25 cm.

Die M in 4 Bereiche aufteilen: Für das **Rückenteil** am Anfang der nächsten Rd in Frost 92 (95) 102 (112) 114 M re str, die 62 (62) 66 (70) 70 M des **ersten Ärmels** auf einem Hilfsfaden stilllegen, für das **Armloch** 10 (14) 16 (16) 20 M anschlagen, die 92 (95) 102 (112) 114 M des **Vorderteils** str, die 62 (62) 66 (70) 70 M des **zweiten Ärmels** auf einem Hilfsfaden stilllegen, für das **zweite Armloch** 10 (14) 16 (16) 20 M anschlagen. Hier ist jetzt der Rd-Übergang.

UNTERES VORDER- UND RÜCKENTEIL

Die 204 (218) 236 (256) 268 M für den Rumpf in Frost glatt re in Rd str. In der 1. Rd gleichmäßig verteilt für Größe S und Größe L je 3 M zun, für Größe M 2 M abn, für Größe XL 3 M abn und für Größe XXL 1 M abn = 207 (216) 239 (253) 267 M. Mit Frost glatt re str, dabei nach Bedarf zu den dünneren Nadeln wechseln. Wenn 5 (5) 6 (6) 6 cm mit den Rumpf-M gestrickt sind,

Zählmuster I
Die Rd nach Anleitung str

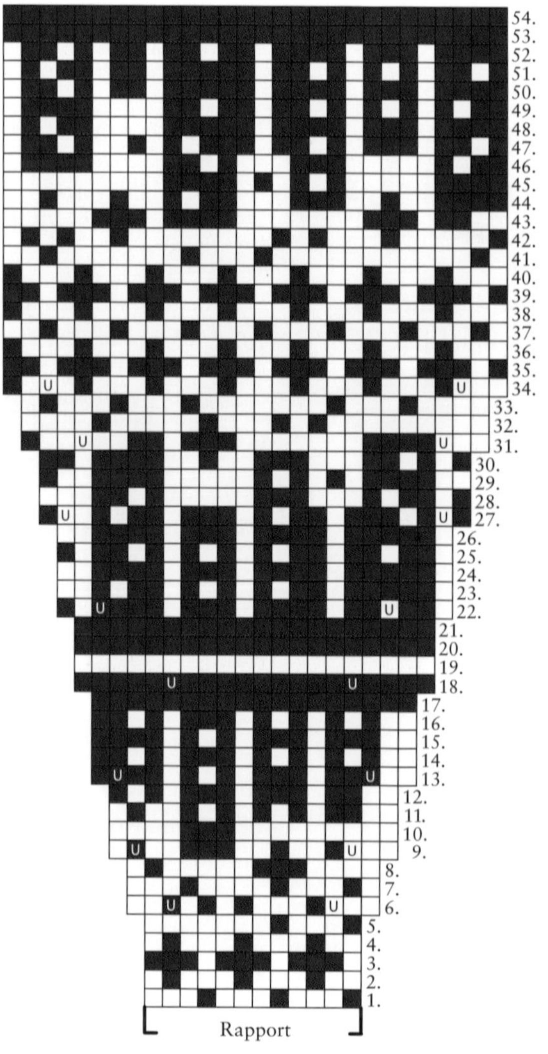

☐ = 1 M re in Frost

■ = 1 M re in Lorchel

U = 1 M aus dem Querfaden re verschr in der Farbe des Kästchens zun

Zählmuster II
Die 1.–36. Rd wdh

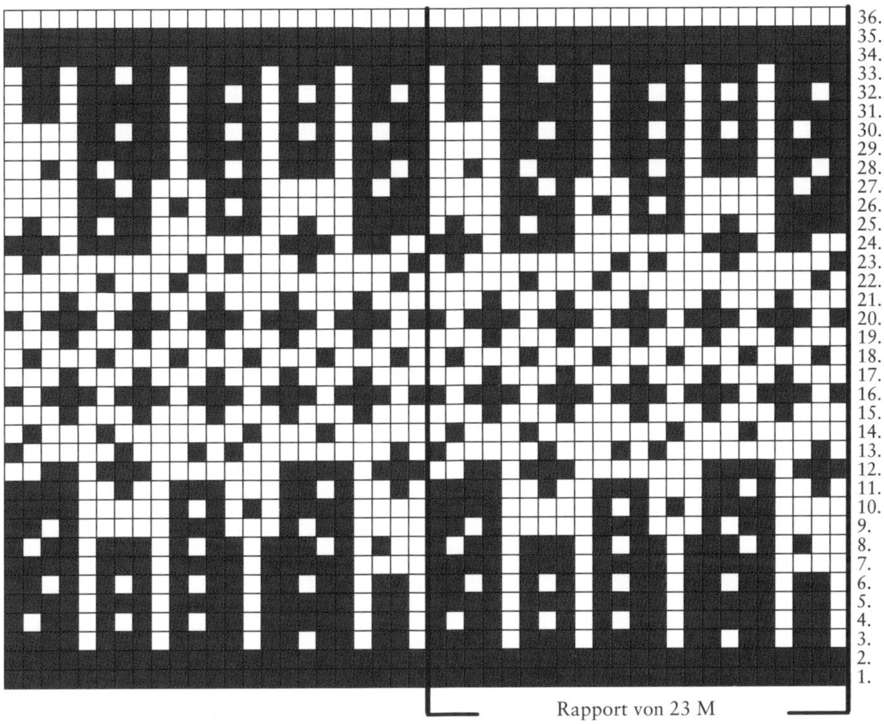

mit dem Einstrickmuster ab der 1. Rd nach Zählmuster II beginnen, den Rapport von 23 M 9× (9×) 10× (11×) 11× arb und am linken Rand noch 0 (9) 9 (0) 14 M str. Das Muster wird am Rd-Übergang unterbrochen, aber die Abstände zwischen den Häusern fügen sich stimmig in das Muster ein. Die 2.–36. Rd von Zählmuster II arb.

In der Farbe Frost glatt re str, bis der Rumpf 29 (30) 32 (33) 34 cm hoch ist.

In der Farbe Lorchel noch 1 Rd re und 3 cm im verschränkten Rippenmuster in Rd arb. Dann im Musterverlauf abketten.

ÄRMEL

Die stillgelegten 62 (62) 66 (70) 70 M eines Ärmels auf das dickere Nadelspiel nehmen, dazu 10 (14) 16 (16) 20 M aus den für das Armloch angeschlagenen M auffassen = 72 (76) 82 (86) 90 M. In der Mitte des Armlochs nach der Hälfte der aufgefassten M den Rd-Übergang markieren.

In der Farbe Frost glatt re in Rd str, bis mit den Ärmel-M 5 (5) 6 (6) 6 cm gestrickt sind. Das Einstrickmuster ab der 1. Rd nach Zählmuster II beginnen und den Rapport von 23 M so oft wie möglich wdh. Das Muster geht am Rd-Übergang nicht auf. Die 2.–36. Rd des Zählmusters arb.

Gleichzeitig bei einer Ärmellänge von 2 (2) 1 (4) 4 cm ab dem Armloch **an beiden Seiten** des MM abn: 1 M re, 1 Überzug (= 1 M re abh, 1 M re str, die abgehobene M über die gestrickte M ziehen). Bis 3 M vor Rd-Ende str, 2 M re zus, 1 M re. Diese Abn alle 4 (3) 3 (2) 2 cm insgesamt noch 8× (10×) 11× (13×) 13× wdh. Nach den Abn liegen noch 56 (56) 60 (60) 64 M auf der Nadel.

Wenn die 1.–36. Rd gestrickt sind, in Frost bis zu einer Ärmellänge von 31 (32) 33 (33) 34 cm glatt re str. In der Farbe Lorchel 1 Rd re und 3 cm im verschränkten Rippenmuster arb. Im Musterverlauf abketten.

Den **zweiten Ärmel** ebenso arb.

FERTIGSTELLEN

Das Strickstück mit der linken Seite nach oben flach hinlegen, anfeuchten, in Form ziehen und liegend trocknen lassen.

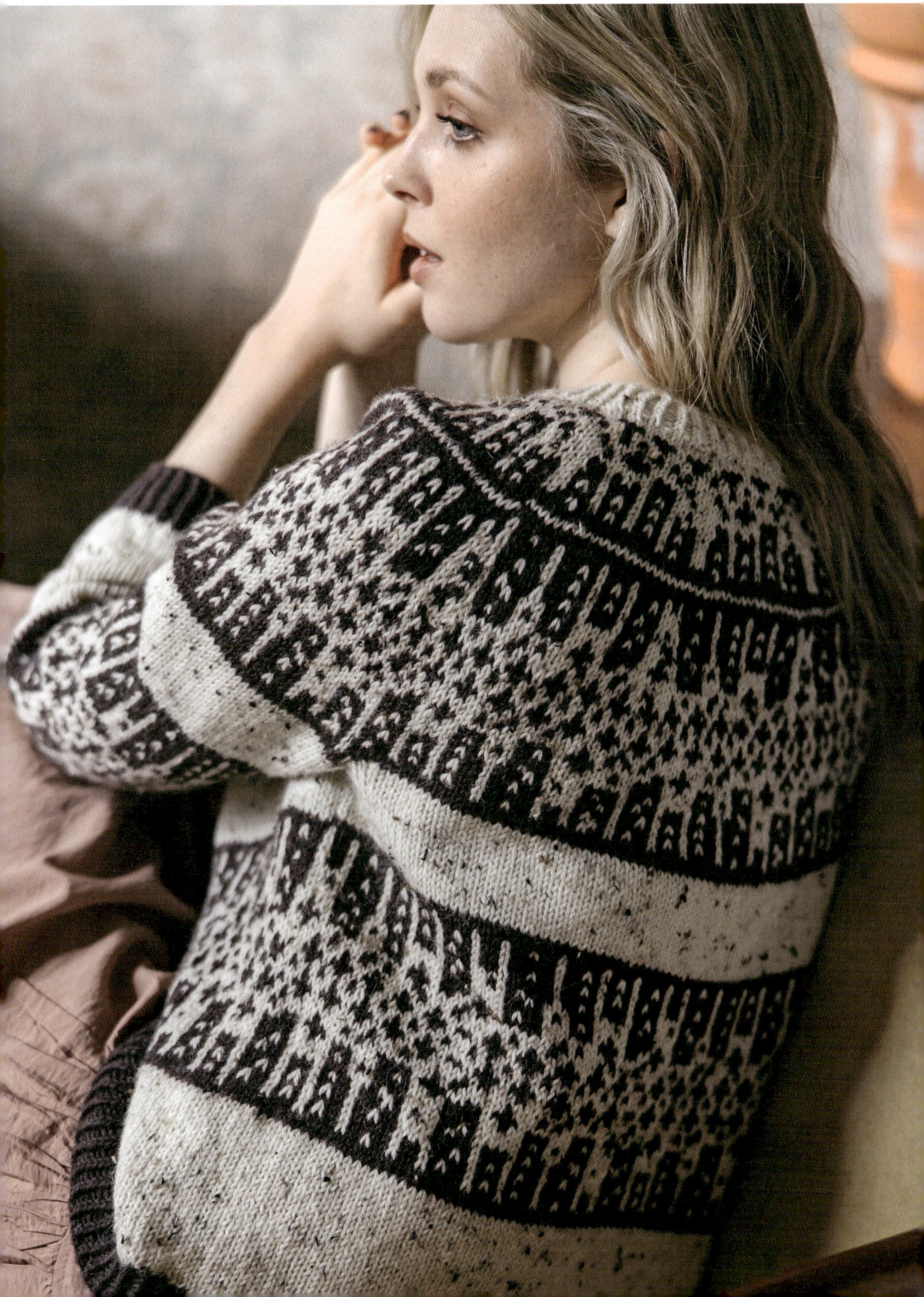

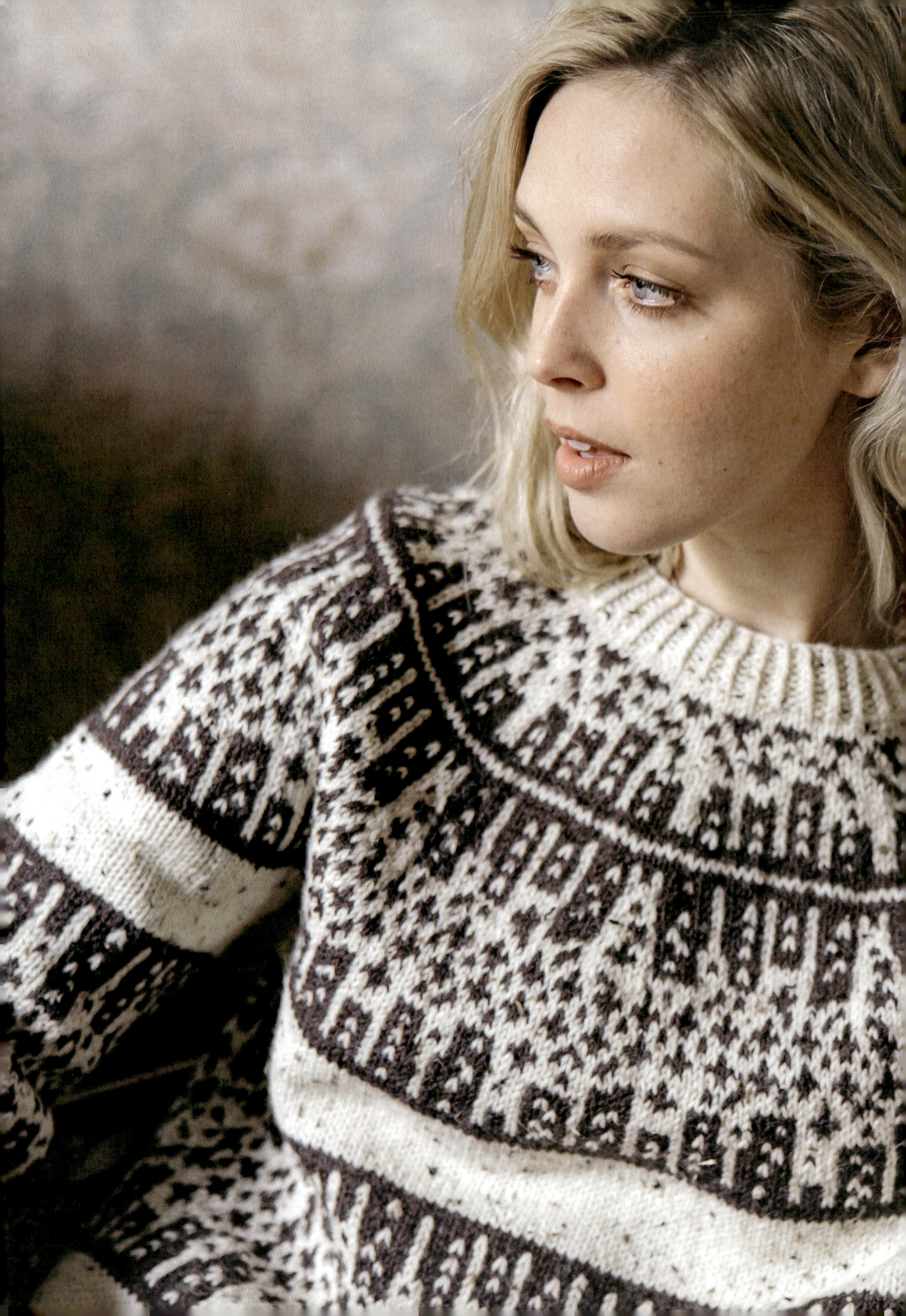

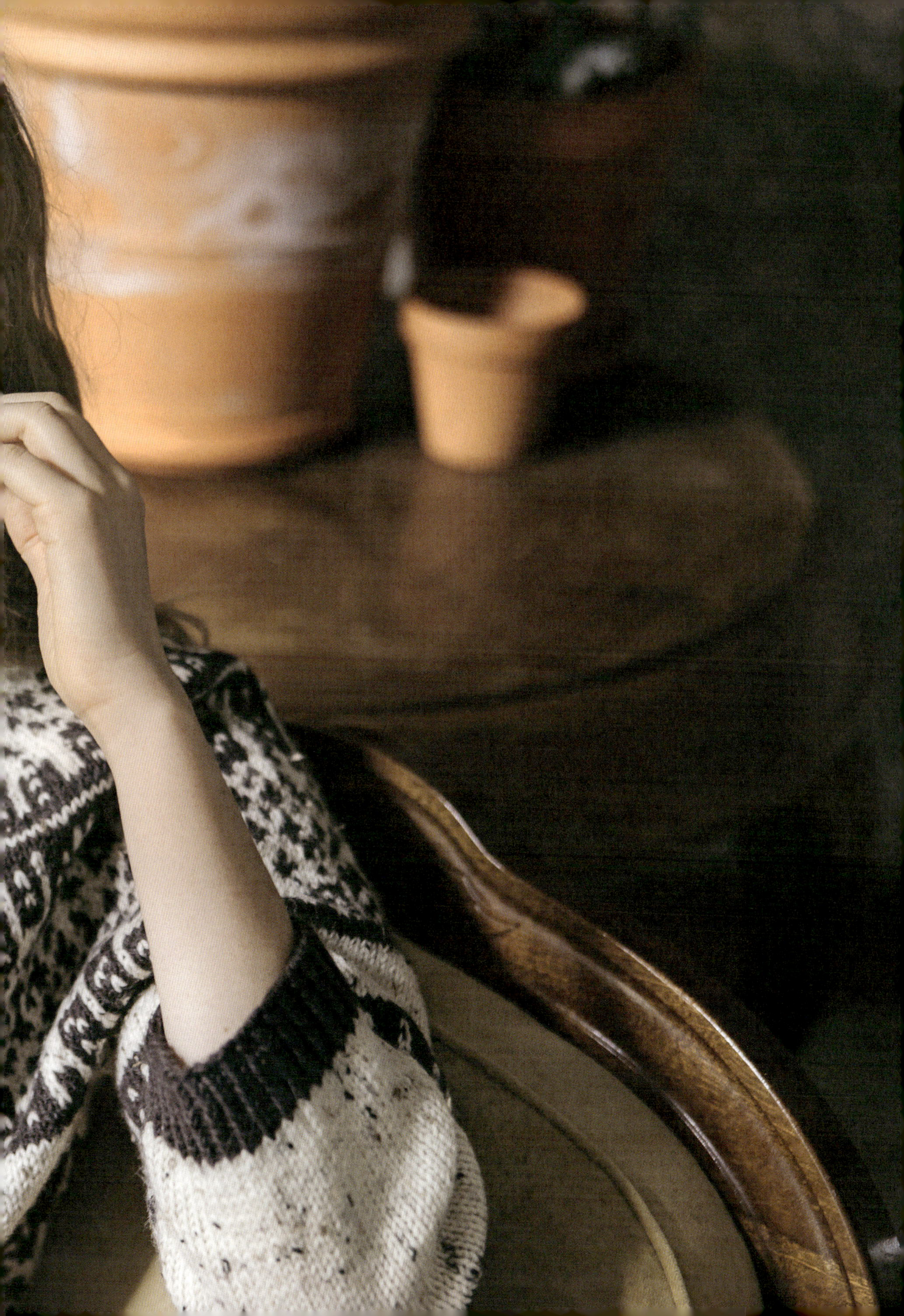

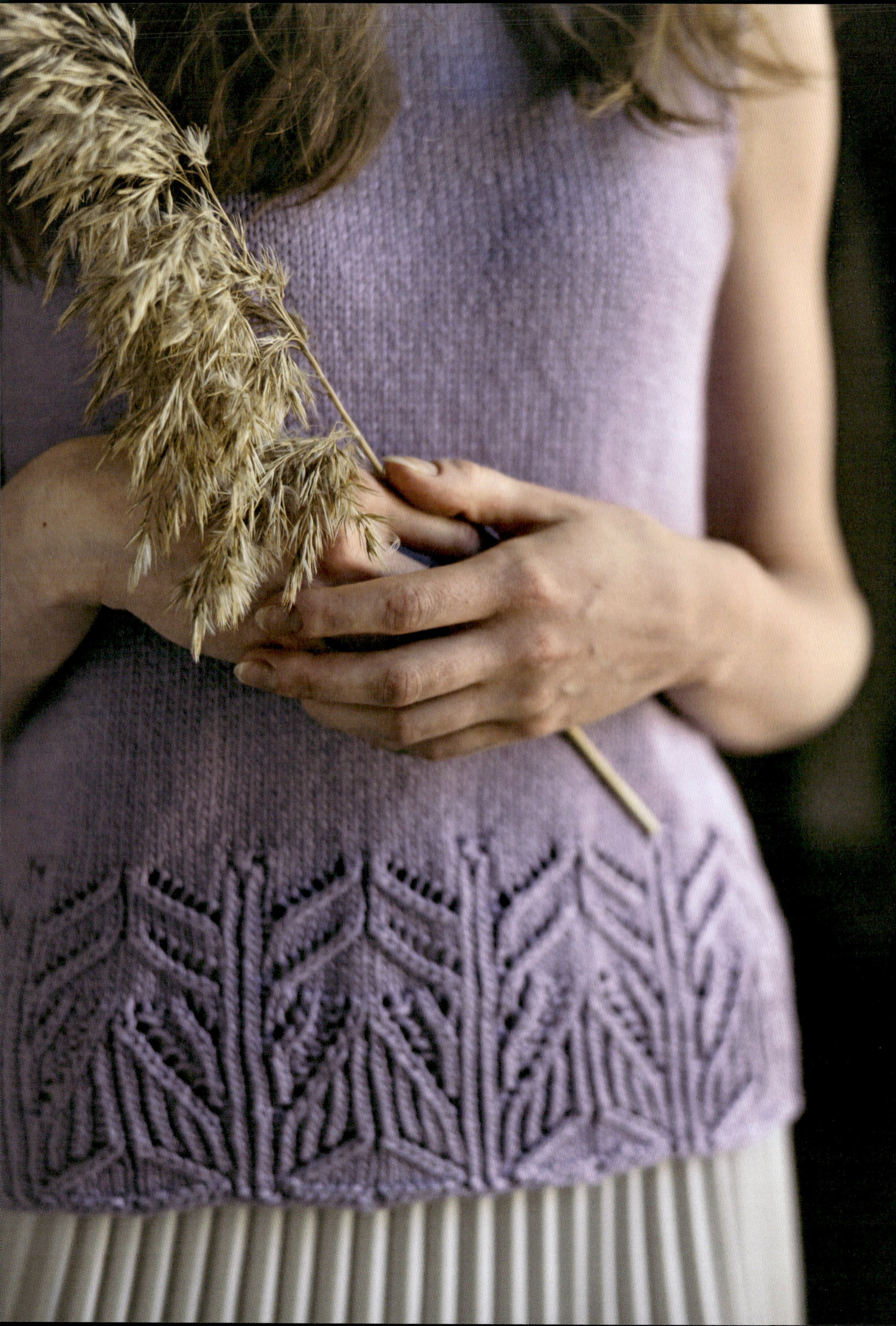

WEIHNACHTS-MORGEN

– TOP

Das Ajourmuster am Bund des schlichten und schnell gestrickten Oberteils ist von den Weihnachtsmorgen-Socken von Niina Laitinen bekannt. Das umweltfreundlich produzierte Garn Novita Woolly Wood fühlt sich weich und leicht auf der Haut an. Durch die Struktur des Garns kommen die verschränkt gestrickten Maschen im Muster sehr schön zur Geltung.

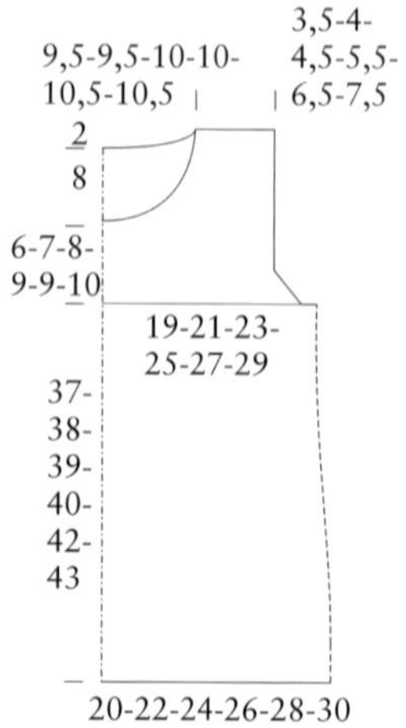

GRÖSSE XS (S) M (L) XL (XXL)

MASSE DES FERTIGEN STRICKSTÜCKS

Körperumfang 76 (84) 92 (100) 108 (116) cm

Umfang untere Kante 80 (88) 96 (104) 112 (120) cm

Länge 53 (55) 57 (59) 61 (63) cm

GARNVERBRAUCH

Novita Woolly Wood (70 % Modal, 30 % Merinowolle, LL = 225 m/100 g): 250 (300) 300 (350) 350 (400) g Blaubeermilch (Fb 730)

RUNDSTRICKNADEL 3,5–4 mm (oder entsprechend der eigenen Maschenprobe), 60 cm oder 80 cm lang

RUNDSTRICKNADEL 3,5 mm (oder entsprechend der eigenen Maschenprobe), 40 cm lang, für die Halsblende

MUSTER

Ajourmuster in Runden: Nach Strickschrift und Anleitung str.

Glatt rechts in Runden: Alle M in allen Rd re str.

Glatt rechts in Reihen: In Hinr re M und in Rückr li M str.

Verschränktes Rippenmuster in Reihen: * 1 M re verschr, 1 M li, ab * bis R-Ende wdh. In der Rückr die re M re und die li M li verschr str.

Verschränktes Rippenmuster in Runden: * 1 M re verschr, 1 M li, ab * stets wdh.

MASCHENPROBE 22 M und 28 Rd glatt re = 10 cm × 10 cm

HINWEIS Der Rumpf wird bis zum Armloch in Rd gestrickt und die oberen Teile werden getrennt in R gearbeitet.

UNTERES VORDER- UND RÜCKENTEIL

200 (220) 240 (260) 280 (300) M anschlagen und 1 Rd li M str.

Mit dem Ajourmuster ab der 1. Rd nach der Strickschrift beginnen, dabei den Rapport von 20 M 10× (11×) 12× (13×) 14× (15×) arb. Die 2.–36. Rd der Strickschrift str. In der 36. Rd werden pro Rapport 2 M abgenommen = 180 (198) 216 (234) 252 (270) M. 1 Rd re M str, dabei gleichmäßig verteilt 0 (2) 2 (2) 2 (4) M abn = 180 (196) 214 (232) 250 (266) M.

Für Größe S, L und XXL noch 5 M der nächsten Rd str. Hier ist jetzt der Rd-Übergang. Hier und nach der Hälfte der M je 1 MM setzen, um die Seiten zu markieren.

Glatt re in Rd weiterstr.

In einer Höhe von 14 (15) 15 (16) 15 (17) cm **an beiden Seiten** je 2 M abn: Am Rd-Anfang 1 M re, 2 M re zus, bis 3 M vor dem nächsten MM str, 1 Überzug (= 1 M re abh, 1 M re, die abgehobene M über die gestrickte M ziehen), 2 M re, 2 M re zus, bis 3 M vor dem nächsten MM str, 1 Überzug und 1 M re. Diese Abn alle 7 cm noch 2× wdh = 168 (184) 202 (220) 238 (254) M.

In einer Höhe von 36 (37) 38 (39) 41 (42) cm 9 (10) 10 (11) 13 (14) M li, 66 (72) 81 (88) 93 (99) M re, 18 (20) 20 (22) 26 (28) M li, 66 (72) 81 (88) 93 (99) M re und 9 (10) 10 (11) 13 (14) M li str. In der nächsten Rd alle M re str.

In der nächsten Rd die M wie folgt einteilen: Am Rd-Anfang 9 (10) 10 (11) 13 (14) M li, die 66 (72) 81 (88) 93 (99) M für das **Rückenteil** re, 5 M li, für das **Armloch** 8 (10) 10 (12) 16 (18) M li abketten, 5 M li, die 66 (72) 81 (88) 93 (99) M für das **Vorderteil** re, 5 M li, für das **zweite Armloch** am Rd-Ende 4 (5) 5 (6) 8 (9) M li sowie am Anfang der nächsten Rd noch 4 (5) 5 (6) 8 (9) M re abketten.

Das Rücken- bzw. Vorderteil haben nun jeweils 76 (82) 91 (98) 103 (109) M. Am Rd-Ende die 76 (82) 91 (98) 103 (109) M für das Vorderteil stilllegen, z. B. auf einem Hilfsfaden.

OBERES RÜCKENTEIL

Die 76 (82) 91 (98) 103 (109) M für das Rückenteil in R str, dabei mit den Abn für den **Armausschnitt** beginnen: Auf der rechten Nadel liegt schon 1 M, für den Rand noch 1 M re verschr, 1 M li, 1 M re verschr, 1 M li, 1 Überzug, bis 7 M vor R-Ende str, 2 M re zus, 1 M li, 1 M re verschr, 1 M li, 1 M re verschr, 1 M re. Weiterhin **an beiden Seiten** einen Rand von 5 M str: die äußere M kraus re und die restlichen 4 im verschränkten Rippenmuster arb. Die M dazwischen glatt re str. Die Abn an beiden Seiten in jeder 2. R noch 3× (3×) 4× (5×) 5× (6×) wdh = 68 (74) 81 (86) 91 (95) M.

In einer Höhe von 14 (15) 16 (17) 17 (18) cm ab Armausschnitt für den **Halsausschnitt** die mittleren 36 (36) 37 (38) 39 (39) M stilllegen, z. B. auf einem Hilfsfaden. Die M für die linke Seite stilllegen und zunächst die rechte Seite beenden. Für die Ausschnittrundung 1 M abn: Die Hinr bis 3 M vor dem Halsausschnitt str, 2 M re zus, 1 M re. Die Abn in jeder 2. R noch 2× wdh.

In einer Höhe von 16 (17) 18 (19) 19 (20) cm ab Armausschnitt für die **Schulter** die restlichen 13 (16) 19 (21) 23 (25) M abketten.

Die **andere Seite** gegengleich arb, dabei die Abn als Überzüge str.

Strickschrift
Die 1.–36. Rd 1× arb

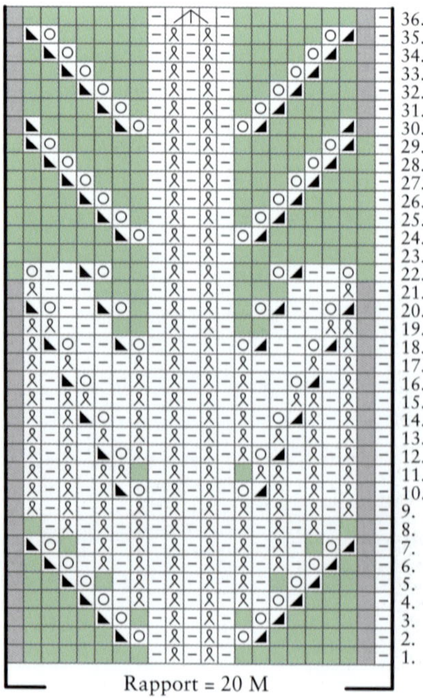

- (grün) = 1 M re
- (ꝏ) = 1 M re verschr
- (grau) = überspringen (keine M)
- (–) = 1 M li
- (O) = 1 Umschlag
- (◢) = 2 M re zus
- (◣) = 2 M nacheinander wie zum Rechtsstricken abh, beide M zurück auf die li Nadel heben und re verschr zus
- (⋀) = 2 M wie zum Rechtszusammenstricken abh, 1 M re, die abgehobenen M über die gestrickte M ziehen

OBERES VORDERTEIL

Bis zu einer Höhe von 6 (7) 8 (9) 9 (10) cm ab Armausschnitt wie das obere Rückenteil arb.

Für den **Halsausschnitt** die mittleren 32 (32) 33 (34) 35 (35) M stilllegen, z. B. auf einem Hilfsfaden. Die M für die linke Seite stilllegen und zunächst die rechte Seite beenden. Für die Ausschnittrundung 1 M abn: Die Hinr bis 3 M vor dem Halsausschnitt str, 2 M re zus, 1 M re. Die Abn in jeder 2. R noch 4× wdh.

In einer Höhe von 16 (17) 18 (19) 19 (20) cm ab Armausschnitt für die **Schulter** die restlichen 13 (16) 19 (21) 23 (25) M abketten.

Die **andere Seite** gegengleich arb, dabei die Abn als Überzüge str.

FERTIGSTELLEN

Das Strickstück mit der linken Seite nach oben flach hinlegen, anfeuchten, in Form ziehen und liegend trocknen lassen.

Die Schulternähte schließen.

Halsbündchen: Die für den Halsausschnitt stillgelegten M auf die dünnere Rundstricknadel heben und mit dem Arbeitsfaden M aus dem Halsausschnitt auffassen, sodass insgesamt 112 (112) 114 (114) 116 (116) M auf der Nadel liegen. 6 Rd im verschränkten Rippenmuster arb und im Musterverlauf abketten.

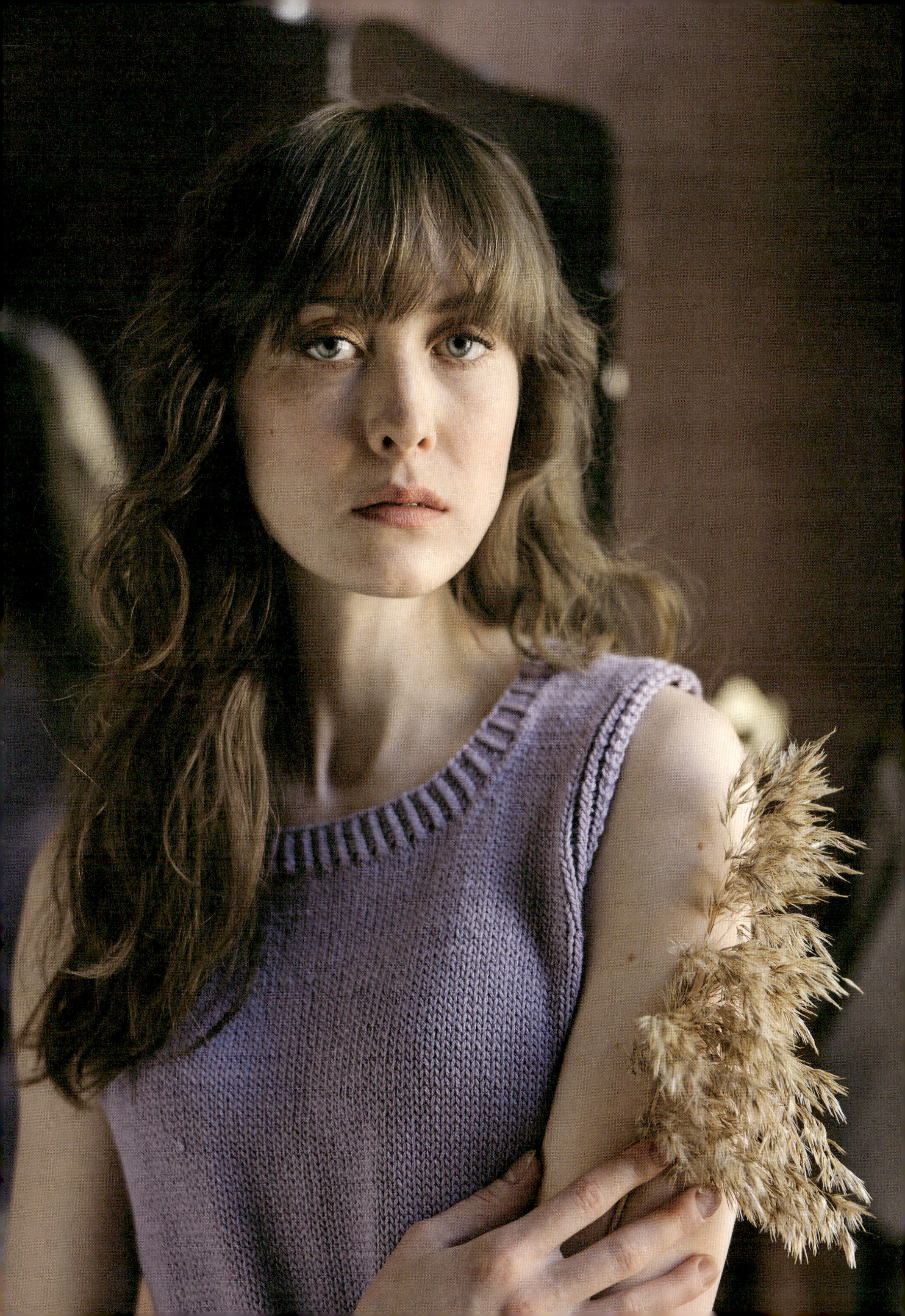

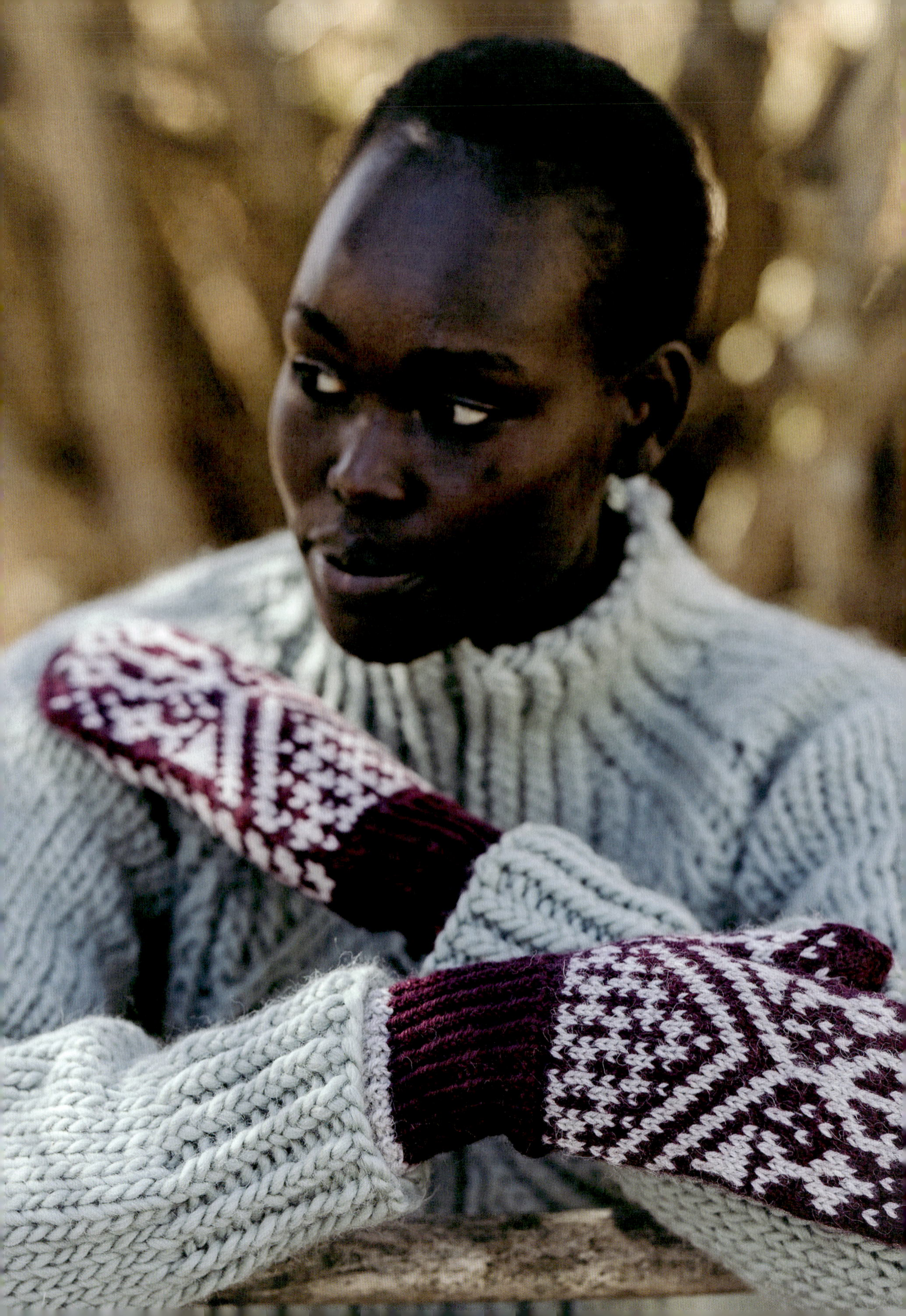

MYSTERIUM
– FÄUSTLINGE

Diese Fäustlinge mit Einstrickmuster wurden von den grafischen Schwarz-Weiß-Motiven der Mysterium-Socken aus Niina Laitinens Buch »Finnische Socken stricken. Eine Liebesgeschichte« inspiriert. Das grobe und warme Wollmischgarn hält die Hände warm und die Schneebälle weich.

GRÖSSE Damen

GARNVERBRAUCH

Novita 7 Veljestä (75 % Wolle, 25 % Polyamid, LL = 200 m/100g): 100 g Akelei (Fb 596) als Hauptfarbe und 50 g Flechte (Fb 047) als Musterfarbe und ein Stück Hilfsfaden in passender Stärke.

NADELSPIELE 3 mm und 3,5 mm (oder entsprechend der eigenen Maschenprobe)

MUSTER

Verschränktes Rippenmuster in Runden: * 1 M re verschr, 1 M li, ab * stets wdh.

Glatt rechts in Runden: Alle M in allen Rd re str.

Einstrickmuster in Runden: Glatt rechts nach Zählmuster und Anleitung str.

Spannfäden über mehr als 4 M auf der Rückseite der Arbeit miteinander verkreuzen, dabei die Verkreuzungen in der nächsten Rd/R an anderen Stellen vornehmen.

MASCHENPROBE 24 M im Einstrickmuster mit den dickeren Nadeln = 10 cm

LINKER FÄUSTLING

Italienischer Anschlag:

20 M mit einem Hilfsfaden auf den dünneren Nadeln anschlagen und auf den 4 Nadeln verteilen. Zur Rd schließen und zur Farbe Flechte wechseln.

1. Rd: * 1 M re, 1 U, ab * bis Rd-Ende wdh = 40 M.

2. Rd: * 1 M abh (mit dem Faden hinter der Arbeit), den U der vorigen Rd li str, ab * wdh.

3. Rd: * 1 M re, 1 M abh (mit dem Faden vor der Arbeit), ab * wdh.

Der Rd-Übergang liegt zwischen der 1. und 4. Nadel, an der Außenseite der Hand. 2 Rd im verschränkten Rippenmuster arb. Den Hilfsfaden entfernen.

Zu Farbe Akelei und den dickeren Nadeln wechseln. Im verschränkten Rippenmuster arb, bis das Bündchen 8 cm hoch ist. 2 Rd re, dabei gleichmäßig verteilt 6 M zun = 46 M. Die M neu auf den Nadel verteilen: 12, 11, 12 und 11 M.

Mit dem Einstrickmuster ab der 1. Rd nach Zählmuster I beginnen, dabei gleichzeitig ab der 1. Rd nach Zählmuster II mit den Zunahmen für den **Daumenkeil** beginnen.

Hinweis: Der Daumenkeil für die linke Hand wird am Ende der 2. Nadel, der für die rechte Hand am Anfang der 3. Nadel gearbeitet. Die Ansatzpunkte der Daumenkeile sind im Zählmuster markiert, die mittleren drei M des Keils sind rot umrandet.

Die grün umrandeten M sind die mittleren M des Daumenkeils, die nach dem Zählmuster für den Keil gestrickt werden.

Wird der Anfangspunkt des Keils mit einem MM markiert, geht das Stricken leichter von der Hand.

Die 2.–17. Rd von Zählmuster I und II arb.

Wenn alle Zunahmen gestrickt sind, die 18. Rd von Zählmuster I bis zum Beginn des Keils str. Die 15 Keil-M auf einem Hilfsfaden stilllegen, in Akelei 3 neue M anschlagen und die Rd zu Ende str.

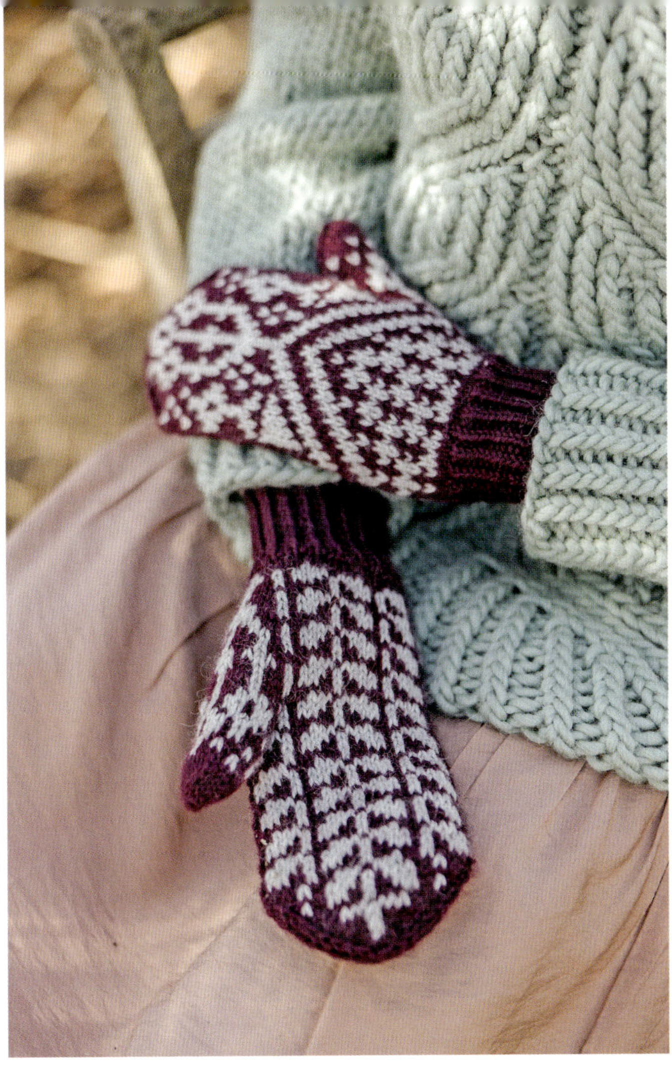

Das Einstrickmuster über 46 M weiterstr und die 19.–42. Rd nach Zählmuster I arb. Mit der 43. Rd fortfahren und an den im Zählmuster eingezeichneten Stellen mit den Abnahmen beginnen. Die 44.–51. Rd nach Zählmuster I arb.

Wenn die Abnahmen fertig gestrickt sind, sind noch 10 M übrig. Den Faden abschneiden und durch die restlichen M ziehen. Die Fadenenden auf der Innenseite der Arbeit vernähen.

DAUMEN

Die stillgelegten M auf eine Nadel heben und dazu 4 M aus dem Daumenansatz aufnehmen. Diese 19 M auf drei Nadel verteilen und den Rd-Übergang in der Mitte der aufgenommenen M markieren.

Mit dem Einstrickmuster ab der 1. Rd von Zählmuster III beginnen, dabei darauf achten, dass das Daumenmuster ununterbrochen fortgesetzt wird. Die 2.–10. Rd des Zählmusters arb. In der Farbe Akelei weiter glatt re str, bis die Hälfte des Daumennagels bedeckt ist.

Nun mit den Abnahmen beginnen: Am Ende jeder Nadel 2 M re zus, bis insgesamt noch 8 M übrig sind. 1 M re und die restlichen M von links nach rechts überziehen. Faden abschneiden und vernähen.

RECHTER FÄUSTLING

Den rechten Fäustling gegengleich zum linken str. Für die Handflächen nach Zählmuster IV arb, den Daumen und den Keil wie beim linken Fäustling str.

FERTIGSTELLEN

Die fertigen Fäustlinge leicht dämpfen.

Zählmuster I
Die 1.–51. Rd 1× arb

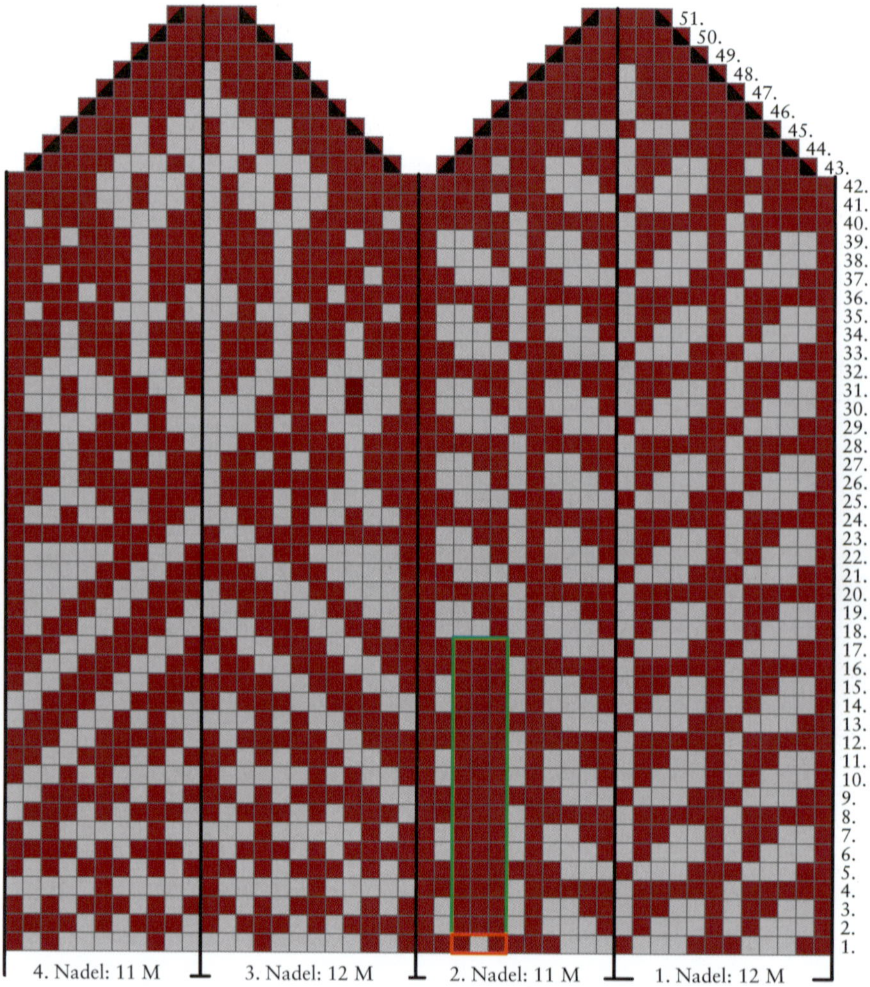

Zählmuster II
Die 1.–17. Rd 1× arb

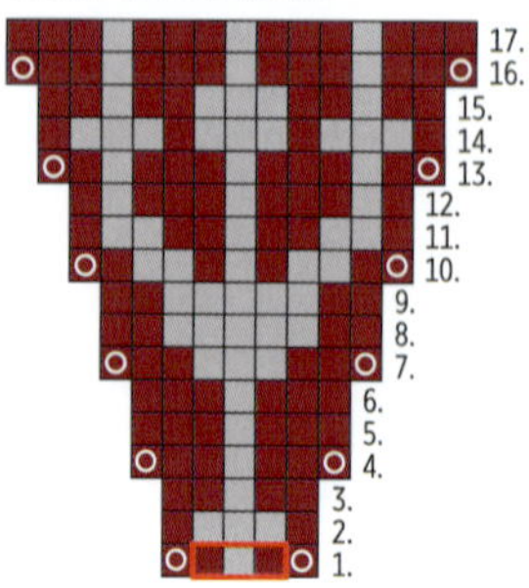

Zählmuster III
Die 1.–10. Rd 1× arb

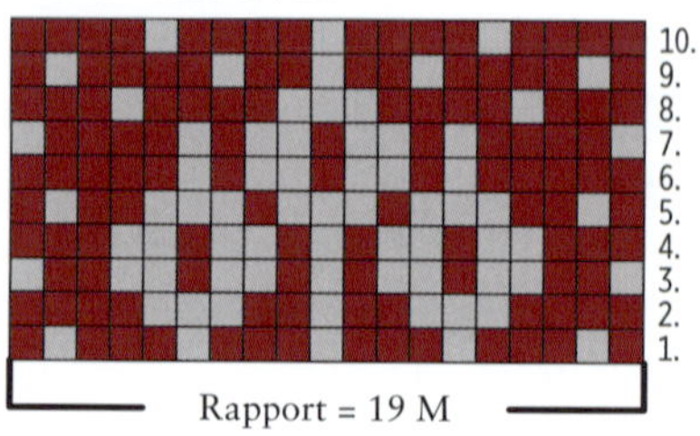

Zählmuster IV
Die 1.–51. Rd 1× arb

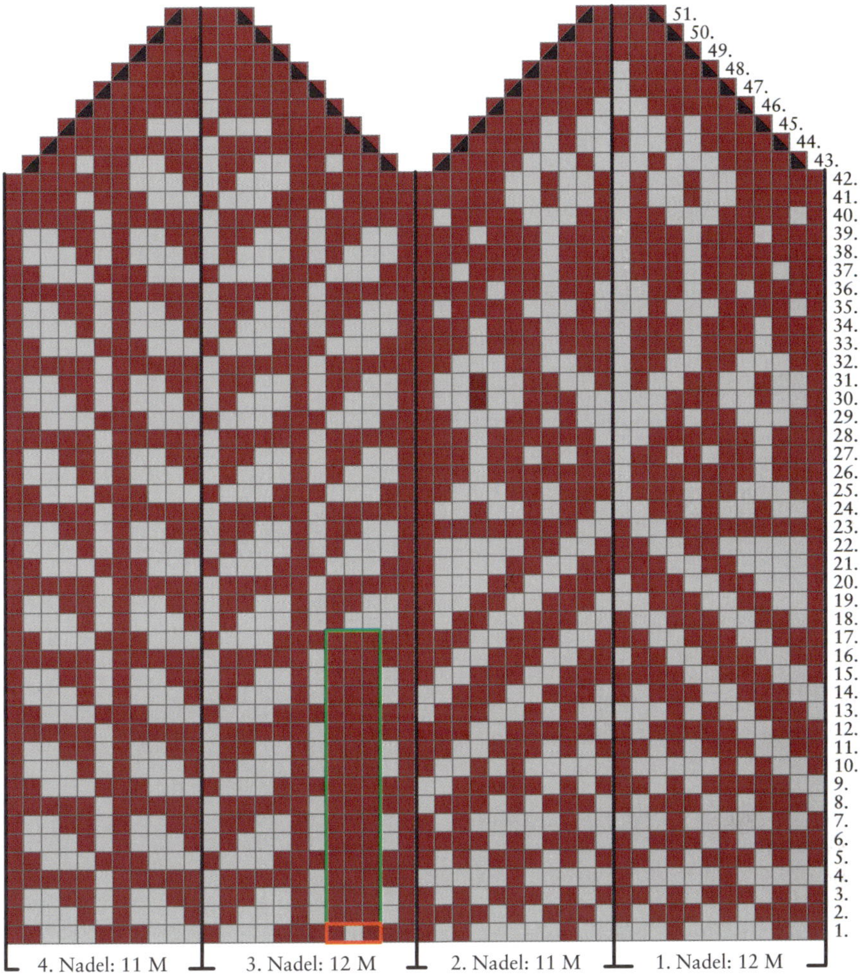

= 1 M re in Akelei
= 1 M re in Flechte
= 2 M re zus in der Hauptfarbe
= 1 Überzug in der Hauptfarbe
(= 1 M re abh, 1 M re str, die abgehobene M über die gestrickte M ziehen)
= 1 Umschlag in der Hauptfarbe, den U in der nächsten Rd re verschr str

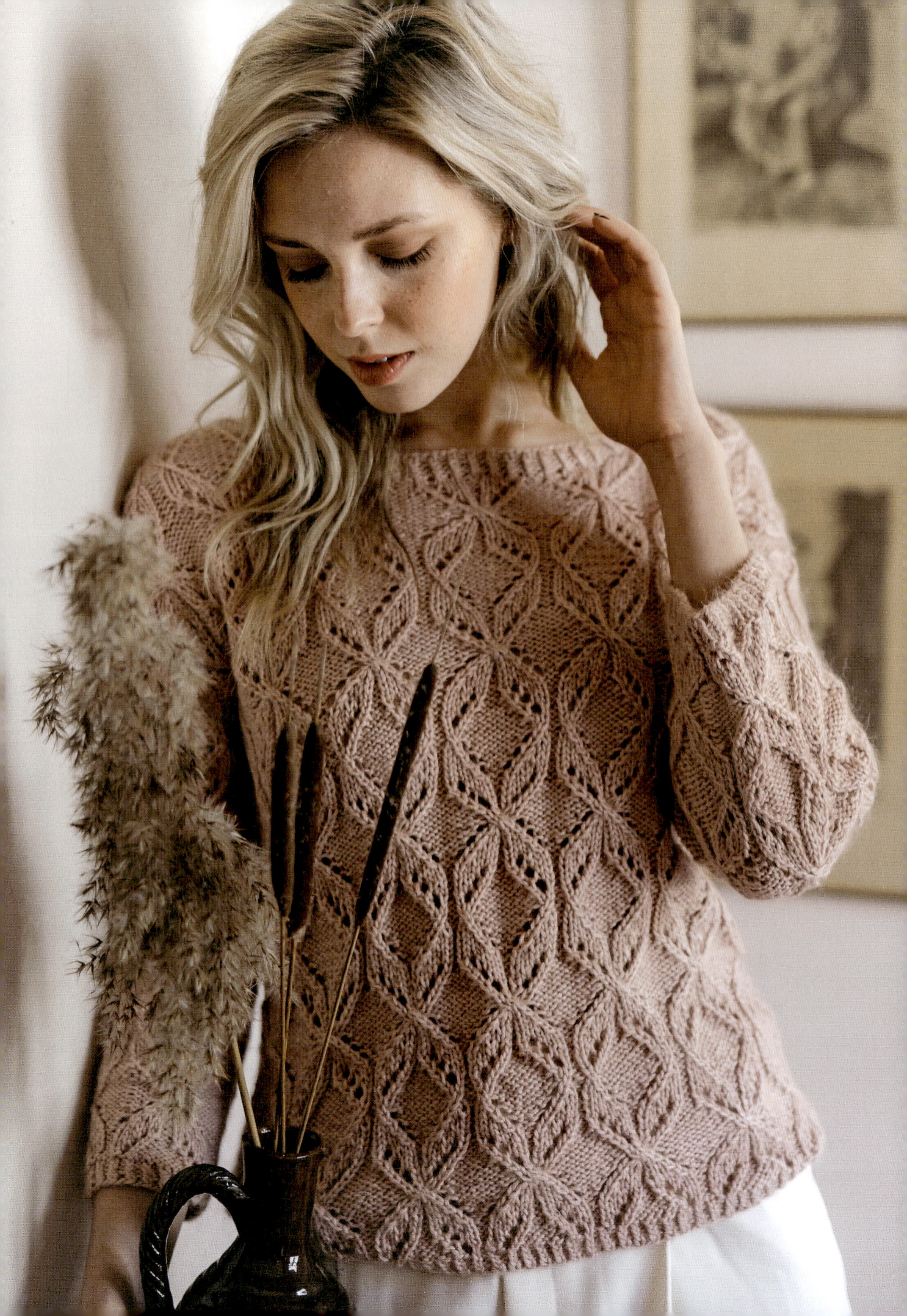

ANEMONE

– PULLOVER

Die Kombination aus Novita Woolly Wood-Garn und Tuuli-Mohair macht diesen Spitzenpulli luxuriös und wunderschön. Das zarte Muster lädt dazu ein, den Pullover auch zu Feierlichkeiten zu tragen. Das Ajourmuster ist einfach zu stricken und schnell auswendig gelernt.

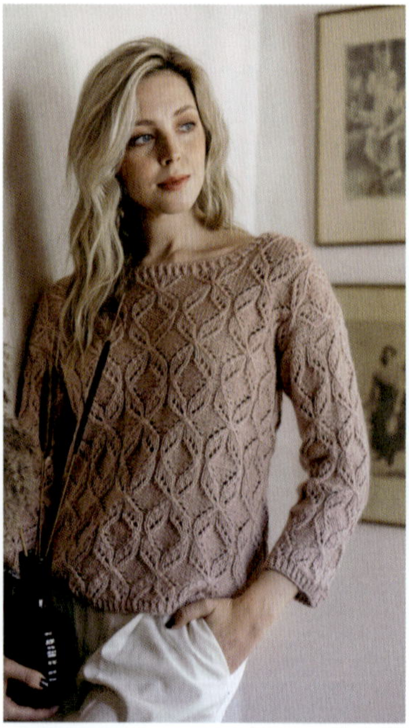

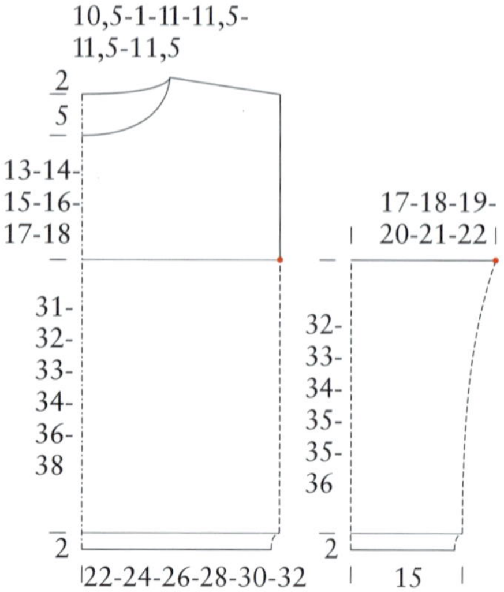

GRÖSSE XS (S) M (L) XL (XXL)

MASSE DES FERTIGEN STRICKSTÜCKS
Körperumfang 88 (96) 104 (112) 120 (128) cm
Länge 53 (55) 57 (59) 62 (65) cm
Innere Ärmellänge 34 (35) 36 (37) 37 (38) cm

GARNVERBRAUCH
Novita Woolly Wood (70 % Modal, 30 % Merinowolle, LL = 225 m/100 g): 400 (450) 500 (550) 600 (650) g Seidenpflanze (Fb 505) und
Novita Tuuli (60 % Mohair, 40 % Viskose, LL = 225 m/25 g): (100 (100) 125 (125) 150 (150) g Reflektion (Fb 604)

RUNDSTRICKNADELN 3,5 mm und 4,0 mm (oder entsprechend der eigenen Maschenprobe)

RUNDSTRICKNADEL 3,5 mm (oder entsprechend der eigenen Maschenprobe), 40 cm lang, für das Halsbündchen

NADELSPIELE 3,5 mm und 4,0 mm (oder entsprechend der eigenen Maschenprobe) für die Ärmel, wenn nicht mit der Magic Loop-Technik gearbeitet wird (siehe Seite 191)

MUSTER
Verschränktes Rippenmuster in Runden: * 1 M re verschr, 1 M li, ab * stets wdh.
Ajourmuster: Nach der Strickschrift und Anleitung str.
Glatt links in Runden: Alle M in allen Rd li str.

MASCHENPROBE 19 M im Ajourmuster mit den dickeren Nadeln und doppeltem Faden = 10 cm

HINWEIS: Der Rumpf wird bis zum Armloch in Runden gestrickt und die oberen Teile werden getrennt in Reihen beendet.

UNTERES RÜCKEN- UND VORDERTEIL

Den **Rumpf** bis zum Armloch in Runden str: 188 (196) 212 (228) 244 (260) M zweifädig mit je 1 Faden Woolly Wood und Tuuli auf der dünneren Rundstricknadel anschlagen und 2 cm im verschränkten Rippenmuster in Rd str.

Zu der dickeren Nadel wechseln. 1 Rd li str, dabei am Rd-Übergang und nach der Hälfte der M jeweils 1 MM setzen.

Mit dem Ajourmuster ab der 1. Rd der Strickschrift beginnen: * 4 (0) 3 (0) 4 (1) M li, den Rapport von 14 M 6× (7×) 7× (8×) 8× (9×) arb, 6 (0) 5 (2) 6 (3) M li, ab * 1× wdh. Die 2.–28. Rd der Strickschrift arb und die 1.–28. Rd wdh. An den Seiten zwischen den Rapporten glatt li str.

In einer Höhe von 33 (34) 35 (36) 38 (40) cm die Arbeit ab dem Rd-Übergang in 2 Teile teilen: jeweils 94 (98) 106 (114) 122 (130) M für Rückenteil und Vorderteil, die li M an den Seiten gleichmäßig auf beide Teile aufteilen. Die M für das Vorderteil stilllegen, z. B. auf einem Hilfsfaden, und mit den Rückenteil-M weiterarb.

OBERES RÜCKENTEIL

Mit den Rückenteil-M das Ajourmuster in R str, dabei in der 1. R an beiden Seiten 1 M als Randm anschlagen = 96 (100) 108 (116) 124 (132) M.

In einer Höhe von 18 (19) 20 (21) 22 (23) cm ab Armloch für die **Schulter** am rechten Rand 1× 10 (9) 11 (12) 14 (14) M abketten, gleichzeitig für den Halsausschnitt die mittleren 32 (34) 34 (36) 36 (36) M abketten und bis zum R-Ende str.

Am Anfang der Rückr für die **zweite Schulter** 1× 10 (9) 11 (12) 14 (14) M abketten. Dann zuerst die zweite Seite str. Dazu in jeder 2. R für die Schulter noch 2× 9 (10) 11 (12) 13 (15) M abketten, **gleichzeitig** für die Ausschnittrundung 2× 2 M abketten.

Die **andere Seite** des Halsausschnitts gegengleich arb.

OBERES VORDERTEIL

Bis zu einer Höhe von 13 (14) 15 (16) 17 (18) cm ab Armloch wie das obere Rückenteil str.

Für den **Halsausschnitt** die mittleren 28 (30) 30 (32) 32 (32) M stilllegen, z. B. auf einem Hilfsfaden. Die M für die linke Seite stilllegen und zunächst die rechte Seite beenden. Für die Ausschnittrundung 1 M abn: Die Hinr bis 3 M vor dem Halsausschnitt str, 2 M li zus, 1 M li. Die Abn in jeder 2. R noch 5× wdh.

Hinweis: In einer Höhe von 18 (19) 20 (21) 22 (23) cm ab Armloch an beiden Seiten für die **Schulter** in jeder 2. R 1× 10 (9) 11 (12) 14 (14) M und 2× 9 (10) 11 (12) 13 (15) M abketten.

Die **andere Seite** gegengleich arb.

ÄRMEL

60 (60) 62 (62) 64 (64) M zweifädig mit je 1 Faden Woolly Wood und Tuuli auf dem dünneren Nadelspiel anschlagen und auf 4 Nadel verteilen, wenn nicht mit der Magic Loop-Technik gearbeitet wird (siehe Seite 191).

Strickschrift
Die 1.–28. Rd stets wdh

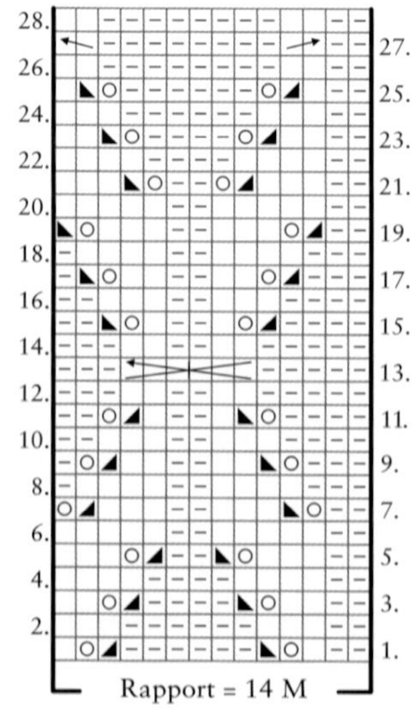

= 1 M glatt re: in Hinr re, in Rückr li str
= 1 M glatt li: in Hinr li, in Rückr re str
= 1 Umschlag
= 2 M re zus
= 1 M re abh, 1 M re, die abgehobene M über die gestrickte M ziehen
= 1 M auf eine Hilfsnadel hinter die Arbeit legen, 1 M re, die M der Hilfsnadel re
= 1 M auf eine Hilfsnadel vor die Arbeit legen, 1 M re, die M der Hilfsnadel re
= 2 M auf eine Hilfsnadel vor die Arbeit legen, 2 M auf eine Hilfsnadel hinter die Arbeit legen, 2 M re, die 2 M der Hilfsnadel hinter der Arbeit li und die 2 M der Hilfsnadel vor der Arbeit re str

2 cm im verschränkten Rippenmuster in Rd str.

Zu den dickeren Nadeln wechseln. 1 Rd li str, dabei am Rd-Übergang 1 MM setzen.

Mit dem Ajourmuster ab der 1. Rd der Strickschrift beginnen: 1 (1) 2 (2) 3 (3) M li, den Rapport von 14 M 4× arb, 3 (3) 4 (4) 5 (5) M li. An den Seiten des Musters glatt li str und die 2.–28. Rd der Strickschrift arb, dann die 1.–28. Rd wdh.

Gleichzeitig bei einer Ärmellänge von 4 (4) 6 (6) 5 (3) cm an beiden Seiten des MM je 1 M zun: Am R-Anfang 1 M li str, 1 M li zun (= den Querfaden zwischen 2 M li verschr str). Wenn noch 1 M vor Rd-Ende übrig ist, 1 M li zun und 1 M li str. Die Zun alle 8 (5) 4 (4) 3 (3) cm noch 3× (5×) 6× (8×) 9× (11×) wdh = 68 (72) 76 (80) 84 (88) M. Die zugenommenen M glatt li str.

Bei einer Ärmellänge von 34 (35) 36 (37) 37 (38) cm die M abketten.

Den **zweiten Ärmel** genauso str.

FERTIGSTELLEN

Die Teile mit der linken Seite nach oben flach hinlegen, anfeuchten, in Form ziehen und liegend trocknen lassen.

Die Schulternähte schließen.

Halsbündchen: Die für den Halsausschnitt stillgelegten M auf die kürzere Rundstricknadel heben und mit dem Arbeitsfaden M aus dem Halsausschnittrand auffassen, sodass insgesamt 110 (110) 110 (114) 114 (114) M auf der Nadel liegen. 2 cm im verschränkten Rippenmuster in Rd arb und im Musterverlauf abketten.

Die Ärmel einsetzen.

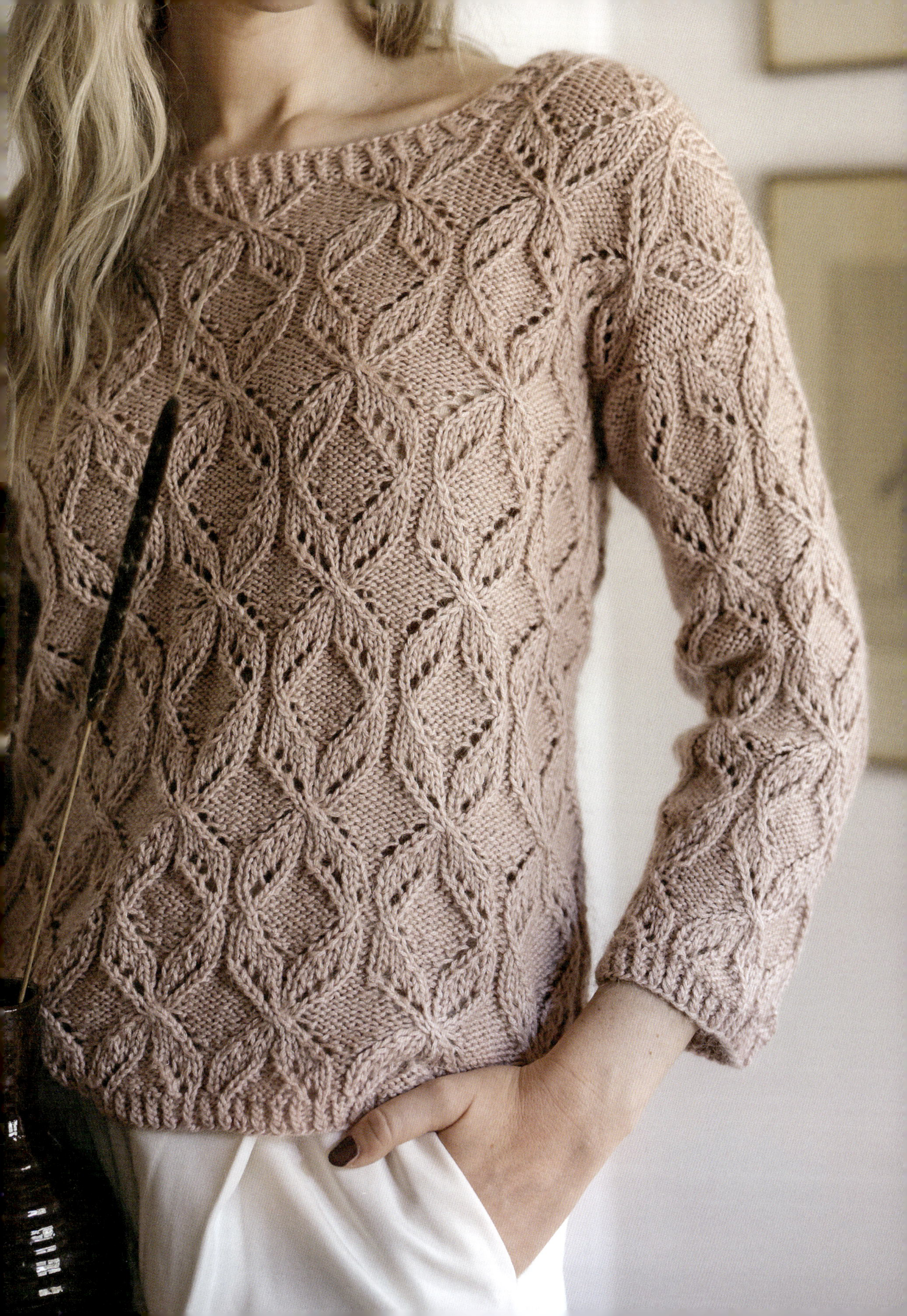

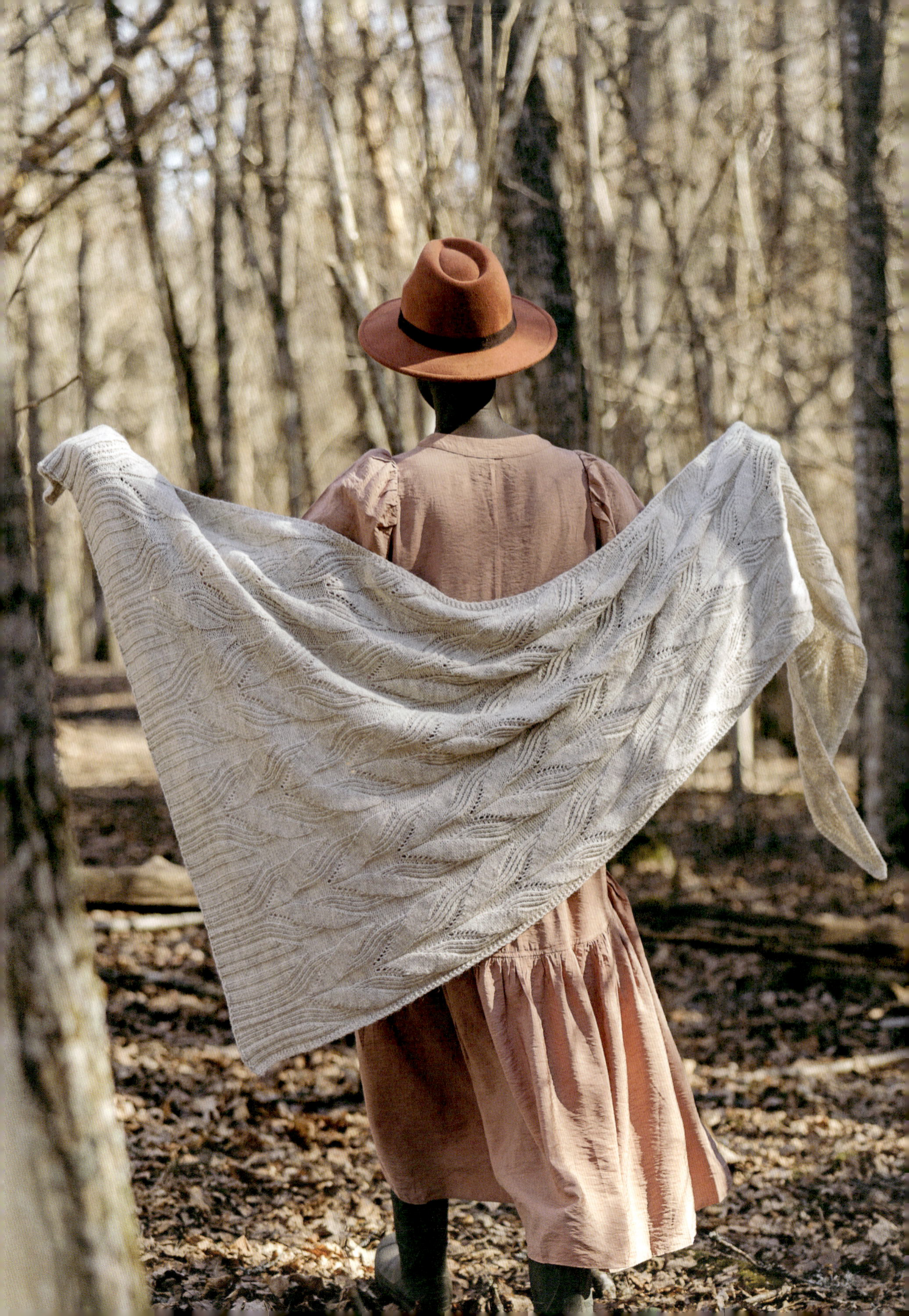

AUF DEN ERSTEN BLICK

– TUCH

Dieses asymmetrische Dreiecktuch bezaubert gleich auf den ersten Blick. Obwohl das eindrucksvolle Zickzackmuster, das sich im gesamten Tuch wiederholt, so prägnant ist, lässt es sich leicht merken. Das Tuch kann in zwei verschiedenen Versionen gearbeitet werden: Mit Nalle aus reiner Wolle gestrickt erhält man einen gut wärmenden Schal, während die Variante im bläulichen Farbton durch das Beilaufgarn aus Mohair wunderbar flauschig ist und als edles Tuch schön weich fällt.

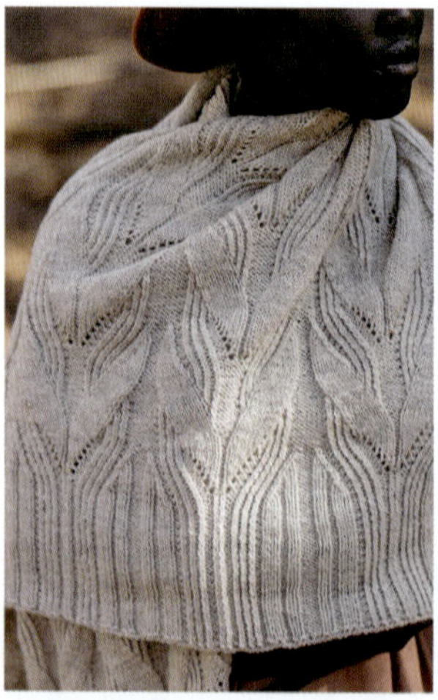

GRÖSSE aus Nalle: ca. 200 cm Längsseite und 95 cm Anschlagkante; aus Wonder Wool und Tuuli: ca. 230 cm Längsseite und 115 cm Anschlagskante

GARNVERBRAUCH

Novita Nalle (75 % Schurwolle, 25 % Polyamid, LL = 260 m/100 g): 400 g Flachs (Fb 061)

oder

Novita Wonder Wool (100 % Wolle, LL = 225 m/100 m):
700 g Jade (Fb 308) und
Novita Tuuli (60 % Mohair, 40 % Viskose, LL = 225 m/25 g):
175 g Galaxie (Fb 106)

RUNDSTRICKNADEL Für Nalle: 4,0 mm, 80 cm lang (oder entsprechend der eigenen Maschenprobe). Für Wonder Wool + Tuuli: 5,0 mm (oder entsprechend der eigenen Maschenprobe).

MUSTER

Rippenmuster: Nach Strickschrift und Anleitung str.

Zickzackmuster: Nach Strickschrift und Anleitung str.

Hinweis: Für jede Abnahme im Zickzackmuster wird im Musterverlauf ein Umschlag gemacht, damit die M-Zahl gleich bleibt. Wenn am Strickrand nur eins davon gearbeitet werden kann, lässt man den Umschlag bzw. strickt die 2 M re, ohne abzunehmen.

Kraus rechts: In Hinr und Rückr re M str.

MASCHENPROBE Mit Nalle: 24 M im Zickzackmuster = 10 cm, zweifädig mit Wonder Wool und Tuuli: 22 M = 10 cm

Hinweis Das grünblaue Mohairtuch wird komplett zweifädig mit je 1 Faden Wonder Wool und Tuuli gestrickt.

272 M mit Nalle oder zweifädig mit je 1 Faden Wonder Wool und Tuuli anschlagen und in der Rückr re M str.

Dann im Rippenmuster ab der 1. R nach Strickschrift arb: 3 M re, den Rapport von 38 M 7× arb, 3 M re. **An beiden Seiten** stets einen Rand von je 3 M kraus re arb, dabei aber die letzte M jeder R li abh (mit dem Faden vor der Arbeit). Die 2. R der Strickschrift str.

Für das Rippenmuster zunächst die 1.–2. R stets wdh und am linken Rand der Arbeit mit den Abnahmen beginnen.

Abn-R (Hinr): Bis 5 M vor R-Ende str, 2 M li zus, 3 M re. Die Abn in jeder 2. R, also in jeder Hinr, wdh. Die durch die Abn entstandene M in der folgenden Rückr re str.

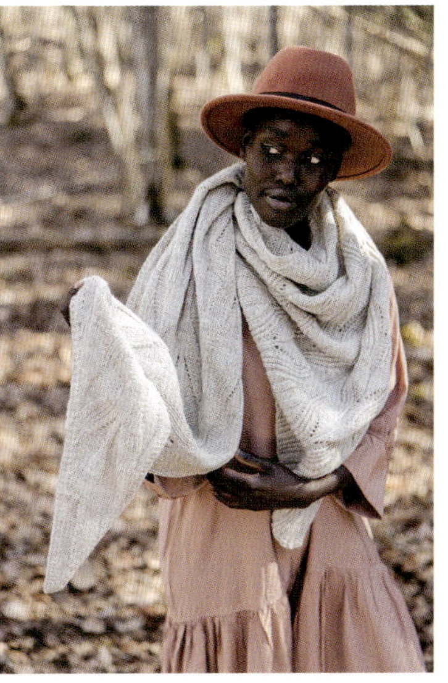

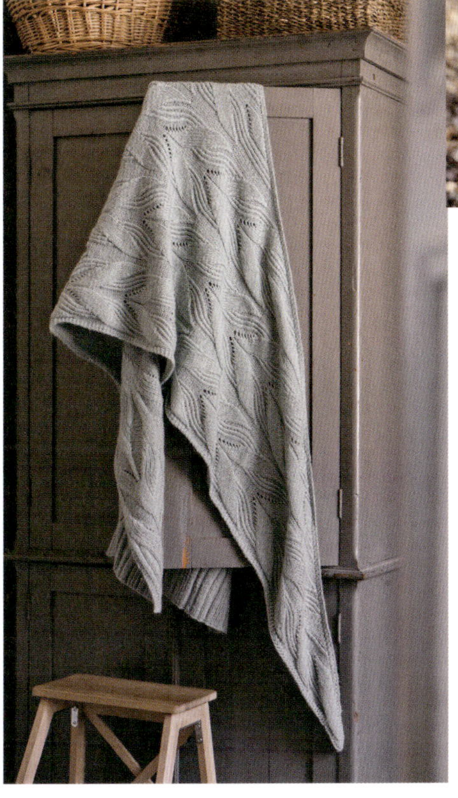

Wenn die Abn 18× gestrickt wurde (= 36 R) und 254 M auf der Nadel liegen, mit dem Zickzackmuster beginnen. Die 3.–34. R der Strickschrift 1× arb. Dann die 35.–66. R stets wdh (in der Strickschrift rot umrandet).

Hinweis: Im Zickzackmuster wird für jede Abnahme um ein paar Maschen versetzt ein Umschlag gemacht, damit die M-Zahl gleich bleibt. Wenn nur eins davon, ein Umschlag oder eine Abnahme, gearbeitet werden kann, den letzten Umschlag am linken Musterrand auslassen bzw. die 2 M der letzten Abnahme als 2 M re str.

Das Zickzackmuster am linken Rand stets so weit wie möglich str. Wenn die Abn für das Zickzackmuster neben der Abn für den Rand liegt, die Abn miteinander verbinden und 2 M wie folgt abn: 2 M zusammen wie zum Rechtsstricken abheben, 1 M re str, die abgehobenen M über die gestrickte M ziehen. Die aus der Abn resultierende M in der Rückr re str.

Wenn die Arbeit noch 5 M hat, in der Hinr 1 M re str, 2 M zusammen wie zum Rechtsstricken abheben, 1 M re str, die abgehobenen M über die gestrickte M ziehen, 1 M re str = 3 M. Die Arbeit wenden und noch einmal genauso abn. Den Faden abschneiden und durch die M ziehen.

FERTIGSTELLEN

Die Fadenenden vernähen. Das Tuch gleichmäßig dämpfen oder anfeuchten, in Form ziehen und liegend trocknen lassen.

Strickschrift
Die R nach Anleitung arb

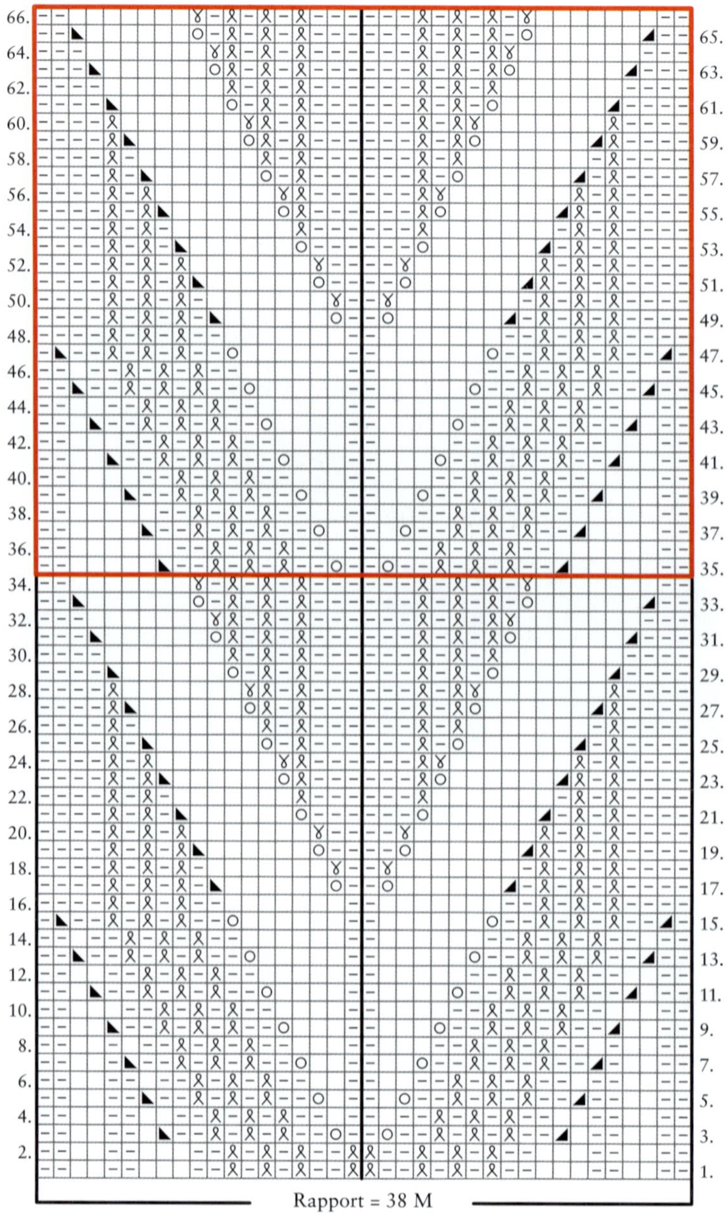

□ = 1 M glatt re: in Hinr re, in Rückr li str

ꝸ = 1 M re verschr: in Hinr re verschr, in Rückr li verschr str

− = 1 M glatt li: in Hinr li, in Rückr re str

ɣ = 1 M li verschr: in Hinr li verschr, in Rückr re verschr str

○ = 1 Umschlag

◢ = 2 M re zus

◣ = 2 M nacheinander wie zum Rechtsstricken abheben, beide M zurück auf die linke Nadel legen und 2 M re verschr zus

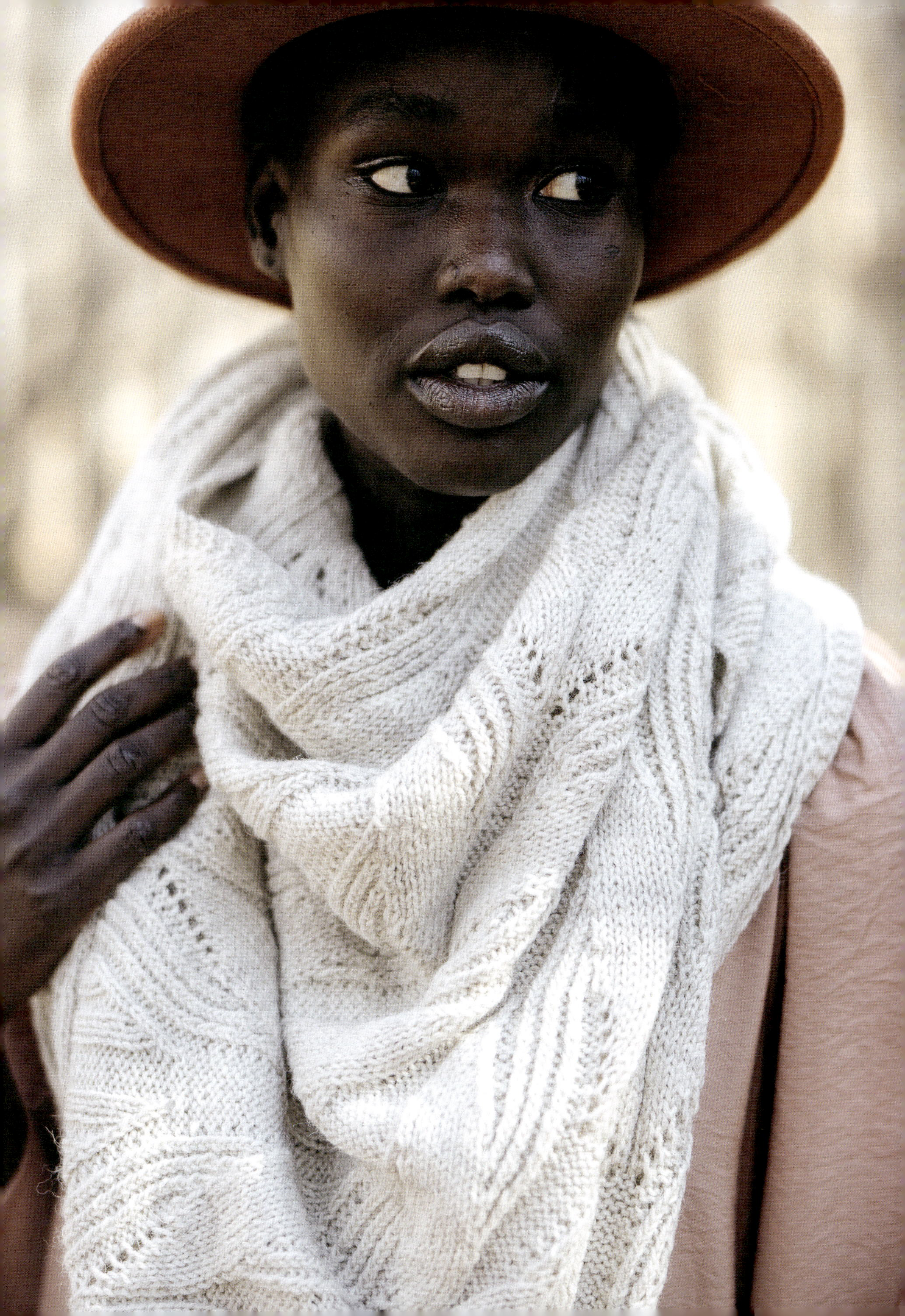

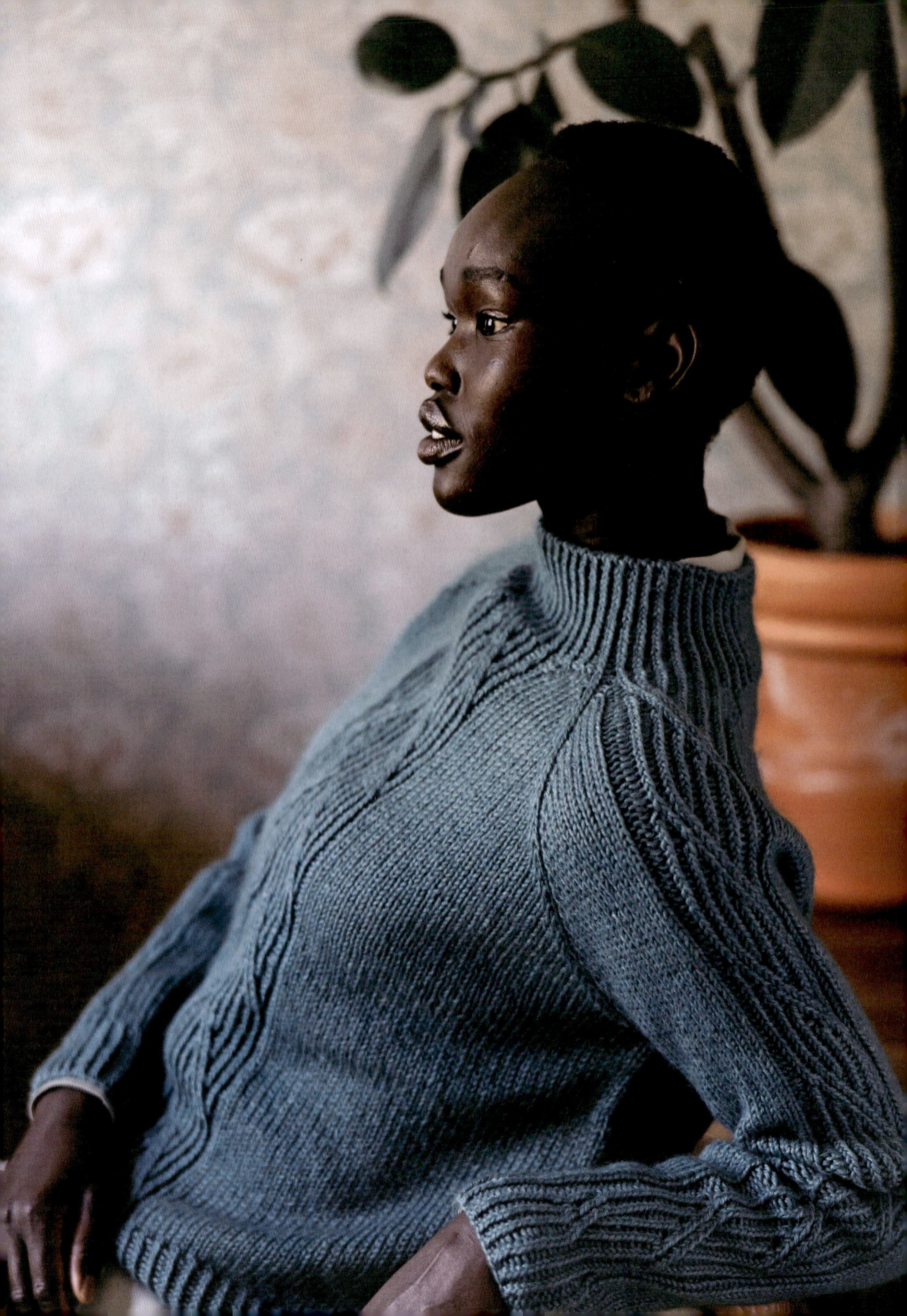

WEHMUT

– PULLOVER

Das außergewöhnliche Flechtmuster von Niina Laitinens beliebten Wehmut-Socken macht sich wundervoll auf dem Vorderteil und den Ärmeln dieses Pullovers. Der mit einer Kombination aus Mohair- und Wollmischgarn gestrickte Pullover fühlt sich luxuriös-weich an. Die schönen Verzierungen an den Ärmeln vervollständigen das Design.

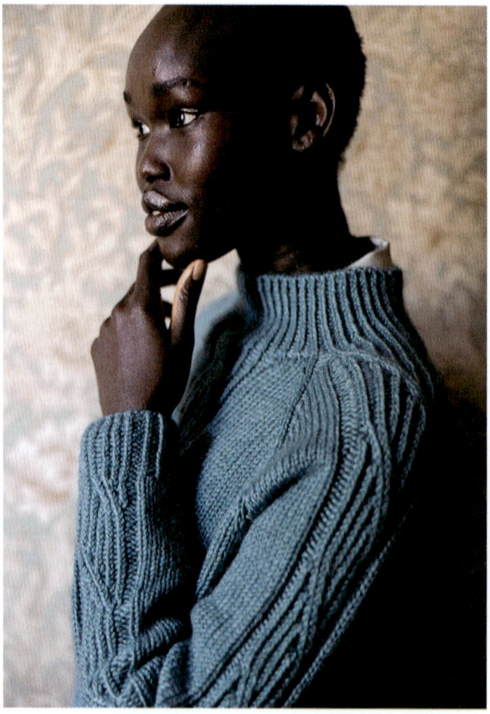

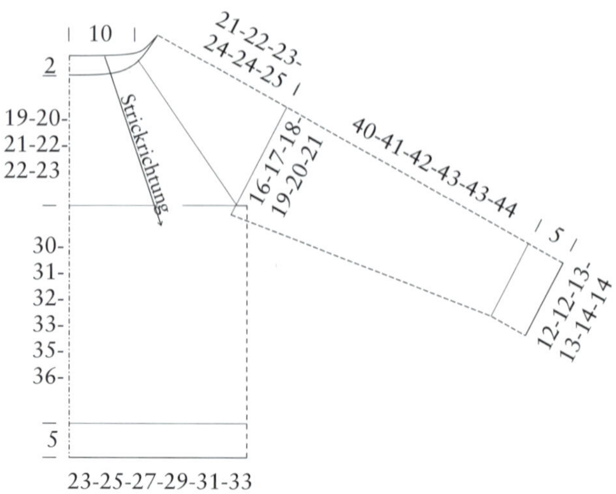

GRÖSSE S (M) L (XL) XXL (XXXL)

MASSE DES FERTIGEN STRICKSTÜCKS

Körperumfang 92 (100) 108 (116) 124 (132) cm

Länge in der hinteren Mitte 56 (58) 60 (62) 64 (66) cm

Innere Ärmellänge 45 (46) 47 (48) 48 (49) cm

GARNVERBRAUCH

Novita 7 Veljestä Nature (70 % Wolle, 30 % Lyocell, LL = 200 m/100 g): 450 (500) 550 (600) 650 (700) g Tropfen (Fb 183) und **Novita Tuuli** (60 % Mohair, 40 % Viskose, LL = 225 m/25 g): 100 (100) 125 (125) 150 (150) g Komet (Fb 184) sowie ein Stück Hilfsfaden in passender Stärke für den Anschlag

RUNDSTRICKNADELN 4,0 mm, 40 cm und 80 cm lang, und 4,5–5 mm (oder entsprechend der eigenen Maschenprobe)

NADELSPIELE 4,0 mm und 4,5–5 mm (oder entsprechend der eigenen Maschenprobe) für die Ärmel, wenn nicht mit der Magic Loop-Technik gearbeitet wird (siehe Seite 191)

SONSTIGES Maschenmarkierer und eine Hilfsnadel.

MUSTER

Verschränktes Rippenmuster in Runden: * 1 M re verschr, 1 M li, ab * stets wdh.

Glatt rechts in Runden: Alle M in allen Rd re str.

Strukturmuster: Nach Strickschrift und Anleitung str.

MASCHENPROBE 18 M und 24 Rd glatt rechts zweifädig auf den dickeren Nadeln = 10 cm × 10 cm

ZUNAHMEN

Vor dem MM 1 linksgeneigte Zunahme arb (= den Querfaden zwischen zwei M von vorn auf die linke Nadel heben und nach Anleitung re verschr oder li verschr str).

Nach dem MM 1 rechtsgeneigte Zunahme arb (= den Querfaden zwischen zwei M von hinten auf die linke Nadel heben und nach Anleitung re oder li str).

Hinweis: Der Pullover wird zweifädig mit je 1 Faden Nature und Tuuli nahtlos vom Halsbündchen bis zum unteren Bündchen bzw. den Ärmelbündchen in der im Schnitt angegebenen Strickrichtung gearbeitet. Den MM stets von der linken auf die rechte Nadel heben, sobald er beim Stricken erreicht wurde.

PASSE

Für eine elastische Kante 51 M mit einem Hilfsfaden auf dem dünneren Nadelspiel anschlagen. Zur Rd schließen und ab jetzt doppelfädig mit je 1 Faden Nature und Tuuli arb.

1. Rd: * 1 M re, 1 Umschlag, ab * bis zum Rd-Ende wdh = 102 M.

2. Rd: * 1 M abh (mit dem Faden hinter der Arbeit), den Umschlag der vorigen Rd li str, ab * wdh.

3. Rd: * 1 M re, 1 M abh (mit dem Faden vor der Arbeit), ab * wdh.

8 cm im verschränkten Rippenmuster str. Den Hilfsfaden entfernen.

Zu den dickeren Nadeln wechseln und die Vorbereitungsrunde arb:

Den Rd-Übergang in der hinteren Mitte mit einem Faden markieren. Für das **Rückenteil** 16 M str, 1 MM setzen, für den **Ärmel** mit dem Strukturmuster ab der 1. Rd der Strickschrift beginnen und Abschnitt A–B (= 15 M) arb, 1 MM setzen, für das **Vorderteil** zunächst 6 M re, Abschnitt B–C (= 28 M) nach Strickschrift und 6 M re str, 1 MM setzen, für den zweiten **Ärmel** Abschnitt C–D (= 15 M) arb, 1 MM setzen und für das Rückenteil die übrigen 16 M re str. Die Arbeit hat jetzt 102 M.

In dieser Einteilung str, dabei verkürzte R arb, um den hinteren Halsausschnitt etwas zu erhöhen, und gleichzeitig mit den Raglanzunahmen beginnen.

Hinweis: Über die zugenommenen M an den Ärmeln das verschränkte Rippenmuster der 1.–2. Rd der Strickschrift (ohne Zöpfe) arb.

In der nächsten Hinr für das Rückenteil 15 M re str, 1 M re zun, 1 M re str. Für den Ärmel 1 M li, 1 M li zun, bis 3 M vor dem

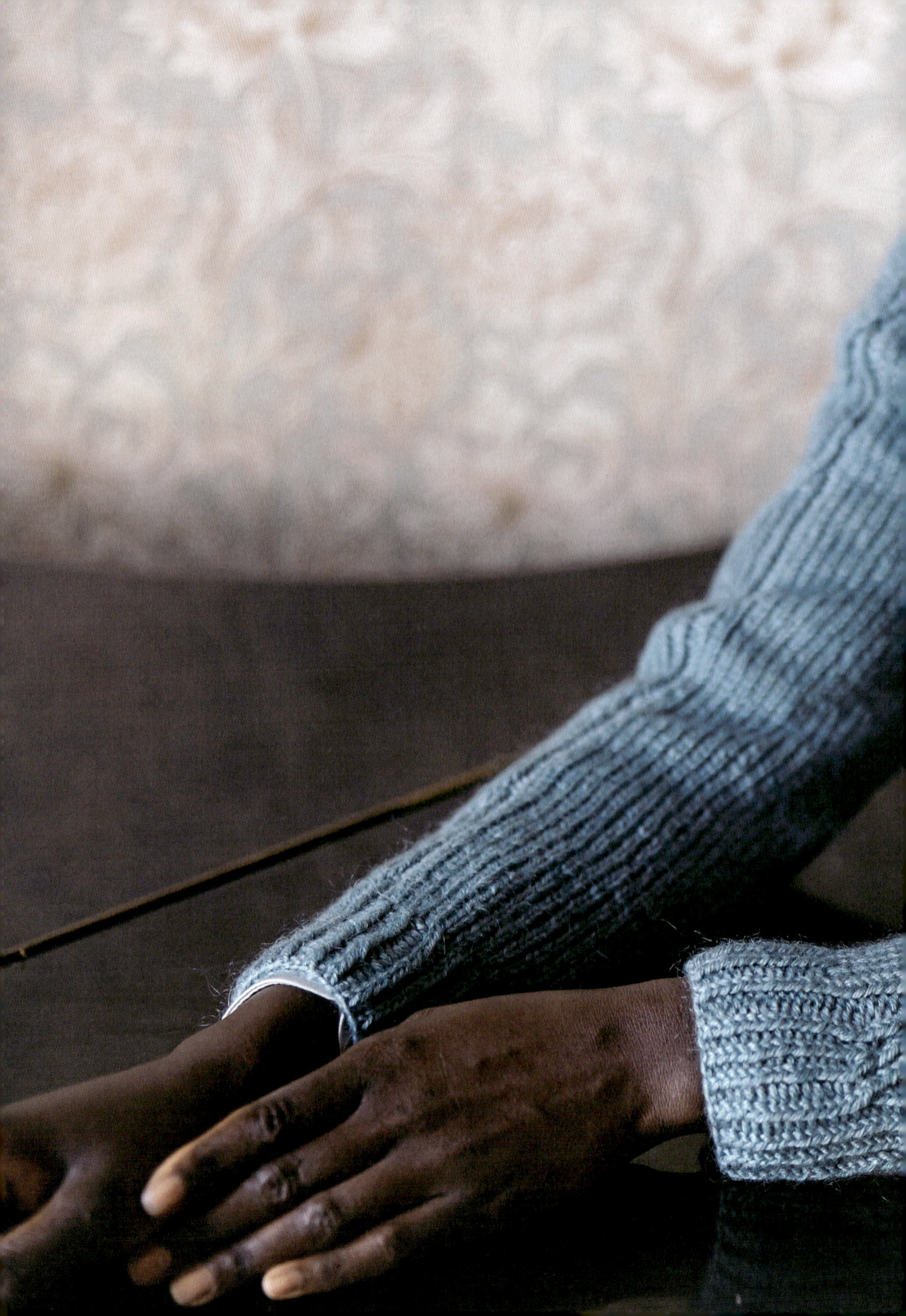

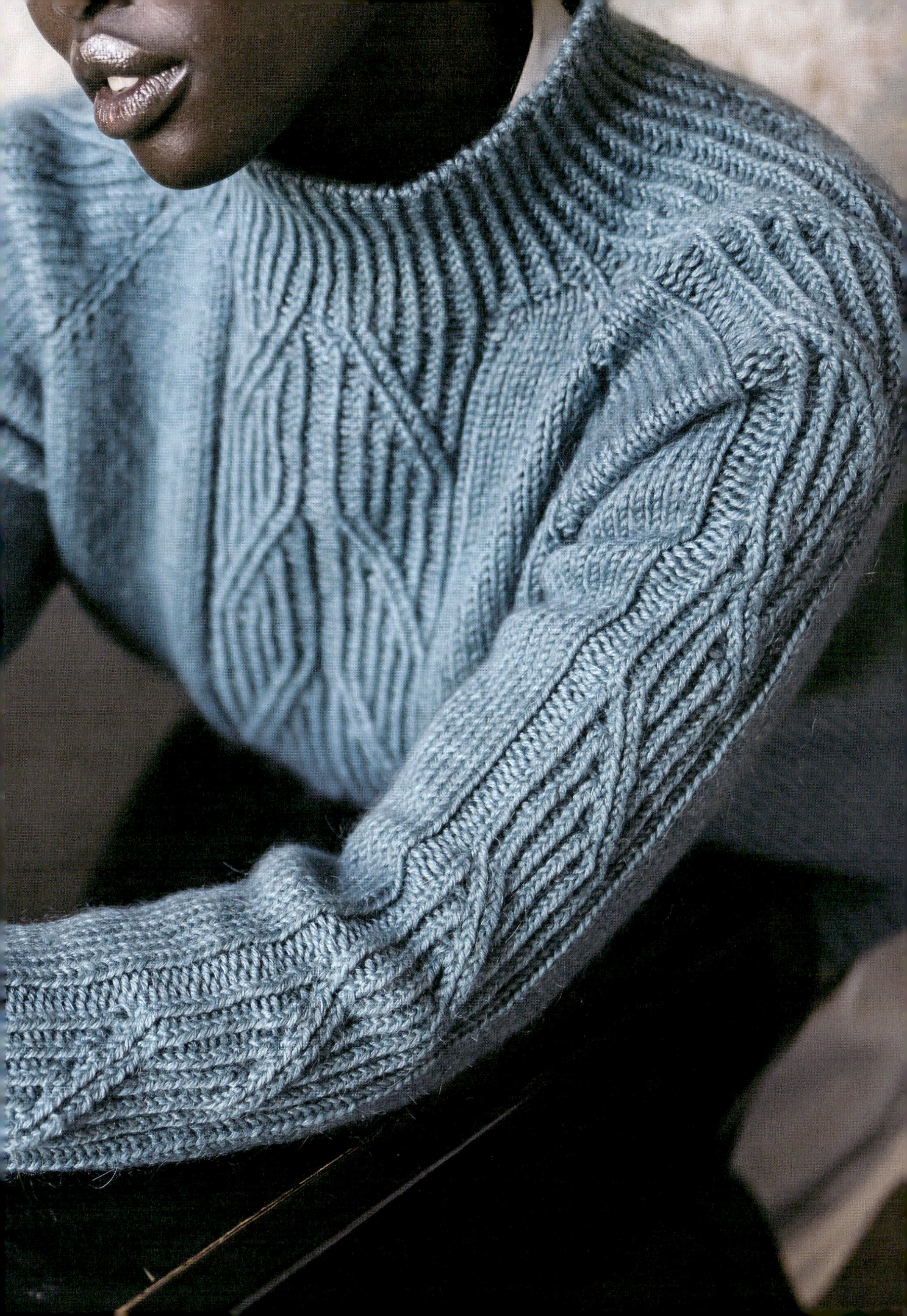

Strickschrift
Die 3.–22. Rd stets wdh

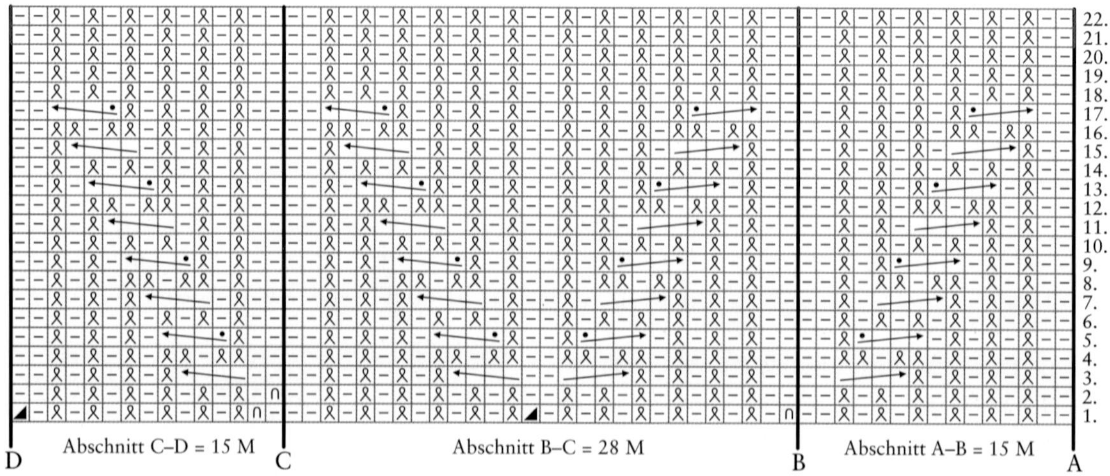

= 1 M re verschr: in Hinr re verschr, in Rückr li verschr str

= 1 M glatt li: in Hinr li, in Rückr re str

= 1 M li zun (= den Querfaden zwischen 2 M li verschr str)

= 2 M li zus

= 3 M auf eine Hilfsnadel vor die Arbeit legen, 1 M re, die M der Hilfsnadel 1 M re verschr, 1 M li, 1 M re verschr str

= 3 M auf eine Hilfsnadel vor die Arbeit legen, 1 M li, die M der Hilfsnadel 1 M re verschr, 1 M li, 1 M re verschr str

= 1 M auf eine Hilfsnadel hinter die Arbeit legen, 1 M re verschr, 1 M li, 1 M re verschr, die M der Hilfsnadel re str

= 1 M auf eine Hilfsnadel hinter die Arbeit legen, 1 M re verschr, 1 M li, 1 M re verschr, die M der Hilfsnadel li str nächsten MM str. Die Arbeit wenden. 1 M mit dem Faden vor der Arbeit li abh, dabei den Faden straff nach hinten über die Nadel ziehen, sodass eine Doppel-M entsteht. Es wurden 2 M zugenommen = 104 M.

In der nächsten Rückr: Zuerst die Ärmel-M str. Dann die Rückenteil-M li str (= 33 M). Die M für den 2. Ärmel str und bis 3 M vor dem nächsten MM str. Die Arbeit wenden, 1 Doppel-M bilden.

Hinr: Die Ärmel-M bis 1 M vor dem MM str, 1 M li zun, 1 M li str. Am Rückenteil 1 M re, 1 M re zun, bis 1 M vor dem MM str, 1 M re zun, 1 M re. Am Ärmel 1 M li, 1 M re zun und bis zur Doppel-M str. Die Doppel-M als 1 M li str, bis 1 M vor dem nächsten MM str, 1 M li zun, 1 M li. Am Vorderteil 1 M re, 1 M re zun, 2 M re. Die Arbeit wenden und 1 Doppel-M bilden. Es wurden 6 M zugenommen = 110 M.

Rückr: Für das Vorderteil 3 M, die Ärmel-M, die Rückenteil-M und die Ärmel-M bis zur nächsten Doppel-M str, die Doppel-M als 1 M re str, die letzten 3 Ärmel-M und für das Vorderteil noch 4 M str. Die Arbeit wenden und 1 Doppel-M bilden.

Hinr: Für das Vorderteil 2 M re, 1 M re zun, 1 M re. Am Ärmel 1 M li, 1 M li zun, bis 1 M vor dem MM str, 1 M re zun, 1 M li. Am Rückenteil 1 M re, 1 M re zun, bis 1 M vor dem MM str, 1 M re zun, 1 M re. Am Ärmel 1 M li, 1 M re zun, bis 1 M vor dem MM str, 1 M re zun, 1 M li. Am Vorderteil 1 M re, 1 M re zun, 2 M re, die Doppel-M als 1 M re str, 3 M re. Die Arbeit wenden und 1 Doppel-M bilden. Es wurden 8 M zugenommen = 118 M.

Rückr: Für das Vorderteil 7 M, die Ärmel-M, die Rückenteil-M und die Ärmel-M str, am Vorderteil 4 M str, die Doppel-M als 1 M li str, 2 M li. Die Arbeit wenden und 1 Doppel-M bilden.

Hinr: Für das Vorderteil 5 M re str, 1 M re zun, 1 M re str. Am Ärmel 1 M li, 1 M re zun, bis 1 M vor dem MM str, 1 M re zun, 1 M li. Am Rückenteil 1 M re, 1 M re zun, 17 M re. Hier ist der Rd-Übergang. Es wurden 4 M zugenommen = 122 M. Das Rückenteil hat 38 M, die Ärmel jeweils 20 M und das Vorderteil 44 M.

Jetzt in Rd arb und das Muster ab der 3. Rd der Strickschrift weiterarb, dabei in der ersten Rd die letzten Doppel-M als 1 M re str. Abschnitt A–B mit den mittleren 15 M des rechten Ärmels str, Abschnitt B–C mit den mittleren 28 M des Vorderteils und Abschnitt C–D mit den mittleren 15 M des linken Ärmels str. Die 3.–22. Rd im Strukturmuster wdh. Gleichzeitig mit den Raglanzunahmen für die gewünschte Größe fortfahren. Für die Zunahmen re M zun und die zugenommenen M glatt re str.

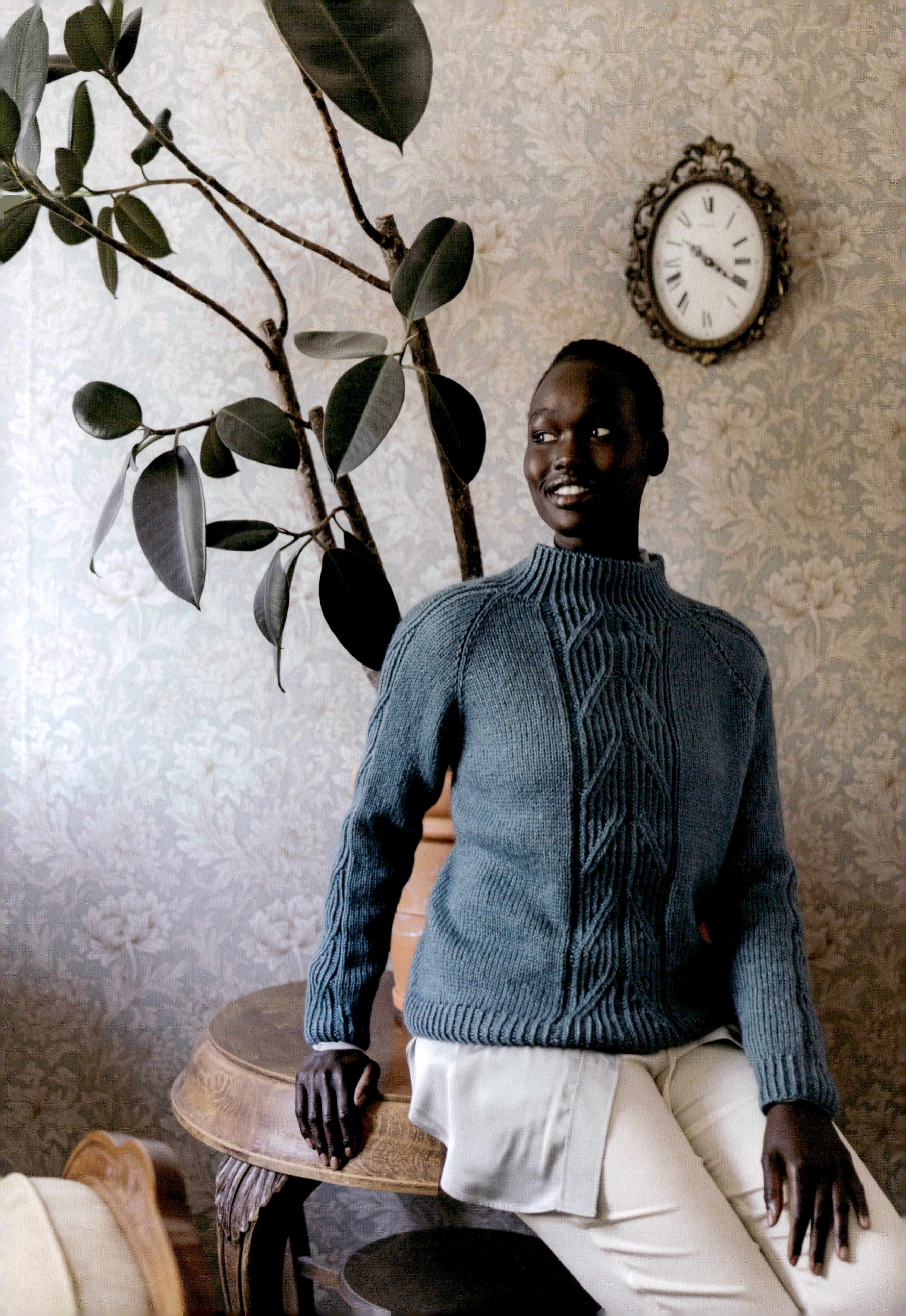

Bei den Ärmeln wird während der Zunahmen weiterhin 1 M li an den äußersten Rändern gestrickt, innerhalb derer die Zunahmen gemacht werden.

Größe S: Am Rückenteil noch 21× in jeder 2. Rd, am Vorderteil 22× in jeder 2. Rd und an den Ärmeln 14× in jeder 2. Rd und 5× in jeder 4. Rd beidseitig je 1 M zun. Nach den Zunahmen hat die Arbeit 284 M: Rückenteil 80 M, Vorderteil 88 M und pro Ärmel 58 M.

Größe M: Am Rückenteil noch 24× in jeder 2. Rd, am Vorderteil 25× in jeder 2. Rd und an den Ärmeln 15× in jeder 2. Rd und 5× in jeder 4. Rd beidseitig je 1 M zun. Nach den Zunahmen hat die Arbeit 300 M: Rückenteil 86 M, Vorderteil 94 M und pro Ärmel 60 M.

Größe L: Am Rückenteil noch 26× in jeder 2. Rd, am Vorderteil 2× in jeder Rd und 25× in jeder 2. Rd und an den Ärmeln 14× in jeder 2. Rd und 6× in jeder 4. Rd beidseitig je 1 M zun. Nach den Zunahmen hat die Arbeit 308 M: Rückenteil 90 M, Vorderteil 98 M und pro Ärmel 60 M.

Größe XL: Am Rückenteil noch 27× in jeder 2. Rd, am Vorderteil 28× in jeder 2. Rd und an den Ärmeln 13× in jeder 2. Rd und 7× in jeder 4. Rd beidseitig je 1 M zun. Nach den Zunahmen hat die Arbeit 312 M: Rückenteil 92 M, Vorderteil 100 M und pro Ärmel 60 M.

Größe XXL: Am Rückenteil noch 4× in jeder Rd und 26× in jeder 2. Rd, am Vorderteil 6× in jeder Rd und 25× in jeder 2. Rd und an den Ärmeln 14× in jeder 2. Rd und 7× in jeder 4. Rd beidseitig je 1 M zun. Nach den Zunahmen hat die Arbeit 328 M: Rückenteil 98 M, Vorderteil 106 M und pro Ärmel 62 M.

Größe XXXL: Am Rückenteil noch 6× in jeder Rd und 26× in jeder 2. Rd, am Vorderteil 8× in jeder Rd und 25× in jeder 2. Rd und an den Ärmeln 13× in jeder 2. Rd und 8× in jeder 4. Rd beidseitig je 1 M zun. Nach den Zunahmen hat die Arbeit 336 M: Rückenteil 102 M, Vorderteil 110 M und pro Ärmel 62 M.

Das Armloch hat eine Höhe von ca. 21 (22) 23 (24) 24 (25) cm.

Die Arbeit in 4 Teile aufteilen: Am Anfang der nächsten Rd 40 (43) 45 (46) 49 (51) vom **Rückenteil** str, die 58 (60) 60 (60) 62 (62) **Ärmel**-M auf einem Hilfsfaden stilllegen, für das **Armloch** 2 (4) 8 (12) 14 (18) neue M anschlagen, die 88 (94) 98 (100) 106 (110) **Vorderteil**-M str, die zweiten 58 (60) 60 (60) 62 (62) **Ärmel**-M auf einem Hilfsfaden stilllegen, für das **zweite Armloch** 2 (4) 8 (12) 14 (18) neue M anschlagen und die restlichen 40 (43) 45 (46) 49 (51) Rückenteil-M str.

UNTERES VORDER- UND RÜCKENTEIL

Die 172 (188) 204 (216) 232 (248) M für den Rumpf weiter in Rd str. In der vorderen Mitte weiterhin das Strukturmuster nach Strickschrift arb. Den Rumpf bis zu einer Länge von 30 (31) 32 (33) 35 (36) cm ab Armloch str.

Dann 5 cm im verschränkten Rippenmuster in Rd arb, sodass das Rippenmuster in der vorderen Mitte dem Rapport von 28 M entsprechend weitergeführt wird. In der Mitte sowie an beiden Rändern des Strukturmusters weiterhin 2 M li str. In der 1. Rd 1 M abn, damit das Muster ununterbrochen weitergeht. Alle M im Musterverlauf abketten.

ÄRMEL

Die stillgelegten 58 (60) 60 (60) 62 (62) M eines Ärmels auf das dickere Nadelspiel heben und zusätzlich aus den für das Armloch angeschlagenen M 2 (4) 8 (12) 14 (18) M auffassen = 60 (64) 68 (72) 76 (80) M. Den Rd-Übergang in der Mitte der aus dem Armloch aufgefassten M mit einem MM markieren. Das Muster weiter in Rd str. Das Strukturmuster in der Ärmelmitte weiter laut Strickschrift arb.

Wenn der Ärmel ab Armloch 4 (3) 2 (2) 5 (5) cm lang ist, **an beiden Seiten** des MM mit den Abnahmen beginnen: 1 M re str, 1 Überzug (= 1 M re abh, 1 M re, die abgehobene M über die gestrickte M ziehen). Bis 3 M vor Rd-Ende str, 2 M re zus, 1 M re.

Die Abn noch 9× (11×) 12× (14×) 15× (17×) alle 4 (3,5) 3,5 (3) 2,5 (2) cm wdh = 42 (42) 44 (44) 46 (46) M auf der Nadel.

Wenn der Ärmel ab Armloch 40 (41) 42 (43) 43 (44) cm lang ist, zu den dünneren Nadeln wechseln und 5 cm im verschränkten Rippenmuster str, dabei wie beim Rumpf das Rippenmuster angepasst an das Strukturmuster arb.

Den zweiten Ärmel gegengleich arb.

FERTIGSTELLEN

Den fertigen Pullover leicht dämpfen. Den Pullover stets von Hand waschen.

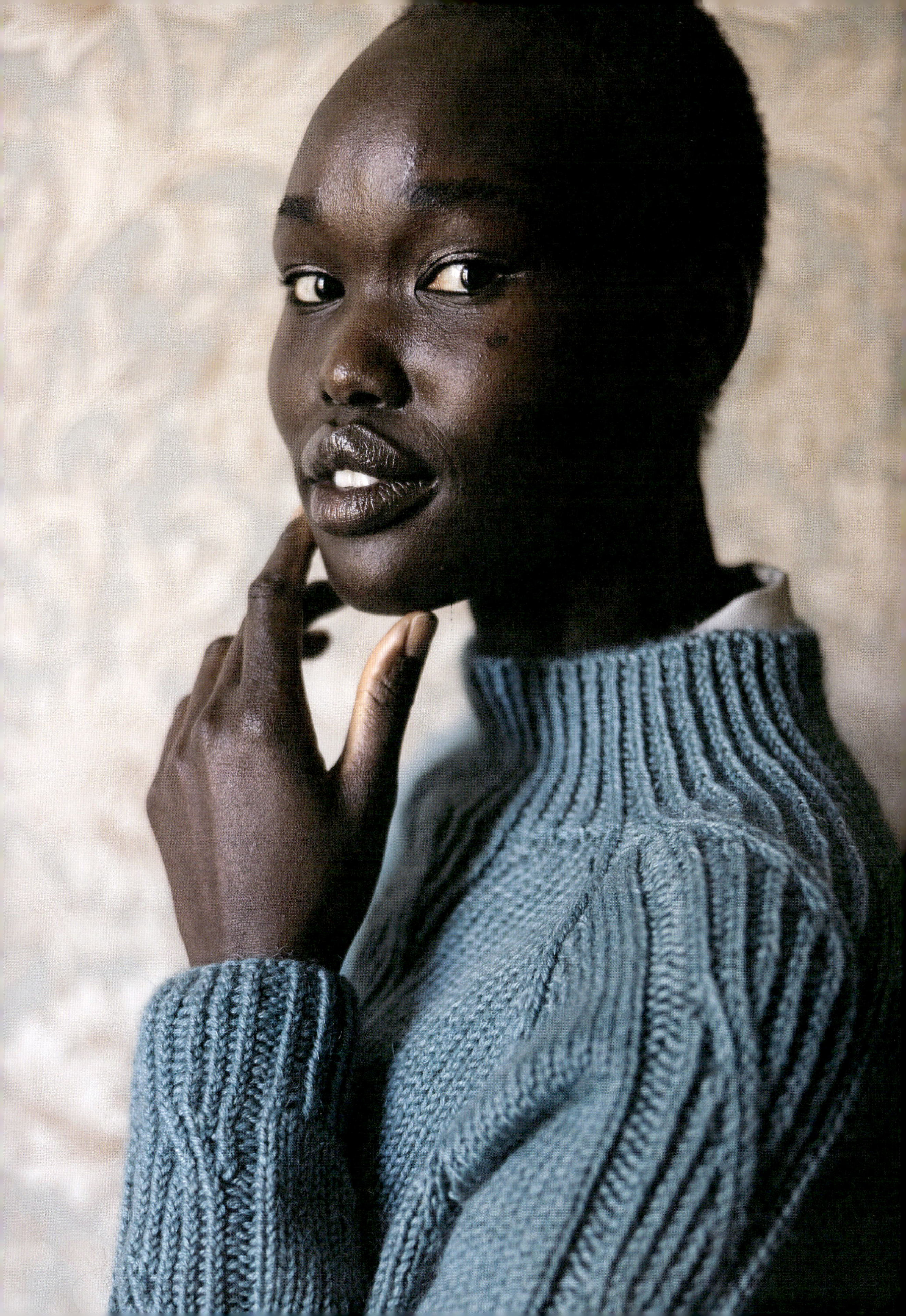

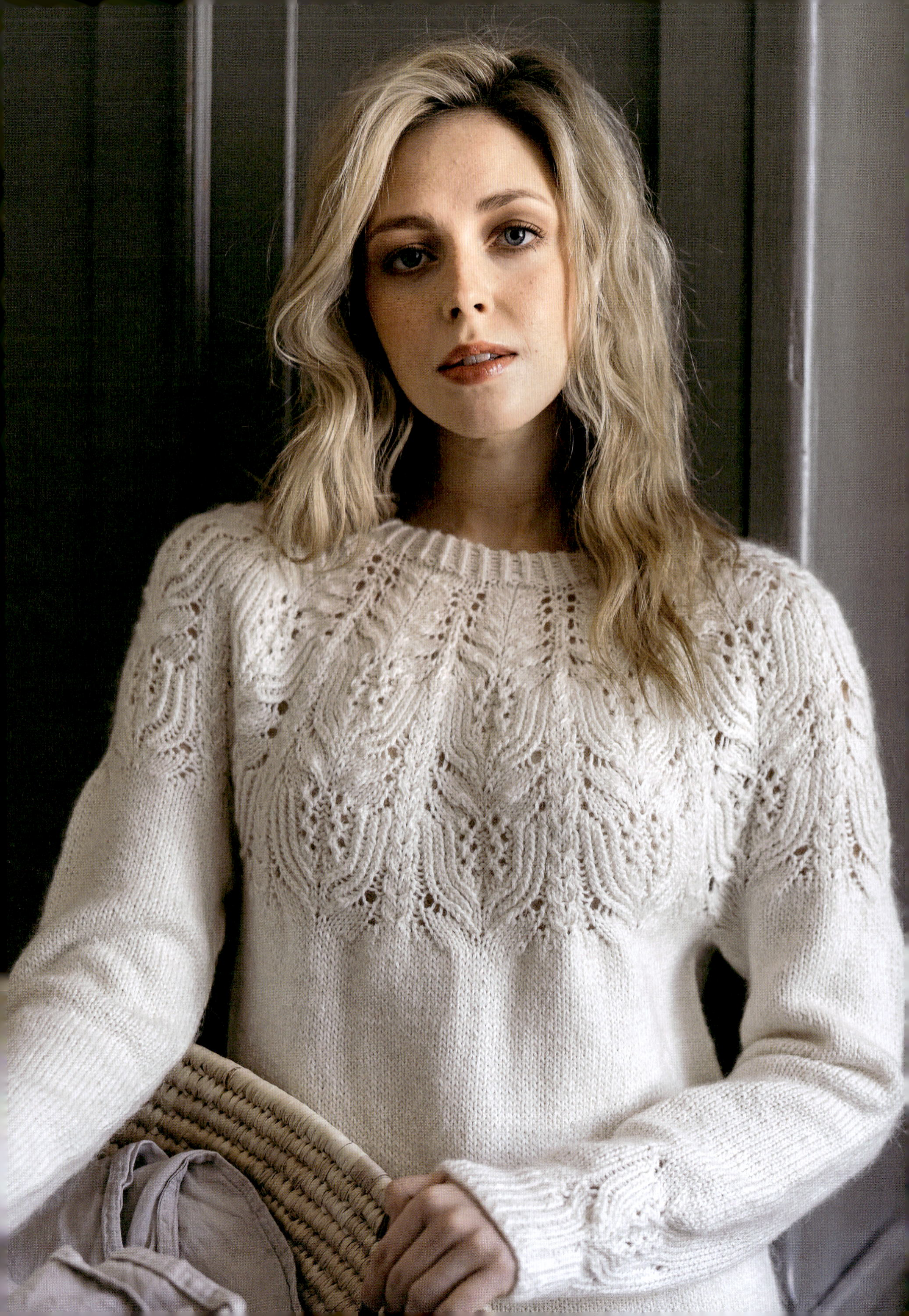

GEWÄSSER

– PULLOVER

Hier kommt der Traumpulli: Weich, flauschig und sehr elegant. Das auffällige Ajourmuster auf der Passe macht dieses raffinierte Strickstück zu einem absoluten Hingucker. Das Spitzenmotiv an den Ärmeln rundet den femininen Look ab.

GRÖSSE XS (S) M (L) XL (XXL)
MASSE DES FERTIGEN STRICKSTÜCKS
Körperumfang 90 (98) 106 (114) 126 (138) cm
Länge in der hinteren Mitte 59 (61) 63 (65) 67 (70) cm
Innere Ärmellänge 46 (47) 47 (48) 48 (49) cm
GARNVERBRAUCH
Novita Woolly Wood (70 % Modal, 30 % Merinowolle, LL = 225 m/100 g): 450 (500) 550 (600) 650 (700) g Naturweiß (Fb 010) und
Novita Tuuli (60 % Mohair, 40 % Viskose, LL = 225 m/25 g):
100 (125) 150 (150) 175 (175) g Lichtstrahl (Fb 002) sowie ein Stück Hilfsfaden in passender Stärke für den Anschlag
RUNDSTRICKNADELN 3,5 mm und 4,0 mm (oder entsprechend der eigenen Maschenprobe), je 40 cm und 80 cm lang
NADELSPIELE 3,5 mm und 4,0 mm (oder entsprechend der eigenen Maschenprobe) für die Ärmel, wenn nicht mit der Magic Loop-Technik gearbeitet wird (siehe Seite 191)
SONSTIGES: Maschenmarkierer und Hilfsnadel.
MUSTER
Verschränktes Rippenmuster in Runden:
* 1 M re verschr, 1 M li, ab * stets wdh.
Glatt rechts in Reihen: In Hinr re M und in Rückr li M str.
Glatt rechts in Runden: Alle M in allen Rd re str.

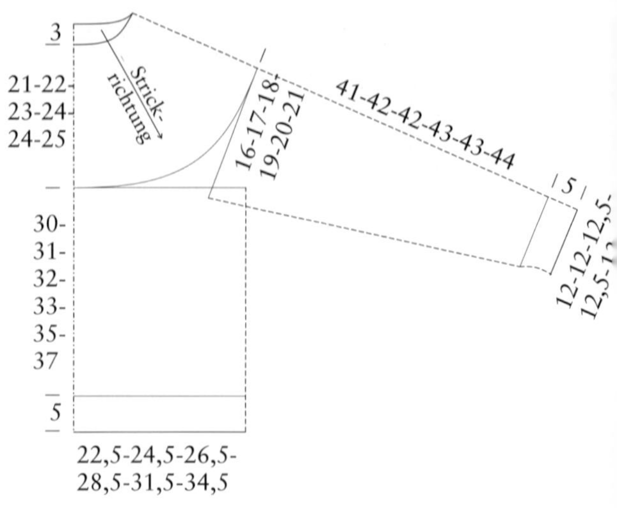

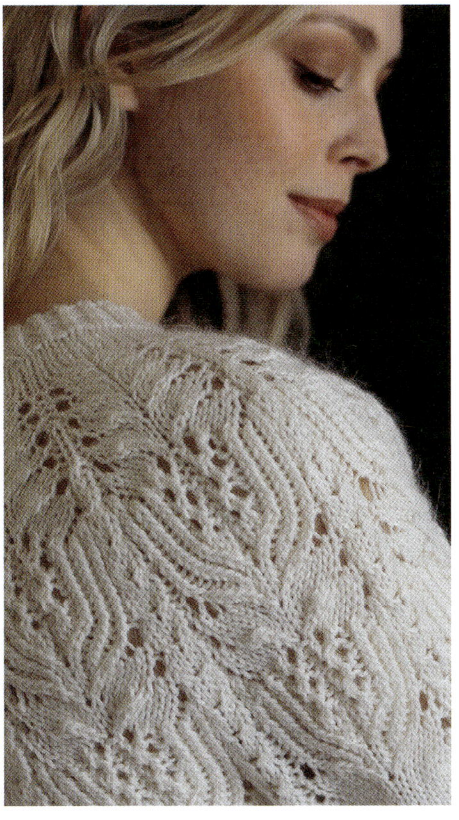

Ajourmuster: Nach Zählmuster und Anleitung str.

MASCHENPROBE 20 M und 28 Rd glatt rechts mit doppeltem Faden auf den dickeren Nadeln = 10 cm × 10 cm

HINWEIS: Der Pullover wird doppelfädig mit je 1 Faden Woolly Wood und Tuuli nahtlos vom Halsbündchen bis zum unteren Bündchen bzw. den Ärmelbündchen in der im Schnitt angegebenen Strickrichtung gearbeitet.

PASSE

Für eine elastische Kante 45 (47) 49 (51) 53 (55) M mit einem Hilfsfaden auf den dünneren Nadeln anschlagen. Zur Rd schließen und ab jetzt doppelfädig mit je 1 Faden Woolly Wood und Tuuli arb.

1. Rd: * 1 M re, 1 Umschlag, ab * bis Rd-Ende wdh = 90 (94) 98 (102) 106 (110) M.

2. Rd: * 1 M abh (mit dem Faden hinter der Arbeit), den Umschlag der vorigen Rd li str, ab * wdh.

3. Rd: * 1 M re, 1 M abh (mit dem Faden vor der Arbeit), ab * wdh.

3 cm im verschränkten Rippenmuster str. Den Hilfsfaden entfernen.

Zur dickeren Nadel wechseln und 1 Rd re str, dabei gleichmäßig verteilt 6 (10) 14 (18) 22 (26) M zun = 96 (104) 112 (120) 128 (136) M.

Am Rd-Übergang in der hinteren Mitte und nach der Hälfte der M je 1 MM setzen.

Glatt re str, dabei verkürzte R arb, um den hinteren Halsausschnitt etwas zu erhöhen:

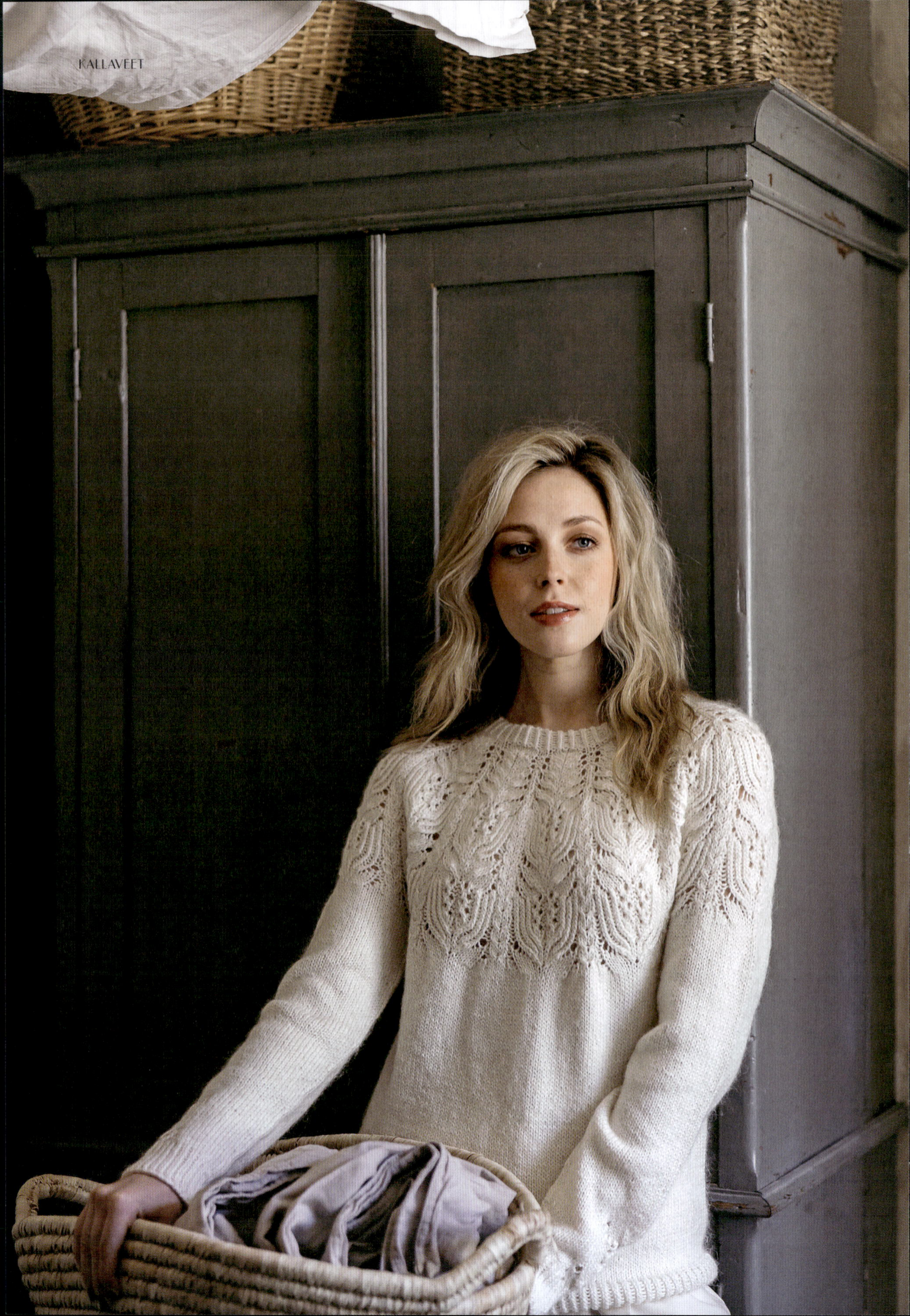

Die nächste R bis 24 (25) 26 (27) 28 (29) M vor dem MM in der Mitte str, die Arbeit wenden. 1 M li abh und den Faden straff nach hinten über die Nadel ziehen, sodass eine Doppel-M entsteht. Li M bis 24 (25) 26 (27) 28 (29) M vor dem MM in der Mitte str und die Arbeit wenden.

* 1 Doppel-M wie zuvor bilden und re M bis zur vorigen Doppel-M str.

Die Doppel-M als 1 M re str, 5 M re, die Arbeit wenden. 1 Doppel-M wie zuvor bilden und li M bis zur vorigen Doppel-M str. Die Doppel-M als 1 M li str, 5 M li, die Arbeit wenden, ab * noch 1× wdh. Noch 1 Doppel-M bilden und 1 R re M str. Den MM in der Rd-Mitte entfernen und die nächste Rd in der hinteren Mitte beginnen. Mit dem Ajourmuster ab der 1. Rd nach Strickschrift I beginnen und den Abschnitt A–C (8 + 2 M) 12× (13×) 14× (15×) 16× (17×) arb = 120 (130) 140 (150) 160 (170) M. Dann die 2.–26. Rd der Strickschrift str. Die Arbeit hat jetzt 288 (312) 336 (360) 384 (408) M.

Größe XS: Die 27.–28. Rd des Abschnitts B–C überspringen, jedoch über die gesamte Passe die Verkreuzungen für die Zöpfe im Abschnitt A–B im gleichen Rhythmus wie zuvor fortsetzen, d. h. in jeder 4. Rd. Die 29.–48. Rd des Abschnitts B–C str. Die 49.–50. Rd des Abschnitts B–C überspringen und die 51.–59. Rd str.

Andere Größen: Die 27.–59. Rd der Strickschrift str.

Dann glatt rechts str, bis die Passe ab der unteren Kante des Halsbündchens 21 (22) 23 (24) 24 (25) cm misst.

Die Arbeit in 4 Teile aufteilen: Am Anfang der nächsten Rd 42 (46) 50 (54) 59 (64) M vom Rückenteil str, die 59 (63) 67 (71) 73 (75) Ärmel-M auf einem Hilfsfaden stilllegen, für das Armloch 5 (5) 5 (5) 7 (9) neue M anschlagen, die 85 (93) 101 (109) 119 (129) Vorderteil-M str, die zweiten 59 (63) 67 (71) 73 (75) Ärmel-M auf einem Hilfsfaden stilllegen, für das zweite Armloch 5 (5) 5 (5) 7 (9) neue M anschlagen und die restlichen 43 (47) 51 (55) 60 (65) Rückenteil-M str.

UNTERES VORDER- UND RÜCKENTEIL

Die 180 (196) 212 (228) 252 (276) M für den Rumpf weiter in Rd str. Dabei den Rumpf glatt rechts bis zu einer Länge von 30 (31) 32 (33) 35 (37) cm ab Armloch str.

Dann über alle M 5 cm im verschränkten Rippenmuster in Rd str und im Musterverlauf abketten.

ÄRMEL

Die stillgelegten 59 (63) 67 (71) 73 (75) M eines Ärmels auf das dickere Nadelspiel heben und zusätzlich aus den für das Armloch angeschlagenen M 5 (5) 5 (5) 7 (9) M auffassen = 64 (68) 72 (76) 80 (84) M.
Den Rd-Übergang in der Mitte der aus dem Armloch aufgefassten M mit einem MM markieren. Weiter glatt re in Rd str.

Wenn der Ärmel ab Armloch 4 (4) 4 (4) 3 (3) cm lang ist, an beiden Seiten des MM mit den Abnahmen beginnen: 1 M re str, 1 Überzug (= 1 M re abh, 1 M re, die abgehobene M über die gestrickte M ziehen). Bis 3 M vor Rd-Ende str, 2 M re zus, 1 M re.

Die Abn alle 5 (4) 3,5 (3) 3 (2,5) cm insgesamt 7× (9×) 10× (12×) 13× (15×) wdh = 50 (50) 52 (52) 54 (54) M auf der Nadel.

In einer Höhe von 32 (33) 33 (34) 34 (35) cm ab Armloch über die mittleren 20 Ärmel-M mit dem Ajourmuster ab der 1. Rd von Strickschrift II beginnen. Die 2.–22. Rd der Strickschrift arb. Das Ajourmuster ist ca. 9 cm hoch.

Wenn das Ajourmuster fertig gestrickt ist, misst der Ärmel ab dem Armloch ca. 41 (42) 42 (43) 43 (44) cm.

Zu den dünneren Nadeln wechseln und 5 cm im verschränkten Rippenmuster str. Im Musterverlauf abketten.

Den **zweiten Ärmel** genauso str.

FERTIGSTELLEN

Das Strickstück leicht dämpfen. Den fertigen Pullover stets von Hand waschen.

□ = 1 re M
= 1 re verschr M
– = 1 li M
O = 1 Umschlag
U = 1 M re verschr aus dem Querfaden zwischen 2 M zun
= 2 M re zus
= 2 M nacheinander wie zum Rechtsstricken abheben, beide M zurück auf die li Nadel legen und re verschr zusstr
= 1 M auf eine Hilfsnadel hinter die Arbeit legen, 1 M re, die 1 M der Hilfsnadel re
= 1 M auf eine Hilfsnadel vor die Arbeit legen, 1 M re, die 1 M der Hilfsnadel re
= überspringen (keine M)

Strickschrift I
Die Rd nach Anleitung str

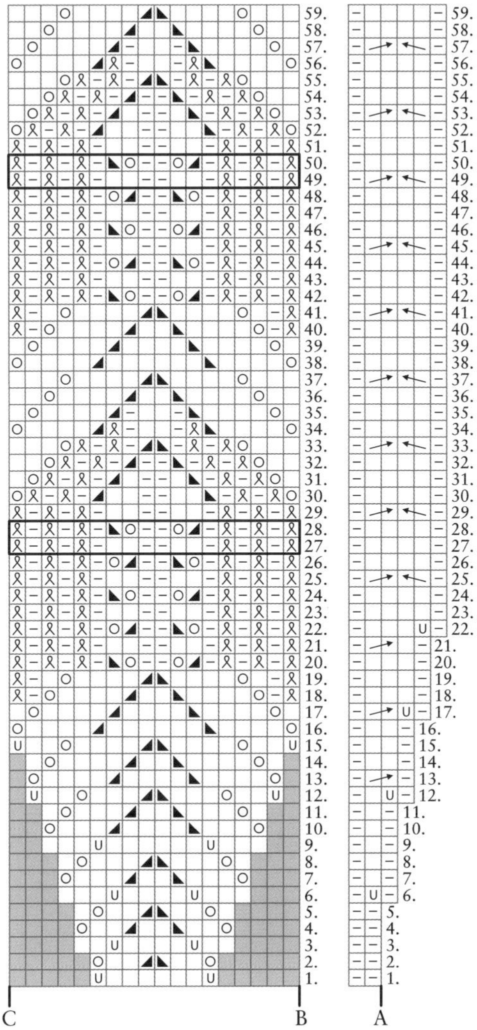

Strickschrift II
Die 1.–22. Rd str

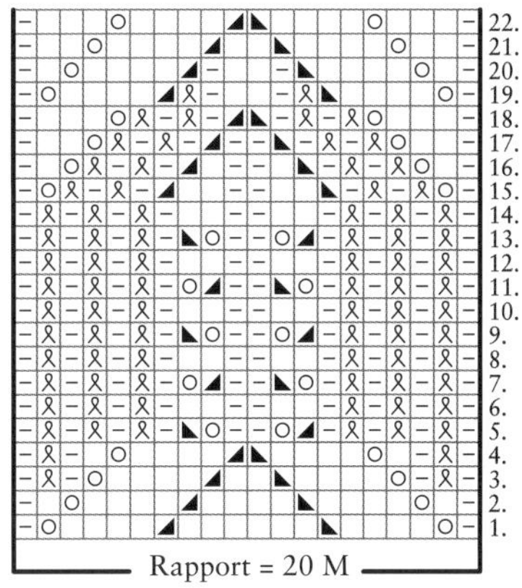

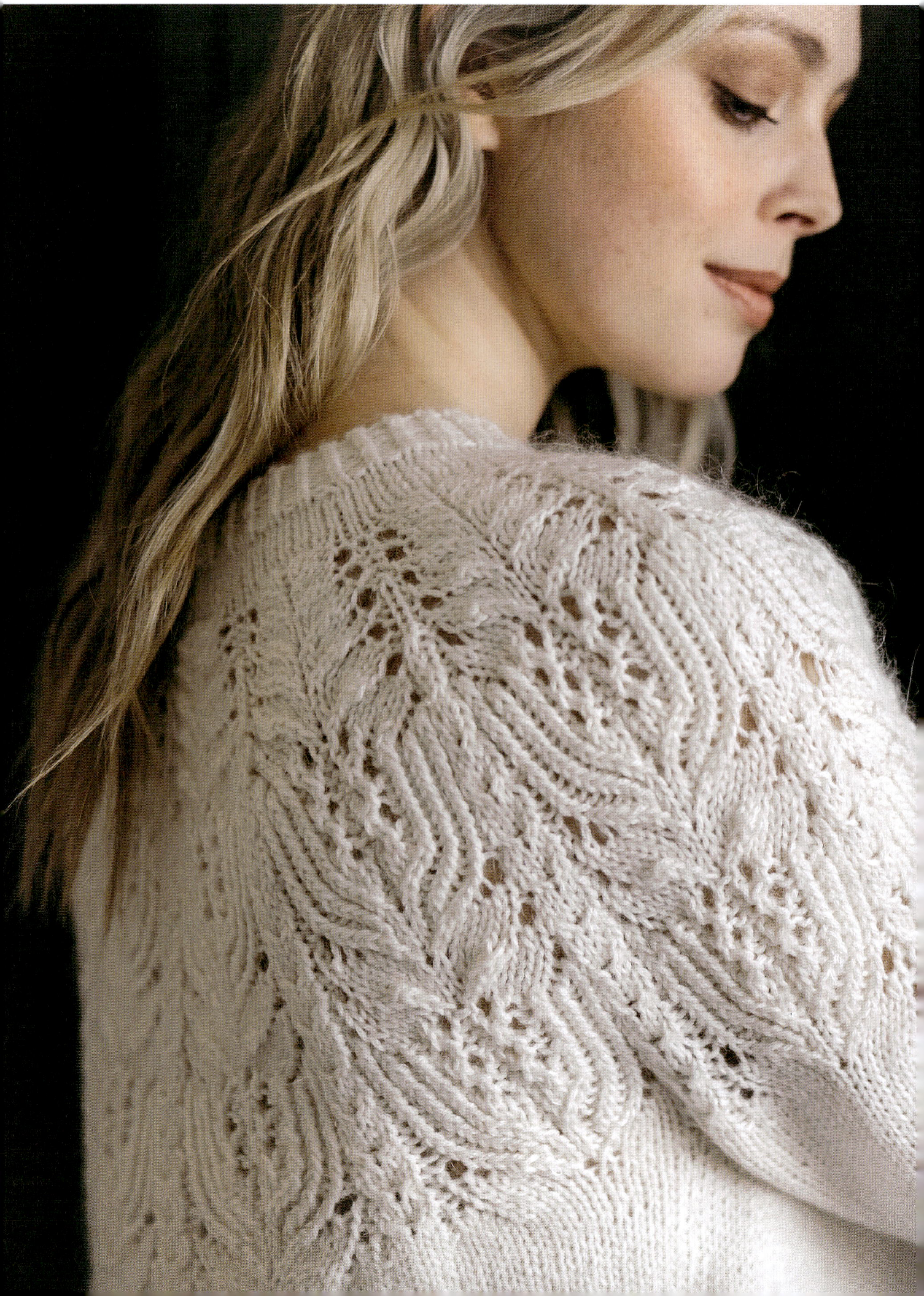

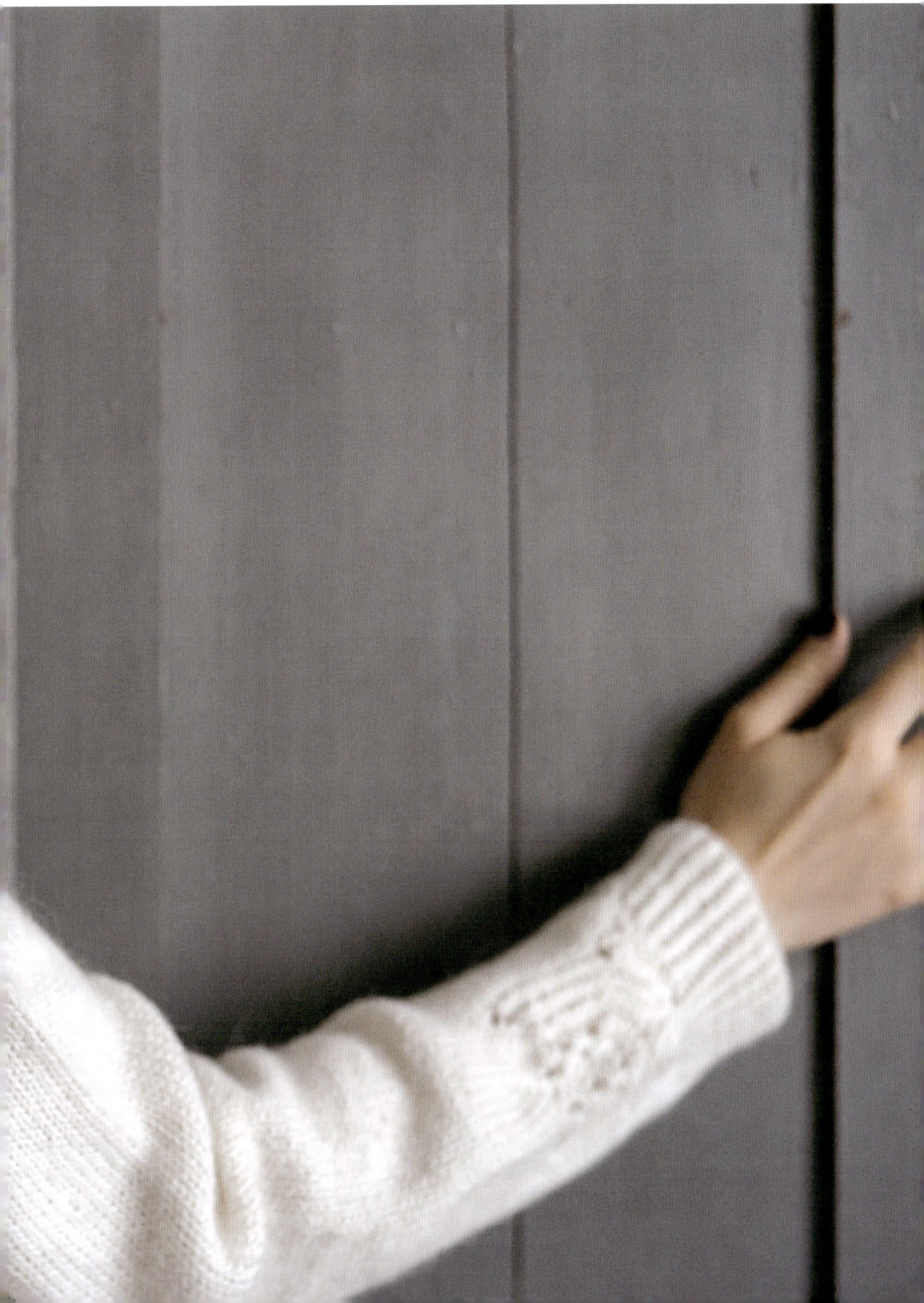

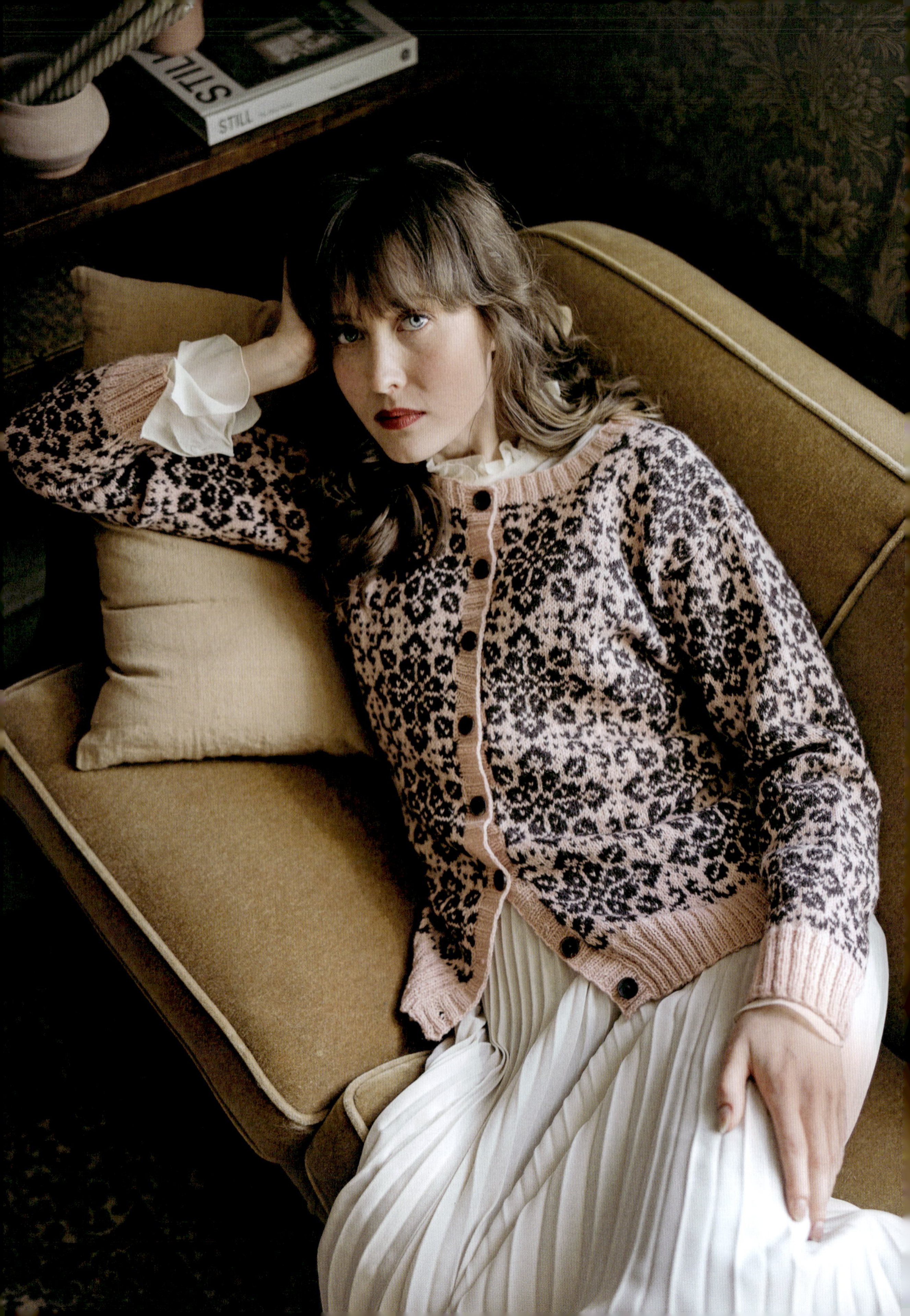
STILL
STILL

EINS SEIN

– JACKE

Diese Strickjacke ist der Favorit aller Fans von Einstrickmustern. Sie kann wirkungsvoll mit zwei Unifarben oder auch mit einer Hauptfarbe und einer Musterfarbe mit Farbverlauf gestrickt werden. Egal, wie man sich entscheidet, das ornamentale Blumenmuster wiederholt sich dekorativ auf dem vielseitig einsetzbaren Strickstück.

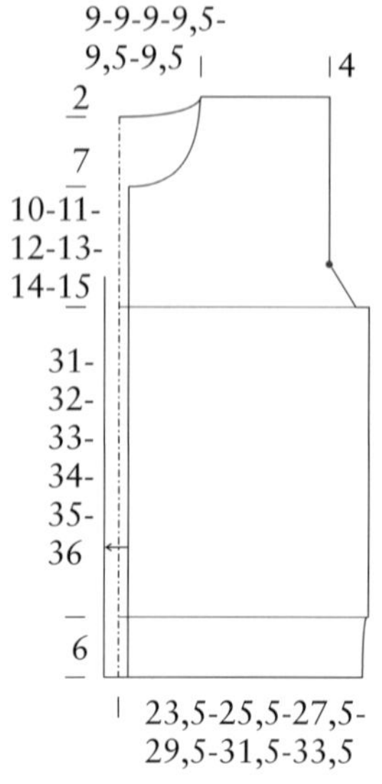

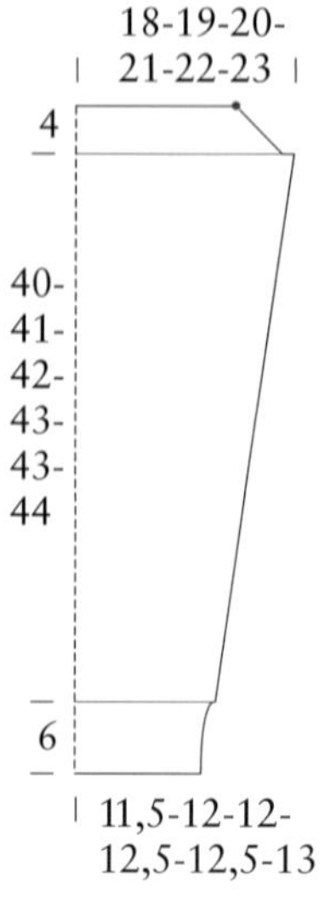

GRÖSSE XS/S (M) L (XL) XXL (XXXL)

MASSE DES FERTIGEN STRICKSTÜCKS

Körperumfang 94 (102) 110 (118) 126 (134) cm

Länge 56 (58) 60 (62) 64 (66) cm

Innere Ärmellänge 46 (47) 48 (49) 49 (50) cm

GARNVERBRAUCH

Novita Nalle (75 % Schurwolle, 25 % Polyamid, LL = 260 m/100 g): 300 (350) 400 (450) 500 (550) g Traum (Fb 519) und 250 (300) 350 (400) 450 (500) g Lorchel (Fb 064)

NADELN 3 mm und 3,5 mm (oder entsprechend der eigenen Maschenprobe)

RUNDSTRICKNADEL 3 mm (oder entsprechend der eigenen Maschenprobe), 40 cm lang

SONSTIGES 8 Knöpfe

MUSTER

Rippenmuster: * 2 M re, 2 M li, ab * bis R-Ende wdh. In den folgenden R die M str, wie sie erscheinen.

Glatt rechts: In Hinr re M und in Rückr li M str.

Einstrickmuster: Glatt rechts nach Zählmuster und Anleitung str.

MASCHENPROBE 28 M und 27 R im Einstrickmuster mit den dickeren Nadeln = 10 cm × 10 cm

RÜCKENTEIL

134 (146) 158 (166) 178 (190) M in Traum auf den dünneren Nadeln anschlagen und 6 cm im Rippenmuster str, dabei in der Rückr mit 2 M li beginnen.

Zu den dickeren Nadeln wechseln. 2 R glatt re str, dabei in der 2. R gleichmäßig verteilt 1 (1) 3 (1) 1 (1) M abn = 133 (145) 155 (165) 177 (189) M.

Mit dem Einstrickmuster nach Zählmuster ab der 1. R beginnen, den Pfeil für die gewünschte Größe beachten. Am rechten Rand vor dem Rapport 2 (8) 13 (18) 24 (30) M str, den Rapport von 32 M 4× arb und am linken Rand nach dem Rapport noch 3 (9) 14 (19) 25 (31) M str. Die 2.–32. R des Zählmusters arb, danach die 1.–32. R stets wdh.

In einer Höhe von 37 (38) 39 (40) 41 (42) cm an beiden Seiten für das **Armloch** 1×7 M abketten, dann in jeder 2. R noch 5× 1 M abn: In der Hinr 1 M re, 2 M re zus, re M bis 2 M vor R-Ende str, 1 Überzug, 1 M re. Die Arbeit hat jetzt 109 (121) 131 (141) 153 (165) M.

In einer Höhe von 17 (18) 19 (20) 21 (22) cm ab Armloch für den **Halsausschnitt** die mittleren 43 (43) 43 (45) 45 (45) M abketten und beide Seiten getrennt beenden. Für die Ausschnittrundung in jeder 2. R 2× 2 M abketten.

In einer Höhe von 19 (20) 21 (22) 23 (24) cm ab Armloch, die restlichen 29 (35) 40 (44) 50 (56) M für die **Schulter** abketten.

Die andere Seite des Halsausschnitts entsprechend arb.

LINKES VORDERTEIL

66 (70) 74 (82) 86 (94) M in Traum auf den dünneren Nadeln anschlagen und 6 cm im Rippenmuster str, dabei in der Rückr mit 2 M li beginnen.

Zu den dickeren Nadeln wechseln. 2 R glatt re str, dabei in der 2. R gleichmäßig verteilt 3 (1) 0 (3) 1 (3) M abn = 63 (69) 74 (79) 85 (91) M.

Mit dem Einstrickmuster nach Zählmuster ab der 1. R beginnen, den Pfeil für die gewünschte Größe beachten. Am rechten Rand vor dem Rapport 2 (8) 13 (18) 24 (30) M str, den Rapport von 32 M str und am linken Rand nach dem Rapport noch 29 M str. Die 2.–32. R des Zählmusters arb, danach die 1.–32. R stets wdh.

In einer Höhe von 37 (38) 39 (40) 41 (42) cm für das **Armloch** am rechten Rand 1× 7 M abketten, dann in jeder 2. R noch 5×1

M abn: In der Hinr 1 M re, 2 M re zus, bis R-Ende str. Die Arbeit hat jetzt 51 (57) 62 (67) 73 (79) M.

In einer Höhe von 10 (11) 12 (13) 14 (15) cm ab Armloch für den **Halsausschnitt** am linken Rand 14 (14) 14 (15) 15 (15) M stilllegen, z. B. auf einem Hilfsfaden. Für die Ausschnittrundung in jeder 2. R 1× 3 M, 2× 2 M und 1× 1 M abketten.

In einer Höhe von 19 (20) 21 (22) 23 (24) cm ab Armloch die restlichen 29 (35) 40 (44) 50 (56) M für die **Schulter** abketten.

RECHTES VORDERTEIL

Im Rippenmuster str, dabei in der Rückr mit 2 M li beginnen. Das rechte Vorderteil gegengleich zum linken Vorderteil str.

ÄRMEL

66 (70) 70 (74) 74 (74) M in Traum auf den dünneren Nadeln anschlagen und 6 cm im Rippenmuster str.

Zu den dickeren Nadeln wechseln und 2 Rd glatt re str, dabei in der 2. Rd gleichmäßig verteilt 1 (3) 3 (3) 3 (1) M abn = 65 (67) 67 (71) 71 (73) M.

Mit dem Einstrickmuster ab der 1. Rd nach Zählmuster beginnen: Am rechten Rand vor dem Rapport 0 (1) 1 (3) 3 (4) M str, den Rapport von 32 M 2× arb und am linken Rand nach dem Rapport noch 1 (2) 2 (4) 4 (5) M str. Die 2.–32. R des Zählmusters arb, danach die 1.–32. R stets wdh.

In einer Höhe von 10 (7) 13 (12) 10 (8) cm an beiden Seiten 1 M zun. Die Zun an beiden Seiten alle 2 (2) 1,5 (1,5) 1,5 (1,5) cm noch 17× (19×) 22× (23×) 25× (27×) wdh = 101 (107) 113 (119) 123 (129) M. Die zugenommenen M im Einstrickmuster arb.

In einer Höhe von 46 (47) 48 (49) 49 (50) cm **an beiden Seiten** 1× 7 M abketten, dann in jeder 2. R 5× 1 M wie folgt abketten: In der Hinr 1 M str, 2 M re zus, bis 2 M vor R-Ende str, 1 Überzug, 1 M.

Den **zweiten Ärmel** ebenso arb.

FERTIGSTELLEN

Die Teile mit der linken Seite nach oben flach hinlegen, anfeuchten, in Form ziehen und liegend trocknen lassen.

Die Schulternähte schließen.

Halsbündchen: Die für den Halsausschnitt stillgelegten M auf die kurze Rundstrick-

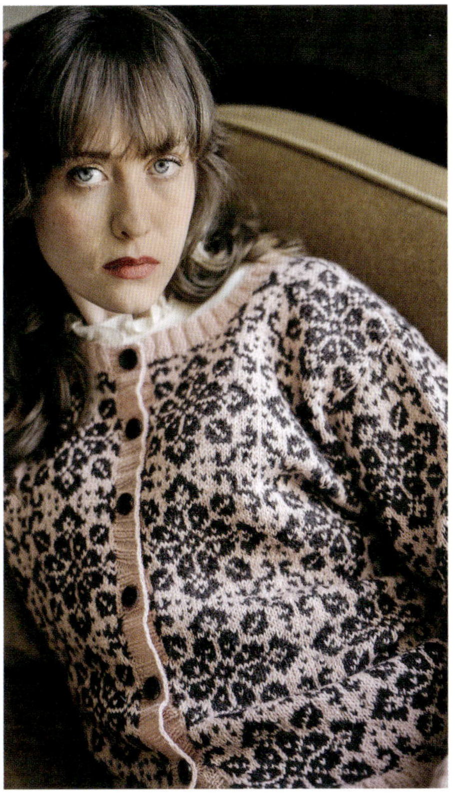

nadel heben und dazu aus dem Halsausschnittrand in Traum M auffassen, bis insgesamt 130 (130) 130 (134) 134 (134) M auf der Nadel liegen. Im Rippenmuster str, dabei in der Rückr mit 2 M li beginnen. Nach 2,5 cm Höhe im Musterverlauf abketten.

Vordere Kanten: Aus der vorderen Kante des **linken Vorderteils** von der rechten Seite der Arbeit in Traum 3 M aus 4 Rd auffassen. Die M-Zahl muss durch 4 + 2 teilbar sein. Im Rippenmuster str, dabei in der Rückr mit 2 M li beginnen. Wenn die Kante 2,5 cm hoch ist, im Musterverlauf abketten.

Die Positionen für die Knöpfe auf der soeben gestrickten Kante markieren: Das obere Knopfloch 1,5 cm von der oberen Kante, das untere ca. 2 cm von der unteren Kante und die restlichen 6 Knopflöcher in gleichen Abständen dazwischen.

An der vorderen Kante des **rechten Vorderteils** genauso eine Kante str und die Knopflöcher wie an der linken Blende markiert einarbeiten, wenn die Kante 1 cm hoch ist. **Knopfloch:** 2 M zus, Umschlag.

Die Ärmel annähen.

Die Ärmelnähte und die Seitennähte schließen. Die Knöpfe annähen.

Zählmuster
Die 1.–32. R stets wdh

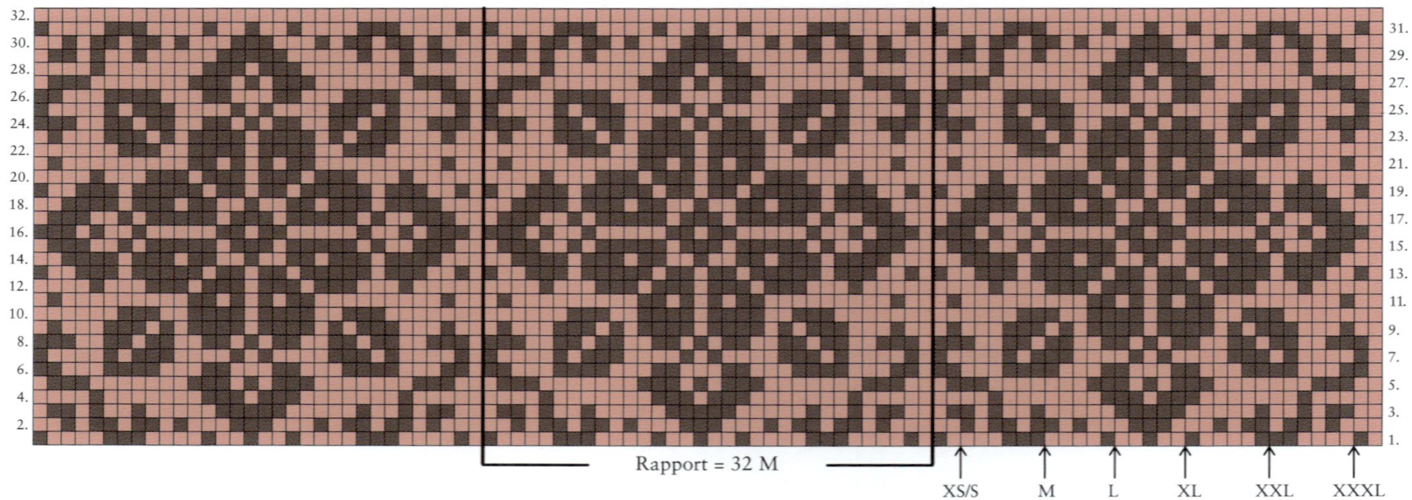

■ = 1 M glatt re in Lorchel: in Rd re, in Hinr re und in Rückr li str
□ = 1 M glatt re in Traum: in Rd re, in Hinr re und in Rückr li str

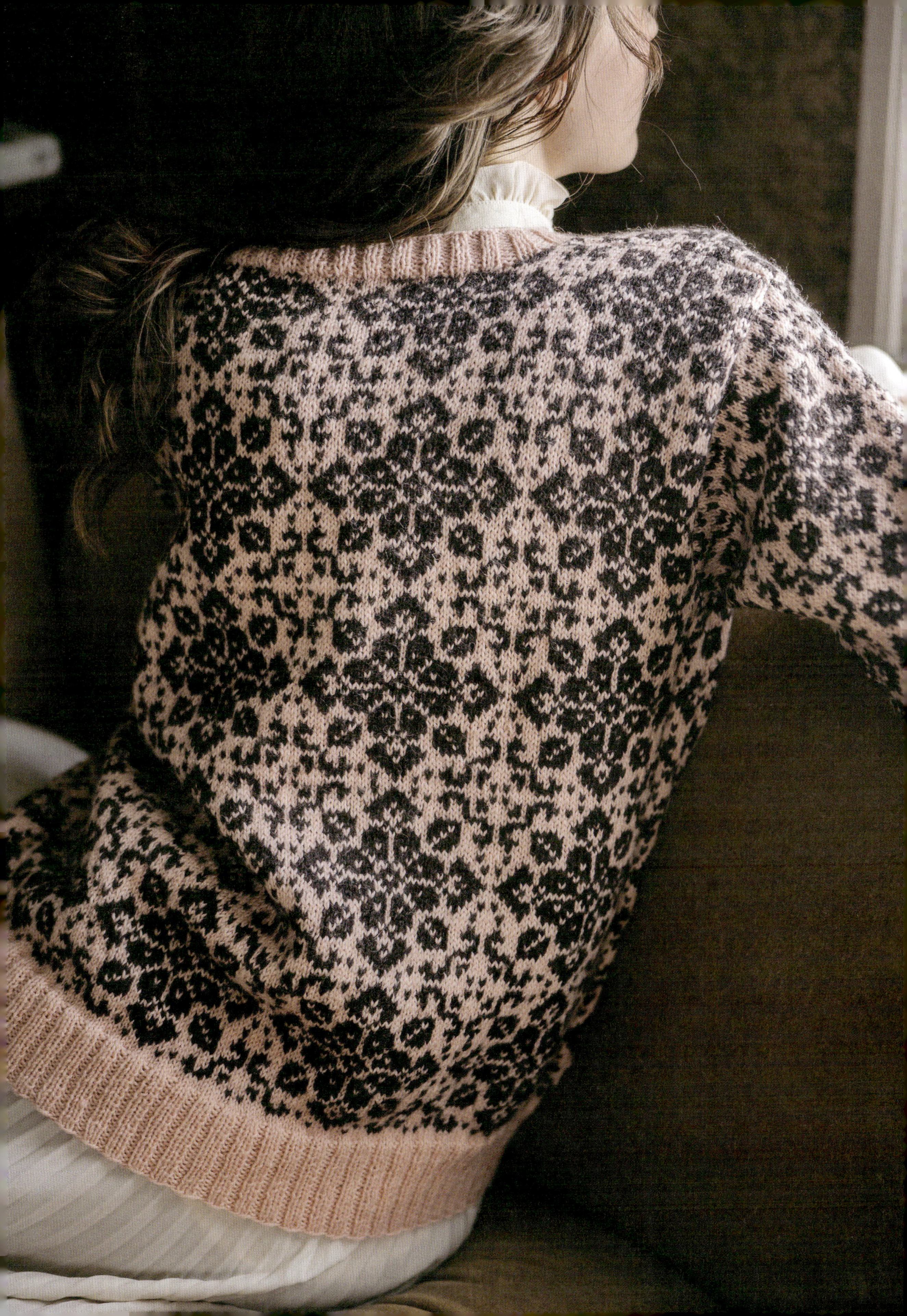

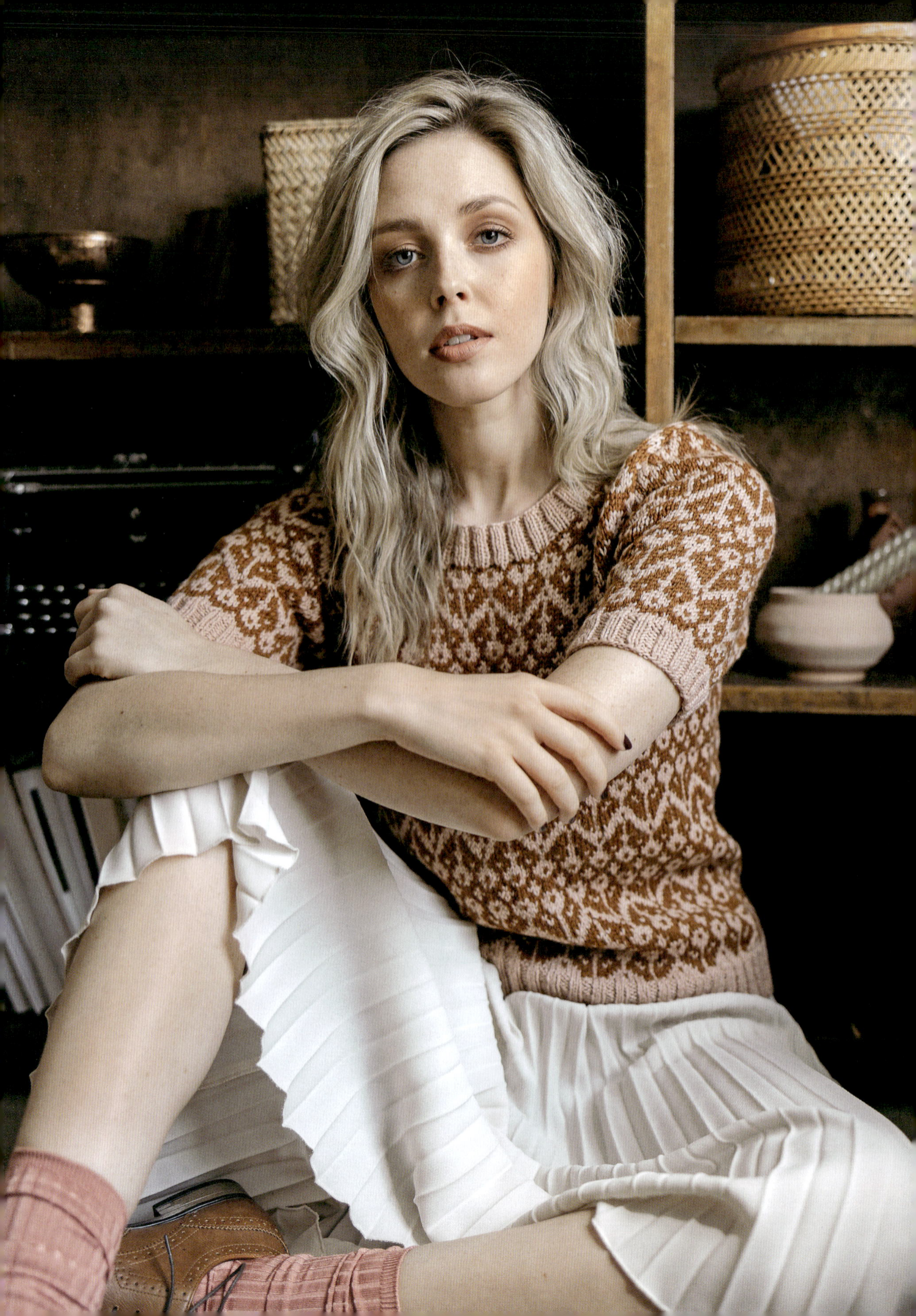

DIE AUS MAINUA

– KURZARMPULLI

Ein grafisch-verspieltes Muster schmückt diesen Kurzarmpullover auf wunderbare Weise. Das Einstrickmuster des eleganten Pullis aus 100 % Wollgarn lässt sich dank der kurzen Spannfäden einfach arbeiten. Das schöne, zweifarbige Farbenspiel funktioniert auch perfekt in einer Schwarz-Weiß-Kombination, wie bei den Originalsocken.

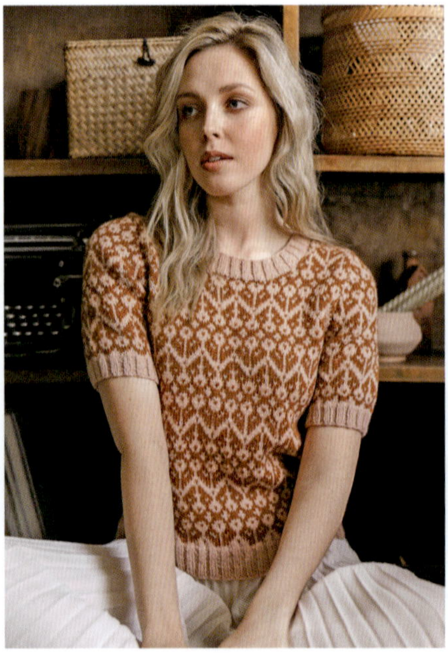

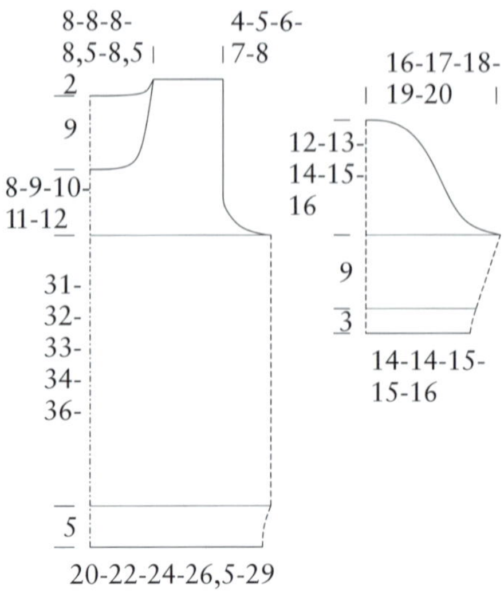

GRÖSSE XS (S) M (L) XL
MASSE DES FERTIGEN STRICKSTÜCKS
Körperumfang 80 (88) 96 (106) 116 cm
Länge 55 (57) 59 (61) 64 cm
Innere Ärmellänge 12 (12) 12 (12) 12 cm
GARNVERBRAUCH
Novita Wonder Wool (100 % Wolle, LL = 225 m/100 m): 200 (250) 250 (300) 300 g Puder (Fb 609) und 200 (200) 250 (250) 300 g Steinpilz (Fb 663)
RUNDSTRICKNADELN 3,5 mm und 4,0 mm (oder entsprechend der eigenen Maschenprobe), je 40 cm und 80 cm lang
NADELSPIELE 3,5 mm und 4,0 mm (oder entsprechend der eigenen Maschenprobe) für die Ärmel
MUSTER
Rippenmuster in Runden: * 2 M re, 2 M li, ab * stets wdh.
Glatt rechts in Runden: Alle M in allen Rd re str.
Glatt rechts in Reihen: In Hinr re M und in Rückr li M str.
Einstrickmuster: Glatt rechts nach Zählmuster und Anleitung str.

Spannfäden über mehr als 5 M auf der Rückseite der Arbeit miteinander verkreuzen, dabei die Verkreuzungen in der nächsten Rd/R an anderen Stellen vornehmen.
MASCHENPROBE 26 M und 24 Rd im Einstrickmuster mit den dickeren Nadeln = 10 cm × 10 cm

UNTERES VORDER- UND RÜCKENTEIL

204 (228) 252 (276) 300 M in Puder auf der dünneren Rundstricknadel (80 cm) anschlagen und 5 cm im Rippenmuster in Rd str. Zu der dickeren Nadel wechseln und in Puder 1 Rd re str.

Das Einstrickmuster ab der 10. (13.) 16. (19.) 1. Rd nach Zählmuster str, dabei den Rapport von 17× (19×) 21× (23×) 25× arb. Die 11. (14.) 17. (20.) 2.–22. Rd des Zählmusters str. Dann die 1.–22. Rd noch 3× wdh. Das Strickstück hat jetzt eine Höhe von ca. 36 (37) 38 (39) 41 cm.

Die M ab dem Rd-Übergang teilen = 102 (114) 126 (138) 150 M für das Vorderteil und 102 (114) 126 (138) 150 M für das Rückenteil.

OBERES RÜCKENTEIL

Die 102 (114) 126 (138) 150 M für das Rückenteil im Einstrickmuster in R arb, dabei am Anfang der 1. R für das **Armloch** 1× 5 (5) 6 (6) 7 M abketten und bis R-Ende str. Die Arbeit wenden. Für das **zweite Armloch** 1× 5 (5) 6 (6) 7 M abketten und bis R-Ende str. Das Einstrickmuster in R str, dabei **beidseits** in jeder 2. R noch 1× (1×) 1× (2×) 2× 3 M, 1× (2×) 3× (3×) 3× je 2 M und 3× (4×) 3× (3×) 4× je 1 M abn = 76 (82) 90 (96) 104 M.

In einer Höhe von 17 (18) 19 (20) 21 cm ab Armloch für den **Halsausschnitt** die mittleren 34 (34) 34 (36) 36 M auf einem Hilfsfaden stilllegen und beide Seiten getrennt beenden. Für die Ausschnittrundung in jeder 2. R noch 2× 2 M abketten.

In einer Höhe von 19 (20) 21 (22) 23 cm ab Armloch 17 (20) 24 (26) 30 M für die **Schulter** abketten.

Die andere Seite gegengleich arb.

OBERES VORDERTEIL

Die 102 (114) 126 (138) 150 M für das Vorderteil im Einstrickmuster in R arb, dabei das **Armloch** wie beim Rückenteil arb = 76 (82) 90 (96) 104 M.

In einer Höhe von 8 (9) 10 (11) 12 cm ab Armloch für den **Halsausschnitt** die mittleren 20 (20) 20 (22) 22 M auf einem Hilfsfaden stilllegen und beide Seiten getrennt beenden. Für die Ausschnittrundung in jeder 2. R 2× 3 M, 1× 2 M und 3× 1 M abketten.

In einer Höhe von 19 (20) 21 (22) 23 cm ab Armloch 17 (20) 24 (26) 30 M für die **Schulter** abketten.

Die andere Seite gegengleich arb.

ÄRMEL

72 (72) 76 (76) 80 M in Puder auf dem dünneren Nadelspiel anschlagen und auf 4 Nadeln verteilen, zur Runde schließen und den Rundenübergang markieren. 3 cm im verschränkten Rippenmuster in Rd str. Zum dickeren Nadelspiel wechseln und in Puder 1 Rd re str, dabei gleichmäßig verteilt 6 (8) 10 (12) 14 M zun = 78 (80) 86 (88) 94 M.

Das Einstrickmuster ab der 1. Rd nach Zählmuster beginnen, dabei am unteren Rand den mit einem Pfeil markierten Beginn für die gewünschte Größe beachten.

An der mit dem entsprechenden Pfeil angezeigten Stelle beginnen, dabei zunächst

Zählmuster
Die 1.–22. Rd stets wdh

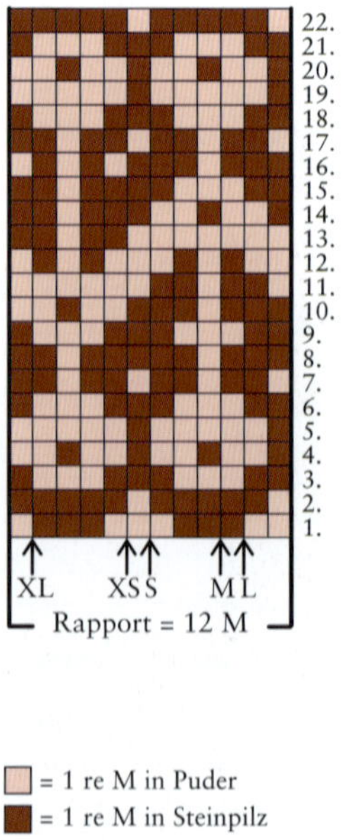

bis zum linken Rand des Zählmusters arb und dann den Rapport von 12 M wdh (das Muster geht nicht auf). Die 2.–22. Rd des Zählmusters arb und bis zum Ärmelende die 1.–22. Rd wdh.

In einer Höhe von 4 cm an beiden Seiten des Rd-Beginns 1 M zun: ab Rd-Beginn 1 M re str, 1 M zun (= den Querfaden zwischen 2 M re verschr str), bis 1 M vor Rd-Ende str, 1 M zun, 1 M re. Die zugenommen M im Einstrickmuster arb. Die Zunahmen alle 3 (2) 2 (2) 2 cm noch 2× (3×) 3× (4×) 4× wdh = 84 (88) 94 (98) 104 M.

In einer Höhe von 12 cm am Ende der nächsten Rd und am Anfang der folgenden Rd jeweils 5 (5) 6 (6) 7 M abketten. Das Einstrickmuster weiter in R str, dabei in jeder 2. R an beiden Seiten noch 1× 3 M, 2× 2 M, 10× (11×) 12× (13×) 14× 1 M, 1× 2 M und 1× 3 M abketten. Dann alle M abketten.

Den **zweiten Ärmel** ebenso arb.

FERTIGSTELLEN

Die Teile leicht dämpfen.

Die Schulternähte schließen.

Die Ärmel einsetzen.

Halsbündchen: Die für den Halsausschnitt stillgelegten M auf die kurz, dünnere Rundstricknadel heben und dazu mit Puder aus dem Halsausschnitt M auffassen, bis insgesamt 124 (124) 124 (128) 128 M auf der Nadel liegen. 3 cm im Rippenmuster in Rd arb, dann im Musterverlauf abketten.

Den fertigen Pullover leicht dämpfen.

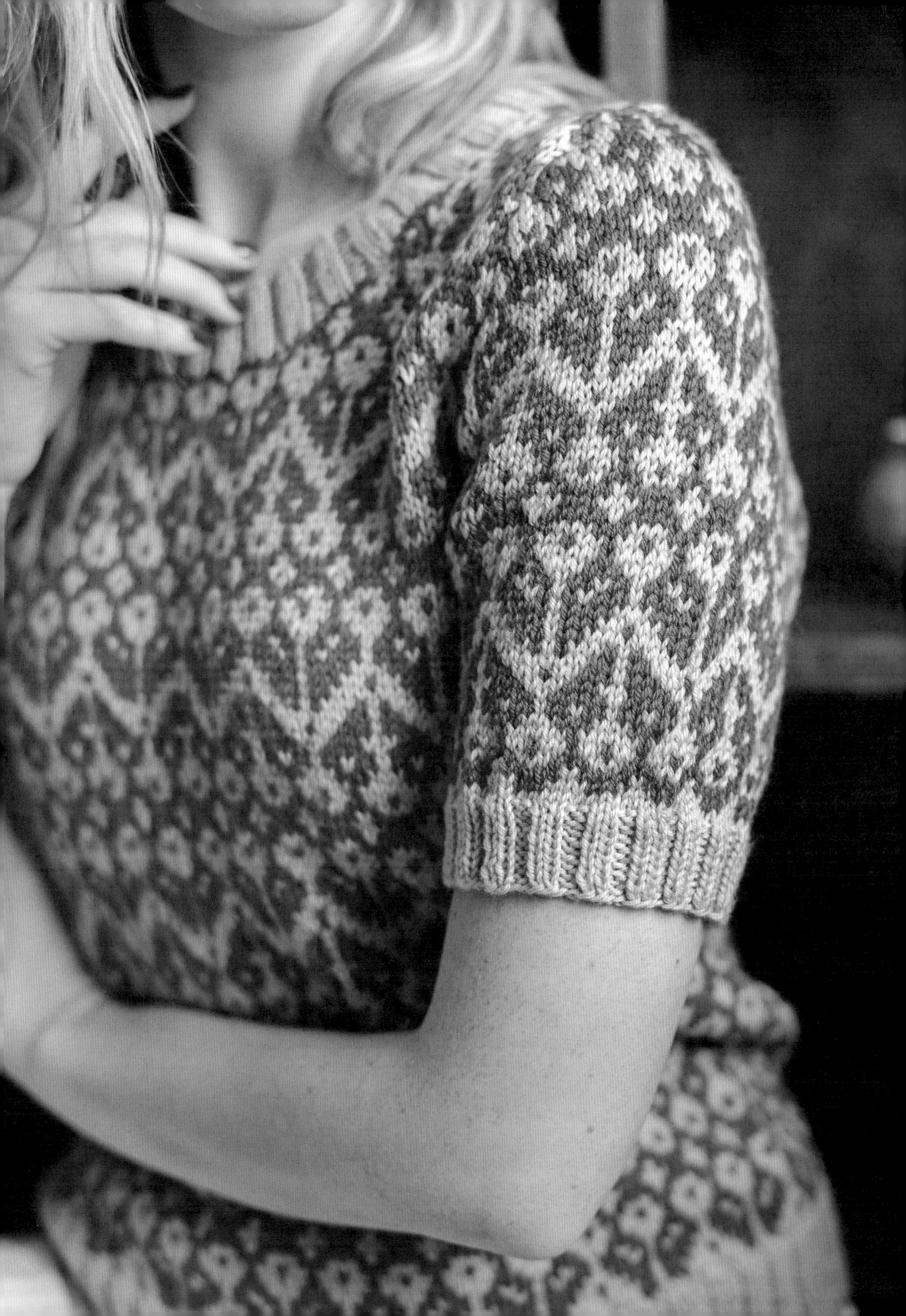

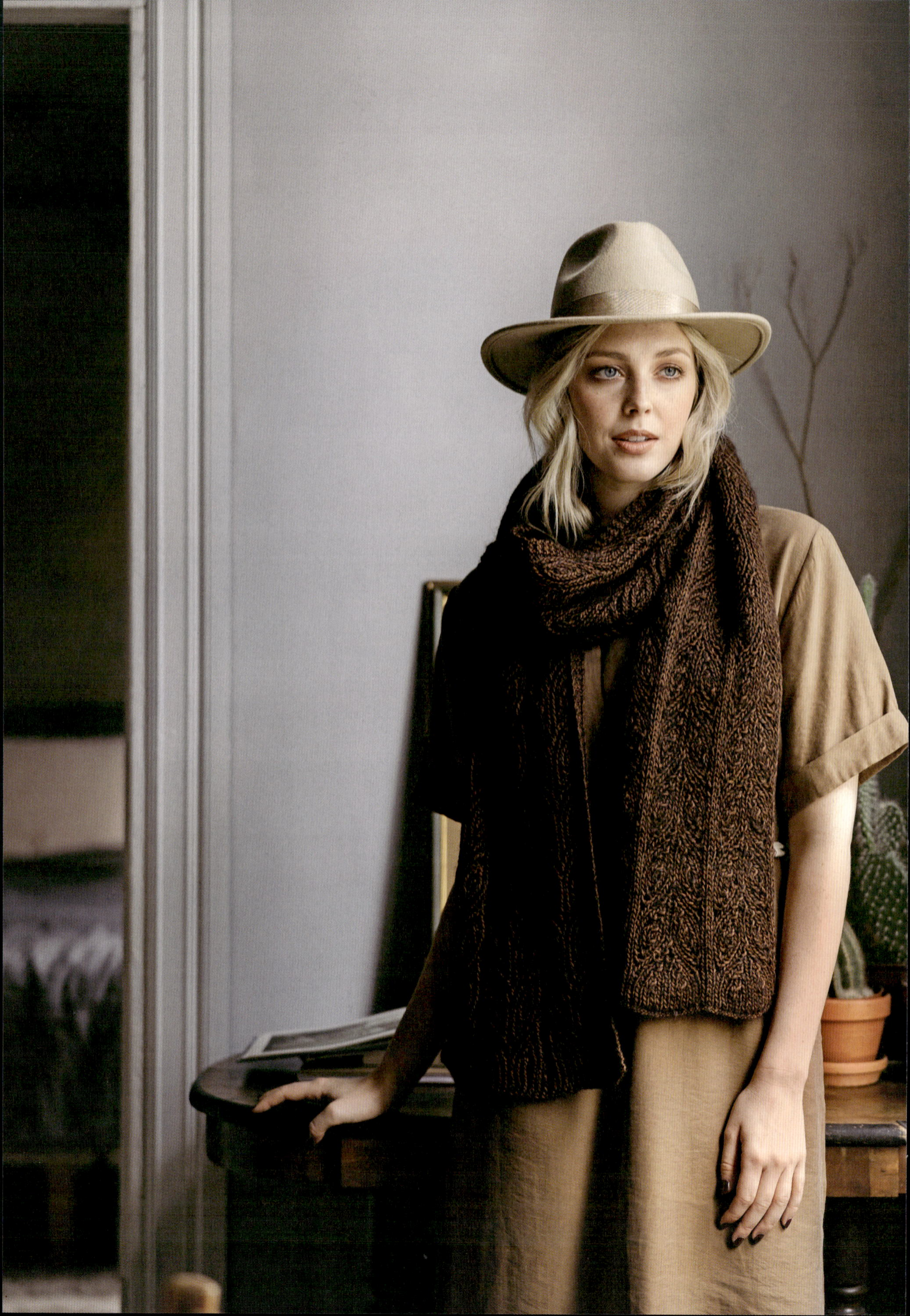

MEISTER-ZEICHNUNG

– SCHAL

Der schokobraune, lange Schal vereint flauschiges Mohair und Tencel-Merinowolle. Der Rapport ist leicht zu lernen und lässt sich bequem und schnell stricken. Als Garn für diesen Schal, der von Niina Laitinens Meisterzeichnung-Socken inspiriert ist, eignet sich auch das dickere Novita 7 Veljästä Nature, so wird das Strickstück etwas größer und grober.

Strickschrift
Die 17.–28. R stets wdh

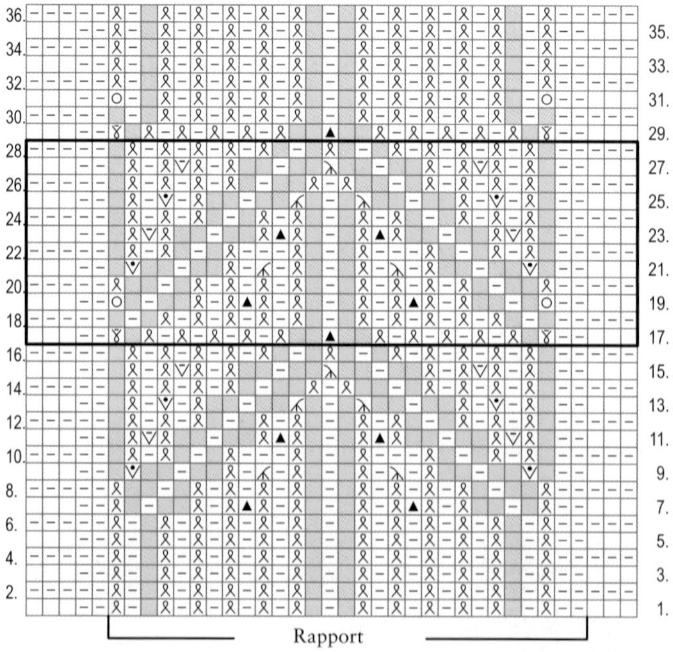

GRÖSSE ca. 26 cm × 200 cm

GARNVERBRAUCH

Novita Woolly Wood (70 % Modal, 30 % Merinowolle, LL = 225 m/100 g): 350 g Erde (Fb 697) und

Novita Tuuli (60 % Mohair, 40 % Viskose, LL = 225 m/25 g): 75 g Meteor (Fb 686)

NADELN 4,5 mm (oder entsprechend der eigenen Maschenprobe)

MUSTER

Strukturmuster: Nach Strickschrift und Anleitung str.

MASCHENPROBE Ein Rapport ist 8,5 cm breit (23 M in der 28. R)

HINWEIS Der Schal wird zweifädig mit je 1 Faden Woolly Wood und Tuuli gestrickt. Aufgrund der Ab- und Zunahmen im Strukturmuster kann die Reihe, die jeweils gerade gestrickt wird, nicht direkt mit der Vorreihe verglichen werden: also immer Reihe für Reihe stricken, ohne die Vorreihe zu beachten.

83 M mit doppeltem Faden anschlagen und 1 R (= Rückr) re M str.

Ab der **1. R** nach Strickschrift mit dem Strukturmuster beginnen: am rechten Rand 3 M str, den Rapport 3× arb und am linken Rand 5 M str. Die **2.–16. R** der Strickschrift arb.

Dann die **17.–28. R** wdh, bis der Schal ca. 195 cm lang ist. Die **29.–36. R** str und anschließend mustergemäß abketten.

FERTIGSTELLEN

Den fertigen Schal leicht dämpfen. Den Schal stets von Hand waschen.

= 1 M glatt re: in Hinr re, in Rückr li str
= 1 re verschr M: in Hinr re verschr, in Rückr li verschr str
= 1 M glatt li: in Hinr li, in Rückr re str
= überspringen (keine M)
= 3 M li zus
= 1 M re abh, 2 M re zus, die abgehobene M über die gestrickten M ziehen
= 2 M re verschr zus, die abgenommene M zurück auf die li Nadel heben und die nächste M von links nach rechts über die abgenommene M ziehen
= 1 M li zun: den Querfaden zwischen 2 M li verschr str
= 2 M re zun: 1 M re verschr, dabei die M nicht von der Nadel gleiten lassen, 1 Umschlag und dieselbe M re verschr str. Die M von der Nadel gleiten lasse
= 2 M li zun: 1 M li verschr, dabei die M nicht von der Nadel gleiten lassen, 1 Umschlag und dieselbe M li verschr str. Die M von der Nadel gleiten lasser
= 1 Umschlag

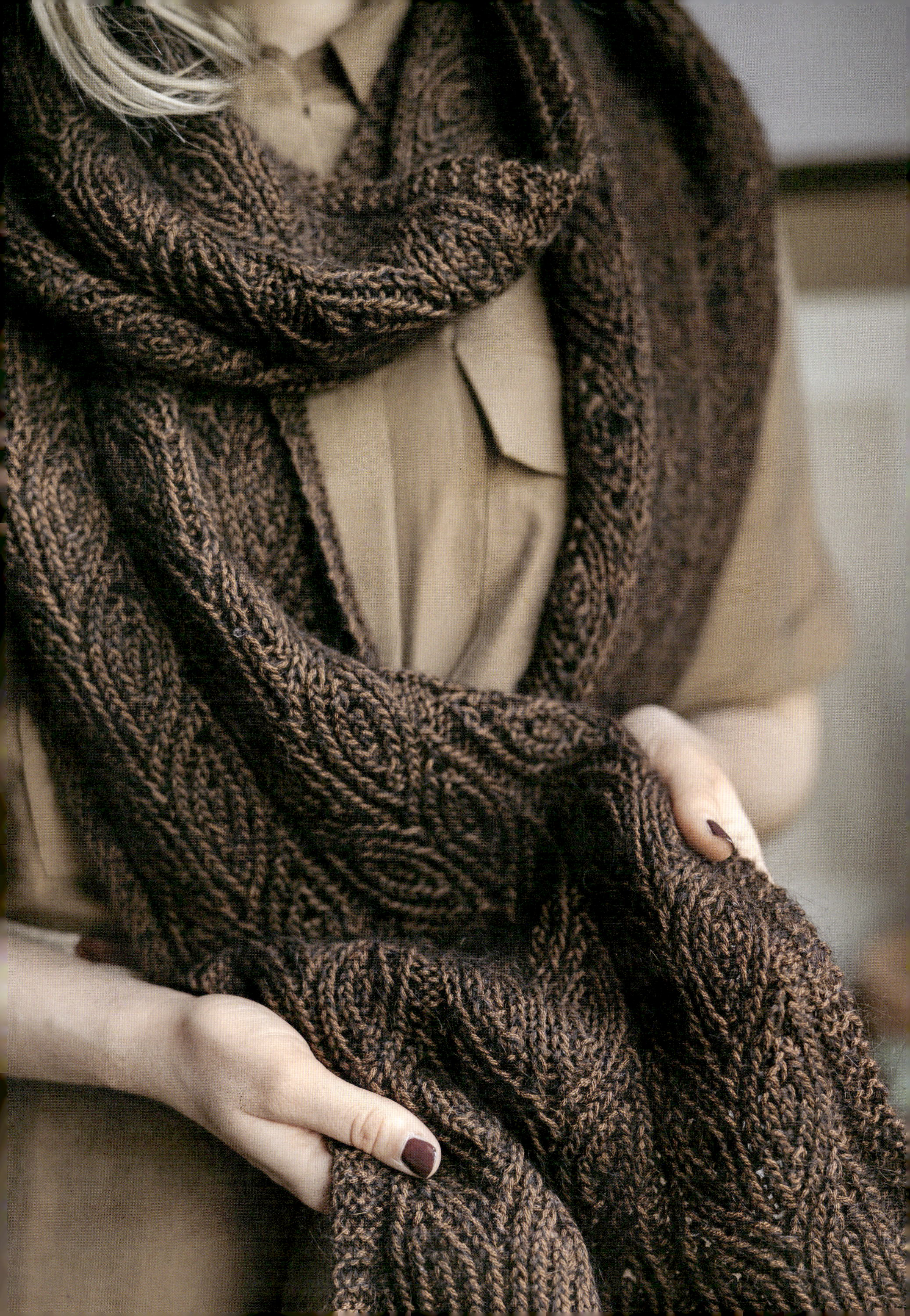

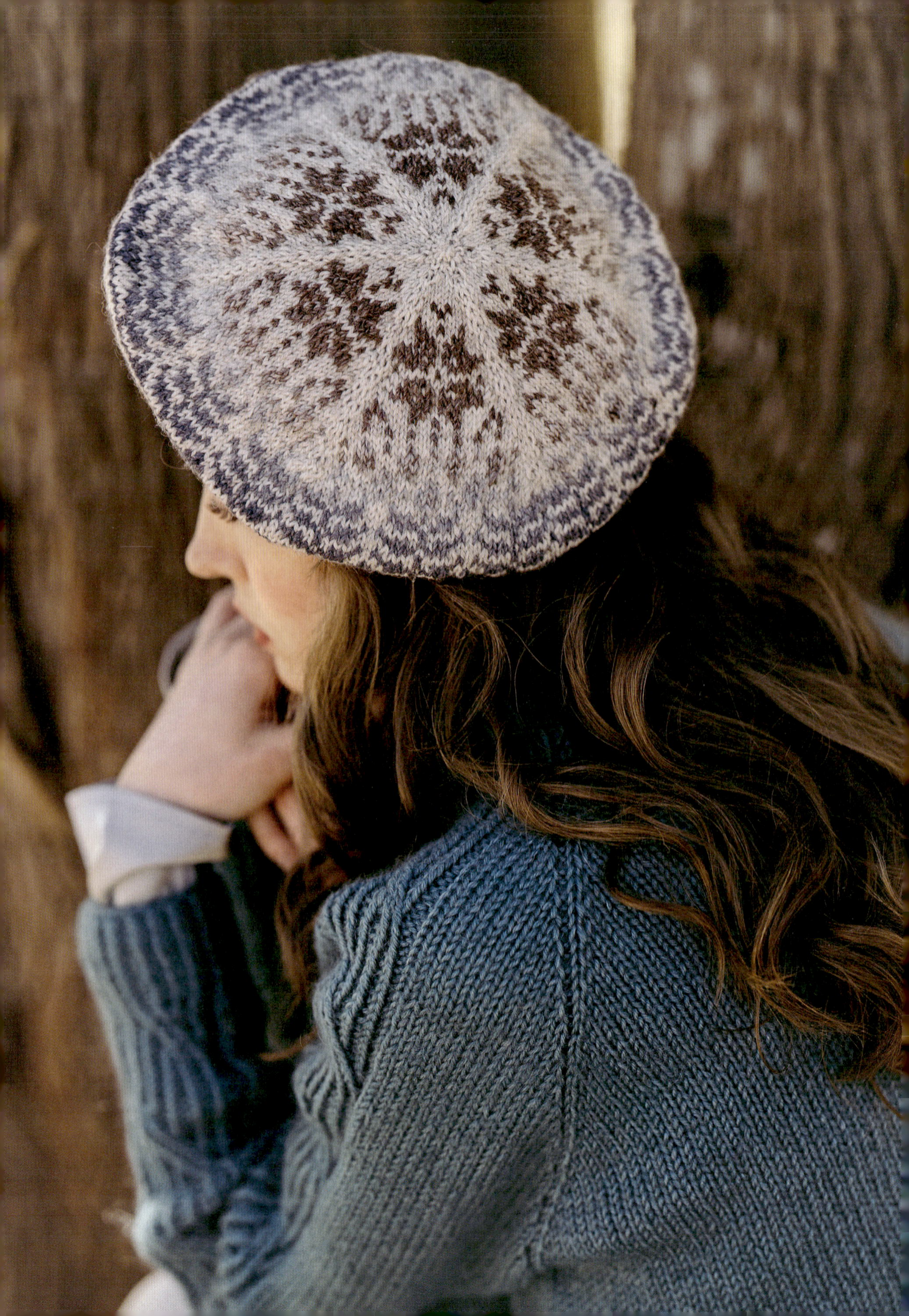

ABENTEUER
– BASKENMÜTZE

Keck schräg getragen oder leicht wippend gerade auf dem Kopf – diese gestrickte Baskenmütze wird schnell zum Lieblingsaccessoire. Das Garn Novita Kajastus mit Farbverlauf bringt Lebendigkeit in das Muster hinein. Die Längsstreifen am Bündchen verleihen der Mütze einen stabilen Look.

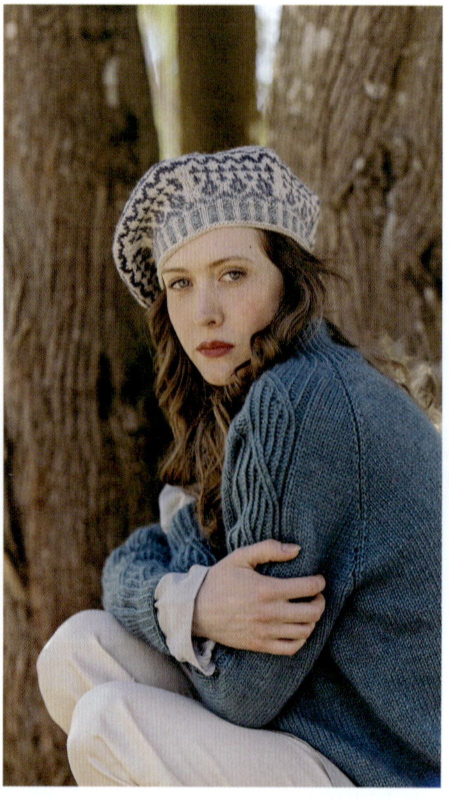

GRÖSSE Umfang am unteren Rand: ca. 52 cm, Durchmesser der Baskenmütze flach hingelegt: ca. 26 cm

GARNVERBRAUCH

Novita Nalle (75 % Schurwolle, 25 % Polyamid, LL = 260 m/100 g): 50 g Flachs (Fb 061) und

Novita Kajastus (75 % Schurwolle, 25 % Polyamid, LL = 280 m/100 g): 50 g Meeresstrand (Fb 872)

NADELSPIEL 3,5 mm (oder entsprechend der eigenen Maschenprobe)

RUNDSTRICKNADELN 3 mm und 3,5 mm (oder entsprechend der eigenen Maschenprobe), je 40 cm lang

MUSTER

Glatt rechts in Runden: Alle M in allen Rd re str.

Einstrickmuster in Runden: Glatt rechts nach Zählmuster und Anleitung str.

Spannfäden über mehr als 4 M auf der Rückseite der Arbeit miteinander verkreuzen, dabei die Verkreuzungen in der nächsten Rd an anderen Stellen vornehmen.

Bündchenmuster: 1. Rd: * 2 M re in Flachs, 2 M re in Meeresstrand, ab * wdh. **2. Rd:** *

2 M re in Flachs, 2 M li in Meeresstrand, ab * stets wdh. Diese beiden Rd stets wdh.
MASCHENPROBE 26 M im Einstrickmuster mit den dickeren Nadeln = 10 cm
HINWEIS Die Mütze wird von oben nach unten gestrickt.

6 M mit dem dickeren Nadelspiel in Flachs anschlagen und auf 3 Nadeln verteilen = 2 M pro Nadel. 1 Rd glatt re str. In der nächsten Rd jede M verdoppeln (= die M 1× von vorn und 1× von hinten re str). Es wurden 6 M zugenommen, die Arbeit hat jetzt 12 M (= 4 M pro Nadel). 1 Rd re M str (Zwischenrunde).

Wieder jede M verdoppeln = 24 M (= 8 M pro Nadel).

Mit dem Einstrickmuster ab der 1. Rd des Zählmusters beginnen, dabei den Rapport 6× arb. In der **1. Rd** werden 2 M pro Rapport zugenommen = 36 M. Die M auf 4 Nadeln verteilen (= 9 M pro Nadel).

Die **2.–59. Rd** des Zählmusters arb, dabei an den eingezeichneten Stellen zu- bzw. abnehmen. Die Arbeit hat jetzt 132 M.

Hinweis: Wenn genügend M vorhanden sind, auf die dickere Rundstricknadel wechseln. Es erleichtert das Stricken, wenn die Rapporte mit MM gekennzeichnet werden.

Dann zum dünneren Nadelspiel wechseln und 1 Rd re in Flachs str. Anschließend 8 Rd im Bündchenmuster arb, den Faden in Meeresstrand abschneiden und in Flachs noch 1 Rd re und 1 Rd li str, dann alle M re abketten.

FERTIGSTELLEN
Die Mütze leicht dämpfen.

Zählmuster

Die 1.–59. Rd 1× arb

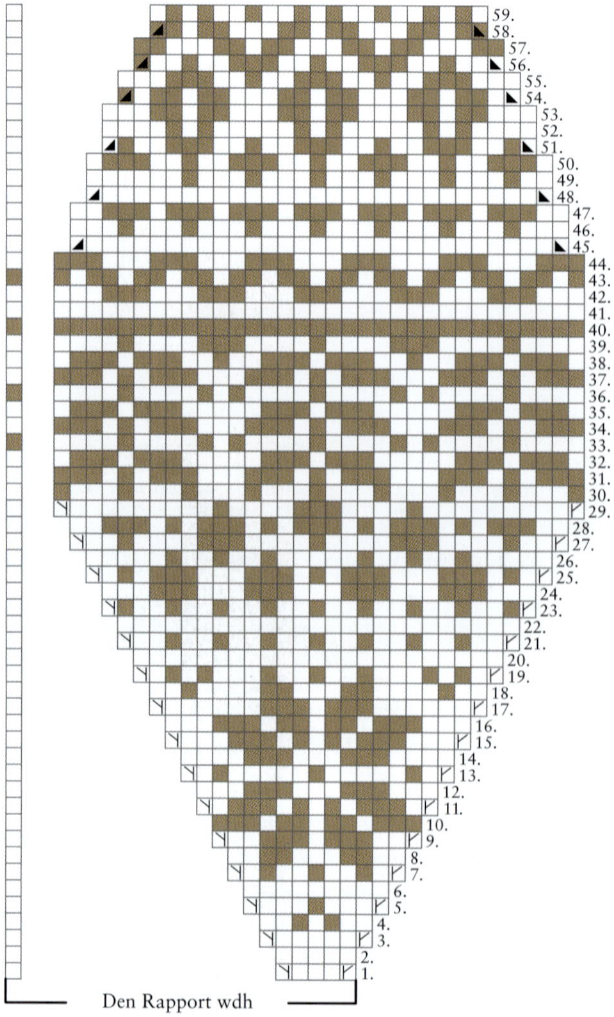

□ = 1 M re in Flachs

■ = 1 M re in Meeresstrand

◸ = 1 rechtsgeneigte Zunahme: den Querfaden zwischen 2 M von hinten auf die linke Nadel heben und von vorn re str

◹ = 1 linksgeneigte Zunahme: den Querfaden zwischen 2 M von vorn auf die linke Nadel heben und von hinten re str

◣ = 2 M wie zum Rechtsstricken abheben, beide M zurück auf die linke Nadel legen und in der Farbe des Kästchens re verschr zusstr

◢ = 2 M re zus in der Farbe des Kästchens

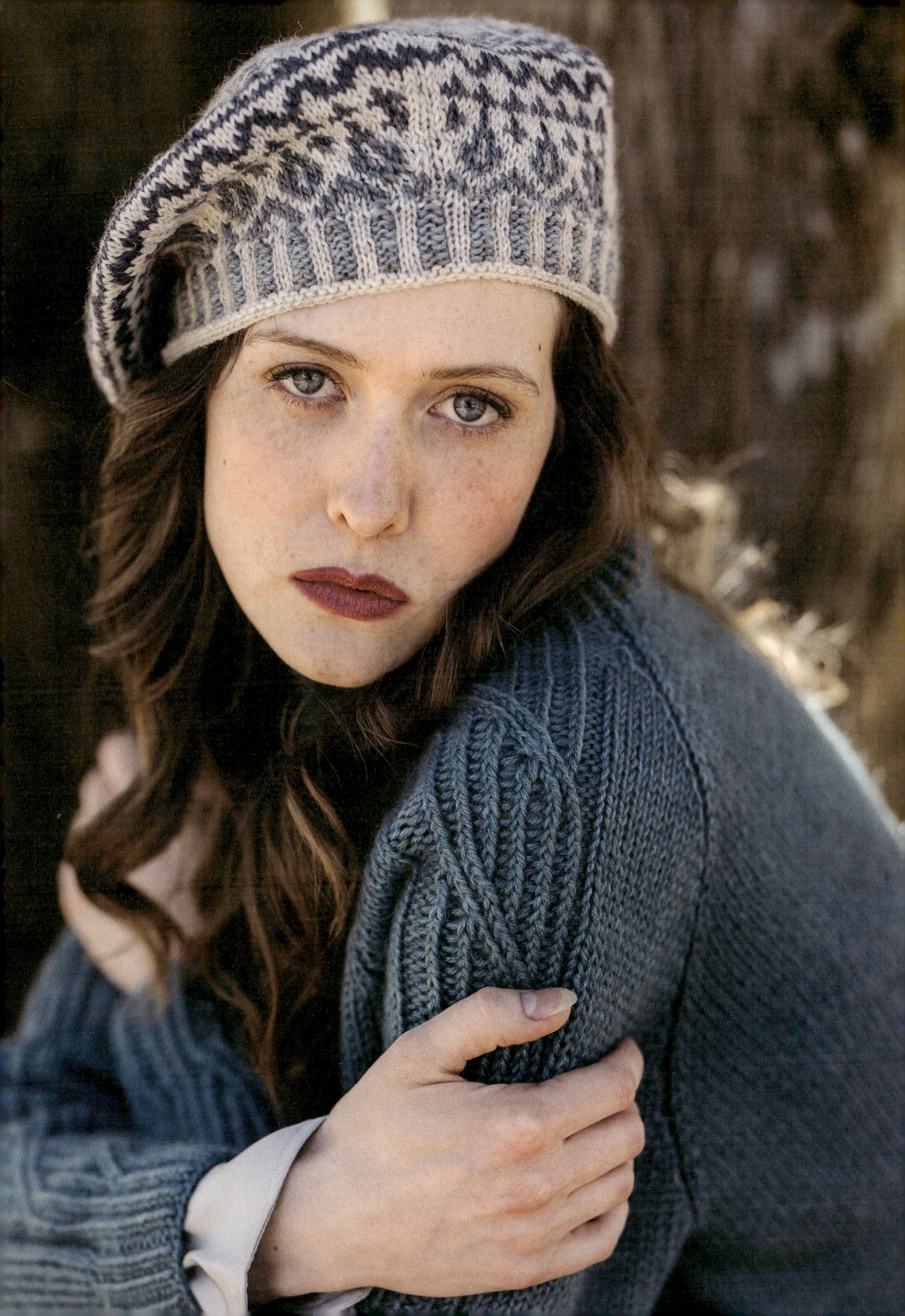

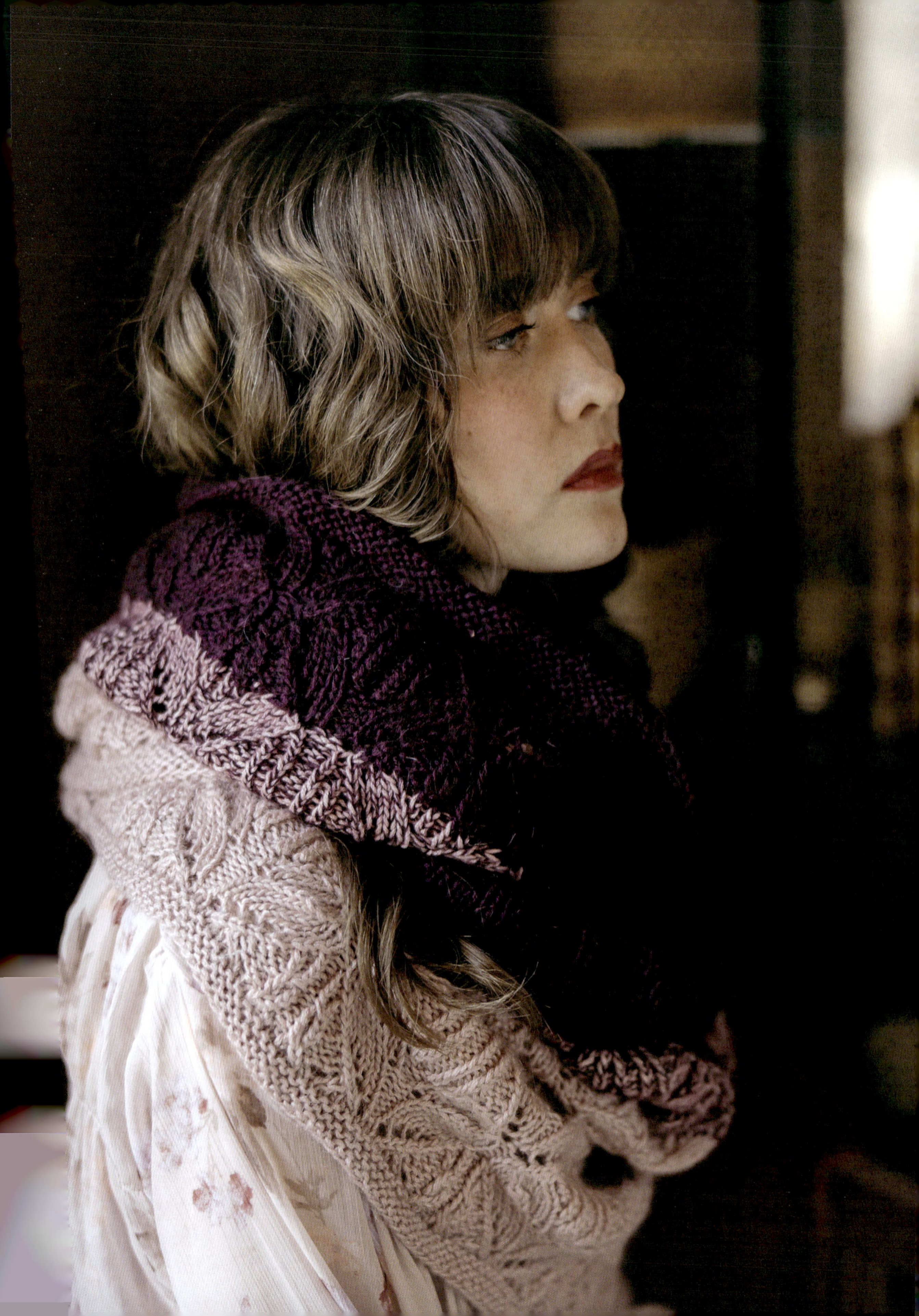

BLAUFLÜGLER

– SCHULTERTUCH

Das zarte und feminine, rechteckige Tuch wird durch das harmonische Farbenspiel noch lebendiger. Die Streifen entstehen durch das Zusammenstricken zweier verschiedener Garne, wobei das flauschige Mohairgarn Novita Tuuli das Strickstück angenehm weich macht. Das schöne Ajourmuster wird über die gesamte Fläche des Tuchs gearbeitet. Auf Wunsch kann auch einfarbig gestrickt werden.

GRÖSSE 180 cm × 60 cm
GARNVERBRAUCH
Novita Woolly Wood (70 % Modal, 30 % Merinowolle, LL = 225 m/100 g):
900 g Seidenpflanze (Fb 505)
und 300 g Akelei (Fb 596) sowie
Novita Tuuli (60 % Mohair, 40 % Viskose, LL = 225 m/25 g): 225 g Reflexion (Fb 604) und 75 g Weltall (Fb 589)
RUNDSTRICKNADELN 2× je 4–4,5 mm (oder entsprechend der eigenen Maschenprobe), je 80 cm lang
MUSTER
Kraus rechts: In Hinr und Rückr re M str.
Ajourmuster: Nach Strickschrift und Anleitung str.
MASCHENPROBE Breite eines Rapports (21 M) = 9,5 cm
HINWEIS Das Tuch wird quer und zweifädig mit je 1 Faden Woolly Wood und Tuuli gestrickt.

391 M zweifädig mit je 1 Faden Woolly Wood in Seidenpflanze und 1 Faden Tuuli in Reflexion anschlagen und 6 R kraus rechts str. Noch 1 Rückr wie folgt str:

5 M re, * 9 M li, 1 M li zun (= den Querfaden zwischen 2 M li verschr str), ab * noch 40× wdh, 12 M li und 5 M re. Die Arbeit hat jetzt 432 M.

Mit dem Ajourmuster ab der 1. R der Strickschrift beginnen: 5 M re, den Rapport von 21 M 20× arb, am linken Rand 2 M und 5 M re str. An beiden Rändern stets jeweils über 5 M kraus re und über die mittleren M das Ajourmuster str. Die 2.–28. R der Strickschrift arb, danach die 1.–28. R noch 2× wdh.

Den Mohairfaden in Reflexion abschneiden und die Farbe Weltall hinzunehmen. Wie zuvor weiter im Muster arb und die 1.–28. R der Strickschrift str. Den Woolly Wood-Faden in Seidenpflanze abschneiden und die Farbe Akelei hinzunehmen. Wie zuvor weiter im Muster arb und die 1.–28. R der Strickschrift str. Über alle M kraus rechts str, dabei in der 1. R in jedem Rapport 2 M abn (an den 2 li M und in der Mitte des Rapports) = 392 M. Insgesamt 6 R kraus rechts str und die M abketten.

FERTIGSTELLEN
Das Strickstück mit der linken Seite nach oben flach hinlegen, anfeuchten, in Form ziehen und liegend trocknen lassen.

Das fertige Tuch stets von Hand waschen.

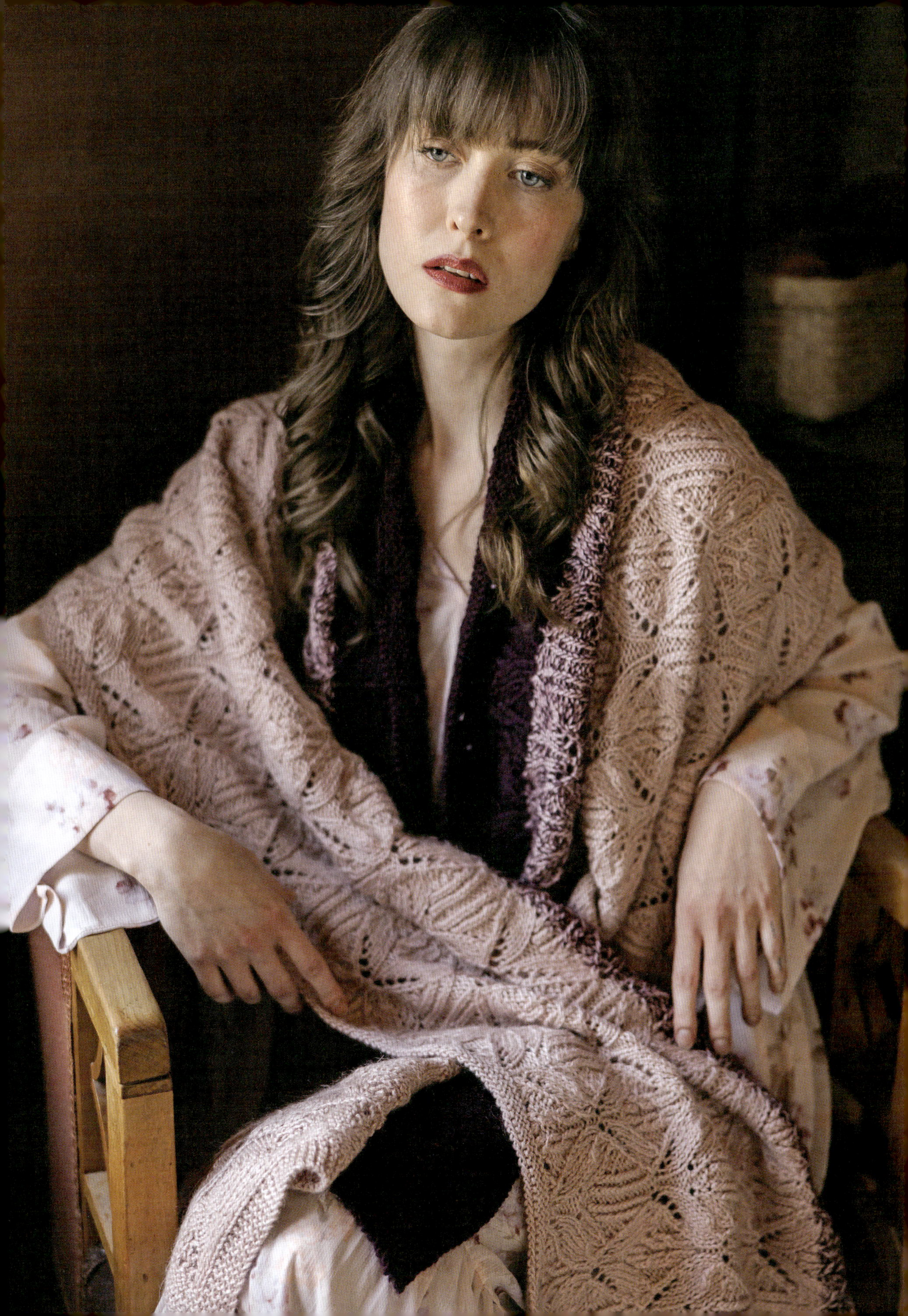

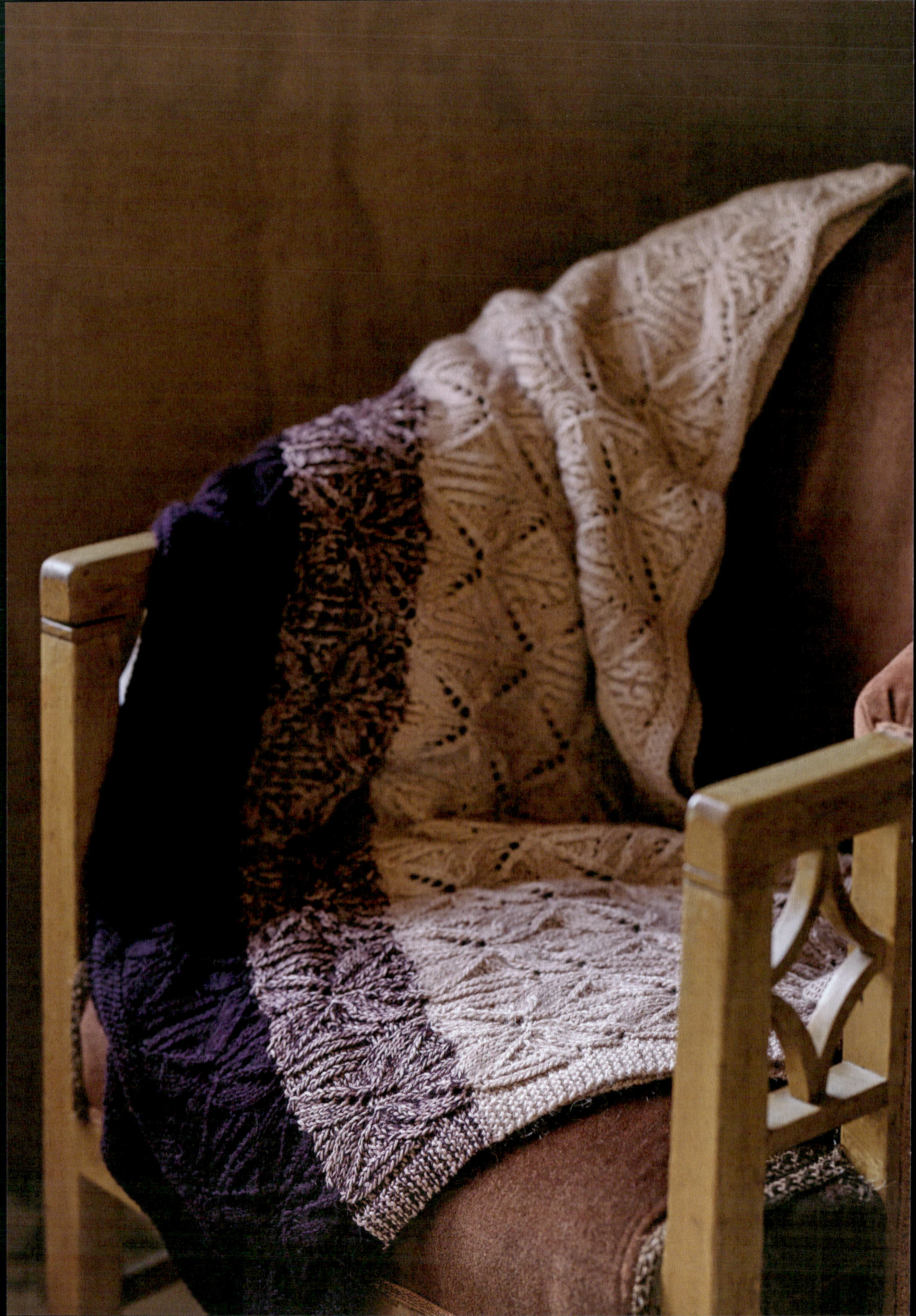

Strickschrift
Die 1.–28. R stets wdh

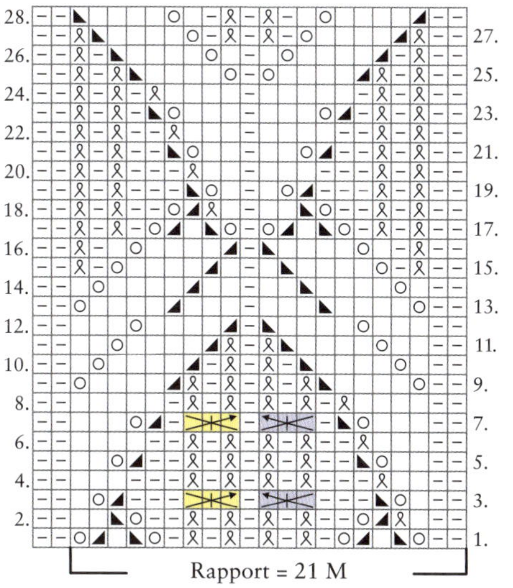

= 1 M glatt re: in Hinr re, in Rückr li str

= 1 M glatt li: in Hinr li, in Rückr re str

= 1 re verschr M: in Hinr re verschr, in Rückr li verschr str

= 1 Umschlag

= 1 rechtsgeneigte Zun: in Hinr 2 M re zus, in Rückr 2 M li zus

= 1 linksgeneigte Zun: in Hinr 2 M einzeln re abh und re verschr zusstr, in Rückr 2 M einzeln re abh und li verschr zus

= 1 M auf eine Hilfsnadel vor die Arbeit legen, 1 M auf eine Hilfsnadel hinter die Arbeit legen, 1 M re, die M der hinteren Hilfsnadel li und die M der vorderen Hilfsnadel re str

= 2 M auf eine Hilfsnadel hinter die Arbeit legen, 1 M re, die linksseitige M der Hilfsnadel auf die li Nadel legen und li str, die M der Hilfsnadel re str

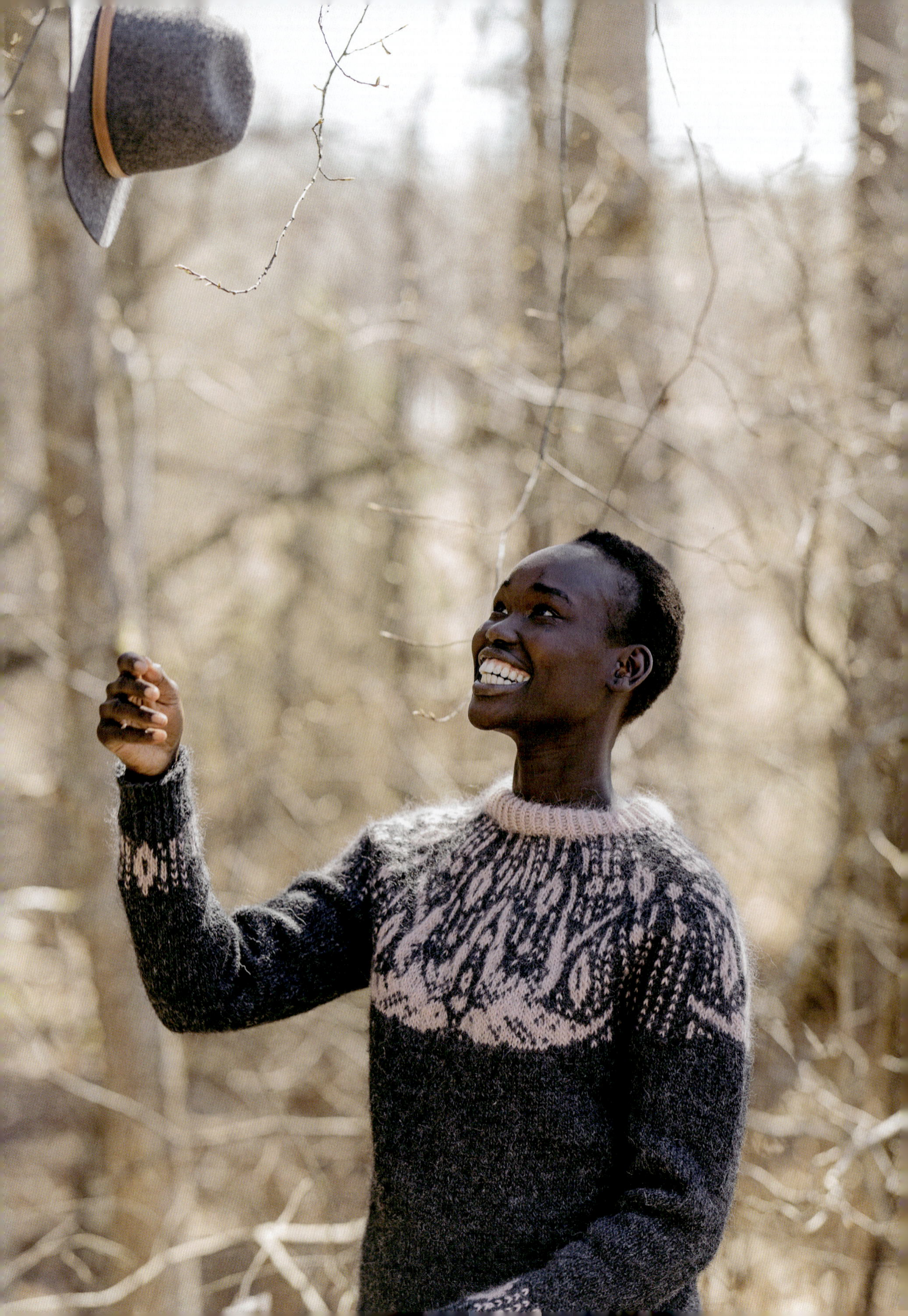

ICH BIN DEIN

– PULLOVER

Der prächtige Grobstrickpullover mit Vogelmotiv auf dem Vorder- und Rückenteil wird mit isländischer Wolle gestrickt. Dank der Eigenschaften des Garns ist das Kleidungsstück atmungsaktiv und warm. Der Bund und die Ärmel sind außerdem mit medaillonartigen Mustern verziert.

GRÖSSE XS (S) M (L) XL (XXL)
MASSE DES FERTIGEN STRICKSTÜCKS
Körperumfang 92 (100) 108 (116) 124 (132) cm
Länge in der vorderen/hinteren Mitte 65 (67) 69 (71) 73 (75) cm
Innere Ärmellänge 48 (49) 50 (50) 51 (52) cm
GARNVERBRAUCH
Novita Icelandic Wool (100 % Wolle, LL = 90 m/50 g): 450 (500) 550 (600) 650 (700) g Graphit (Fb 044) und 100 (150) 150 (200) 200 (250) g Seidenpflanze (Fb 505) sowie ein Stück Hilfsfaden in passender Stärke für den Anschlag des Halsbündchens
RUNDSTRICKNADELN 4,0 mm und 4,5 mm (oder entsprechend der eigenen Maschenprobe), jeweils 40 cm und 80 cm lang
NADELSPIELE 4,0 mm und 4,5 mm (oder entsprechend der eigenen Maschenprobe) für die Ärmel, wenn nicht mit der Magic Loop-Technik gearbeitet wird (siehe Seite 191)

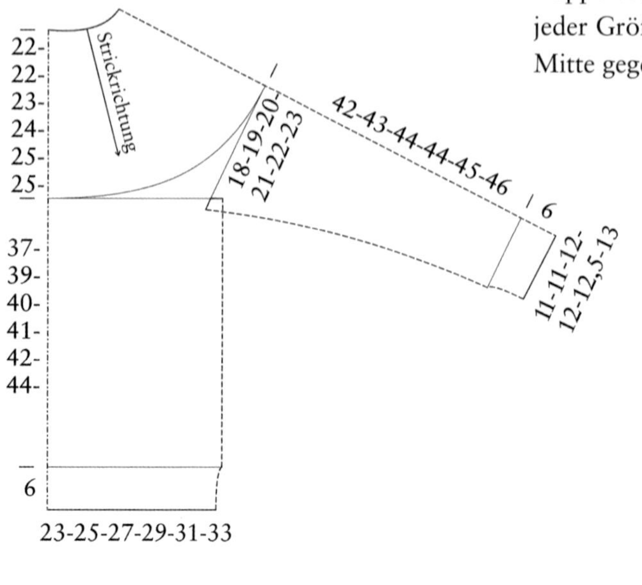

SONSTIGES Maschenmarkierer
MUSTER
Verschränktes Rippenmuster in Runden: * 1 M re verschr, 1 M li, ab * stets wdh.
Glatt rechts in Runden: Alle M in allen Rd re str.
Einstrickmuster in Runden: Glatt rechts nach Zählmuster und Anleitung str.

Spannfäden über mehr als 4 M auf der Rückseite der Arbeit miteinander verkreuzen, dabei die Verkreuzungen in der nächsten Rd/R an anderen Stellen vornehmen.
MASCHENPROBE 18 M und 26 Rd glatt rechts oder im Einstrickmuster mit den dickeren Nadeln = 10 cm × 10 cm
HINWEIS
Der Pullover wird nahtlos vom Halsausschnitt bis zum Bund und den Ärmelbündchen gestrickt. Die Strickrichtung ist in der Schnittskizze eingezeichnet. Das Motiv auf der Passe variiert aufgrund des großen Rapports geringfügig je nach Größe. In jeder Größe stehen sich die Vögel in der Mitte gegenüber.

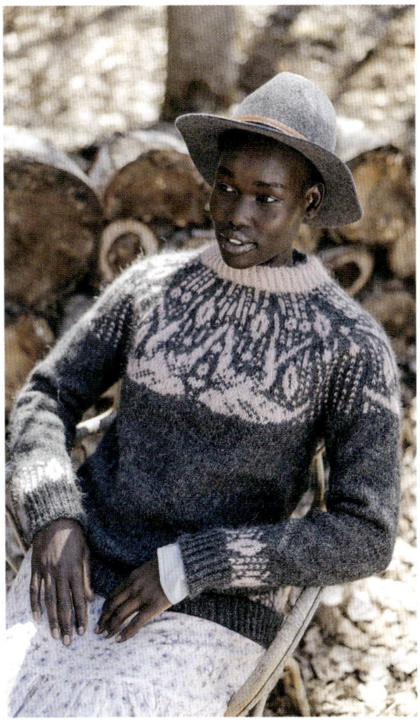

PASSE

Für das Halsbündchen 42 (44) 46 (48) 50 (52) M mit dem Hilfsfaden auf der dünneren Rundstricknadel (40 cm) anschlagen. Zur Rd schließen und zur Farbe Seidenpflanze wechseln.

1. Rd: * 1 M re, 1 Umschlag, ab * bis Rd-Ende wdh = 84 (88) 92 (96) 100 (104) M auf der Nadel.

2. Rd: * 1 M abh (Faden hinter der Arbeit), den Umschlag der Vor-Rd li str, ab * stets wdh.

3. Rd: * 1 M re, 1 M abh (Faden vor der Arbeit), ab * stets wdh.

Den Hilfsfaden entfernen und 4 cm im verschränkten Rippenmuster in Rd str, dabei den Rd-Beginn markieren.

Zu den dickeren Nadeln wechseln, 1 Rd re str, dabei gleichmäßig verteilt 6 (8) 20 (20) 24 (16) M zun = 90 (96) 112 (116) 124 (120) M.

Mit dem Einstrickmuster nach Zählmuster für die gewünschte Größe beginnen, dabei in der 1. Rd zwischen die Rapporte und die Keile jeweils 1 MM setzen.

Durch die MM ist es einfacher, dem Zählmuster zu folgen.

XS: * Das große Motiv (28 M + 4 Umschläge) nach Zählmuster I str, den Keil (2 M + 1 Umschlag) nach Zählmuster II str, ab * insgesamt 3× arb. Es wurden 15 M zugenommen und die Arbeit hat jetzt 105 M.

S: * Das große Motiv (28 M + 4 Umschläge) nach Zählmuster I str, den Keil (4 M) nach Zählmuster III, ab * 3× arb. Es wurden 12 M zugenommen und die Arbeit hat jetzt 108 M.

Zählmuster I
Die 1.–48. Rd nach Anleitung str

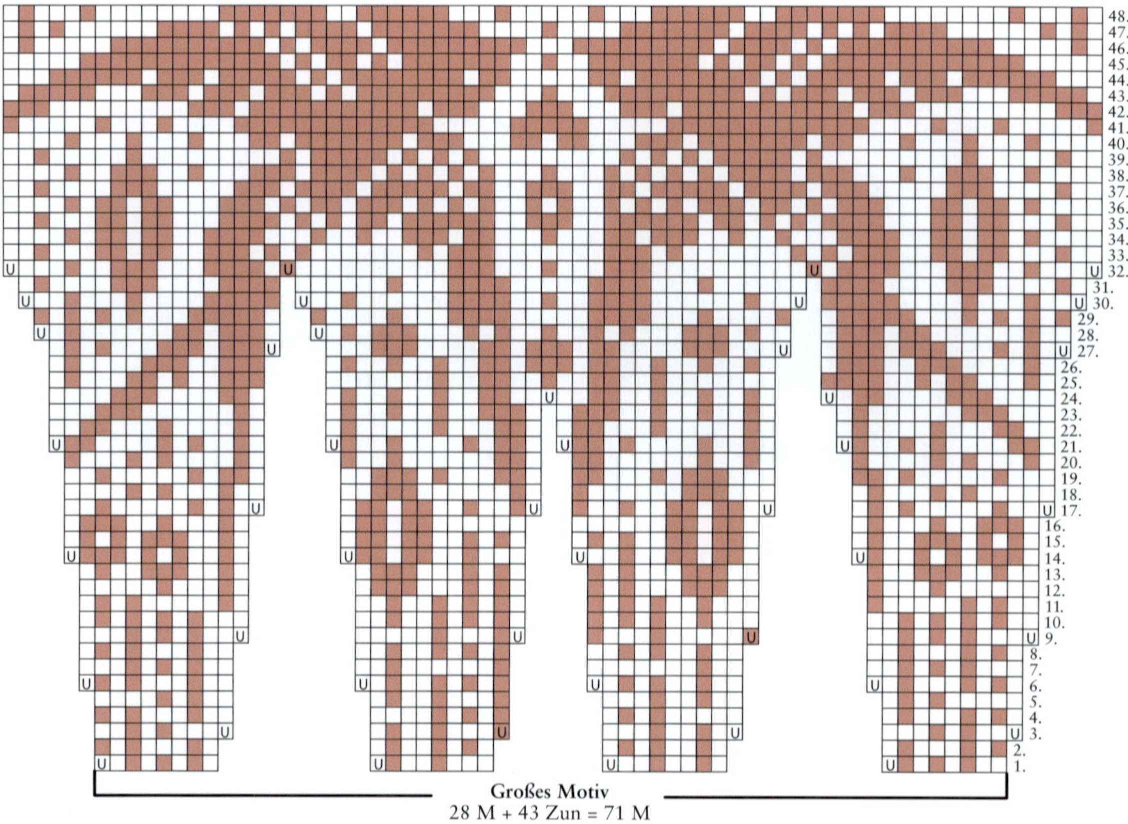

Großes Motiv
28 M + 43 Zun = 71 M

☐ = 1 M re in Graphit
■ = 1 M re in Seidenpflanze
U = 1 M aus dem Querfaden in der Farbe des Kästchens re verschr zun

Zählmuster II:
Größe XS und XXL

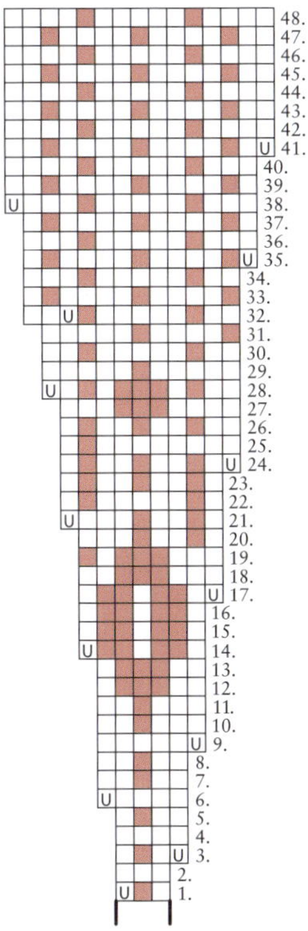

2 M + 13 Zun
= 15 M

Zählmuster III: Größe S

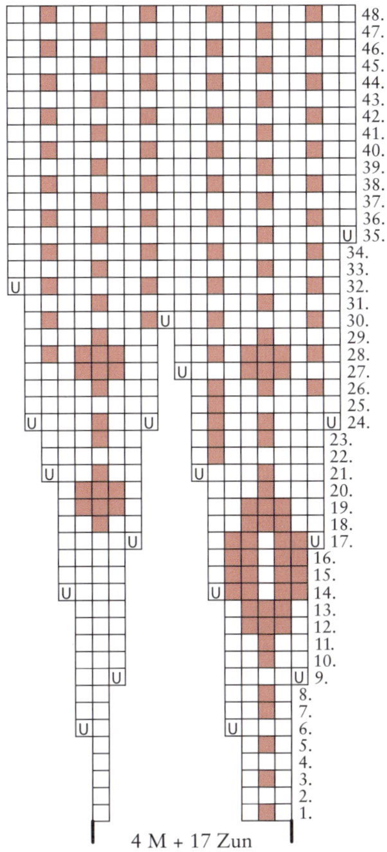

4 M + 17 Zun
= 21 M

Zählmuster IV:
Größe L

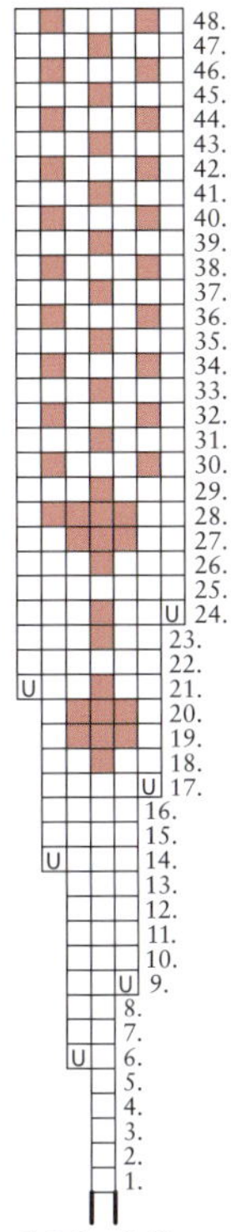

1 M + 6 Zun
= 7 M

Zählmuster V:
Größe XL

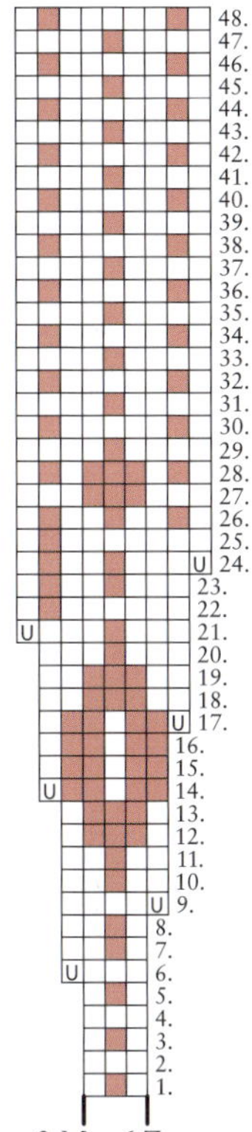

3 M + 6 Zun
= 9 M

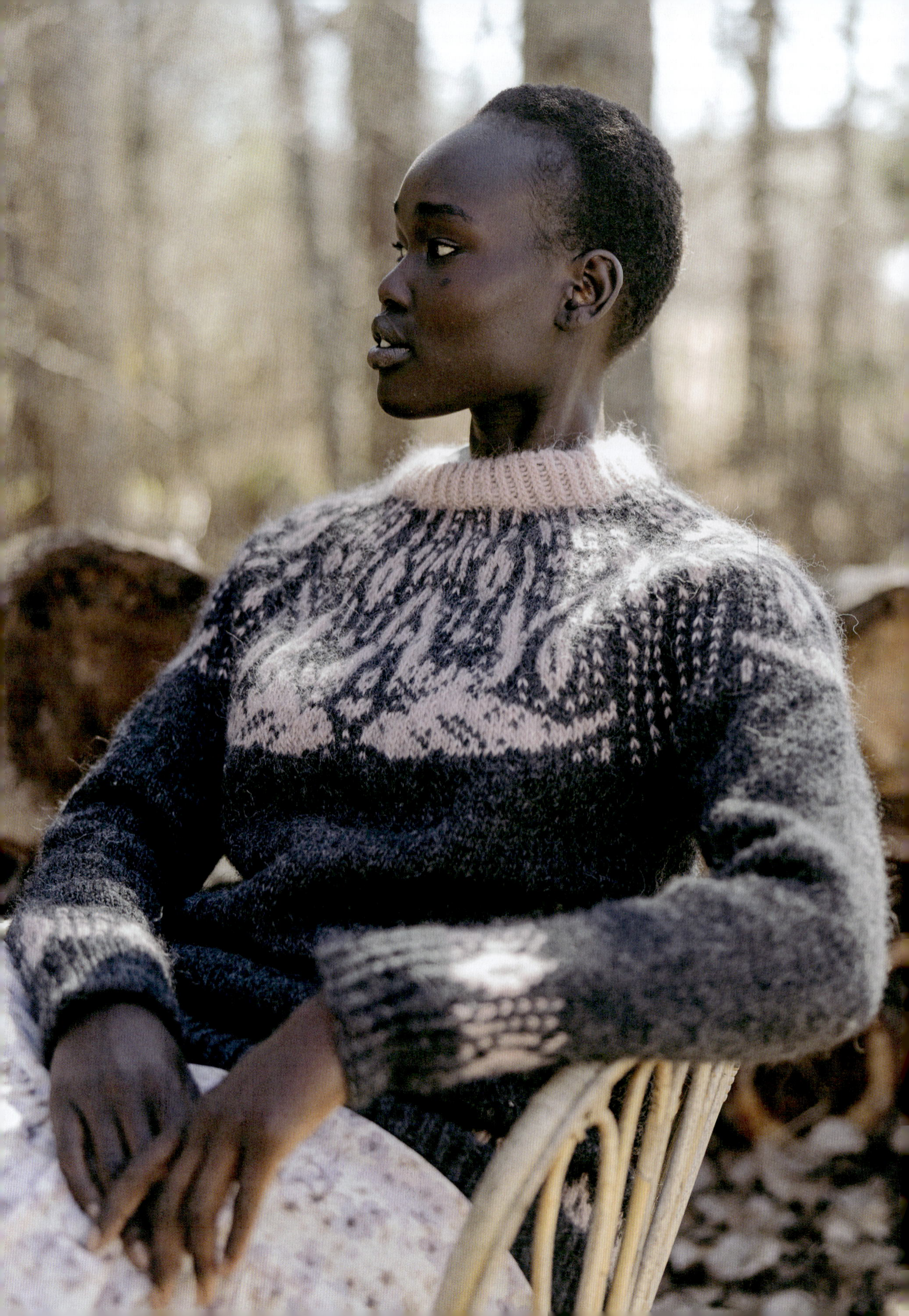

Zählmuster VI
Die 1.–12. Rd nach Anleitung str

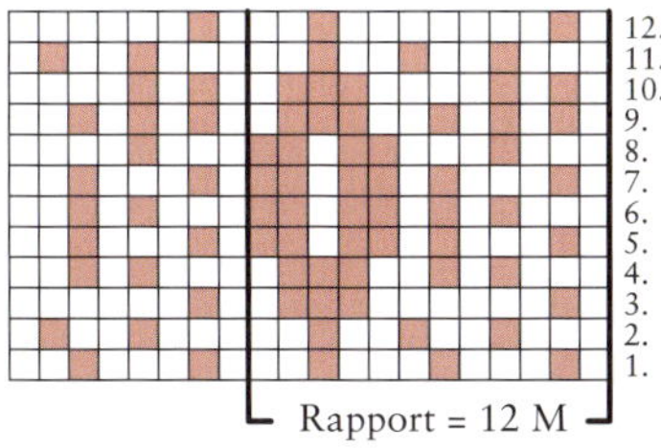

M: Das große Motiv (28 M + 4 Umschläge) nach Zählmuster I insgesamt 4× arb. Es wurden 16 M zugenommen und die Arbeit hat jetzt 128 M. In Größe M gibt es keinen Keil.

L: * Das große Motiv (28 M + 4 Umschläge) nach Zählmuster I str, den Keil (1 M) nach Zählmuster IV str, ab * insgesamt 4× arb. Es wurden 16 M zugenommen und die Arbeit hat jetzt 132 M.

XL: * Das große Motiv (28 M + 4 Umschläge) nach Zählmuster I str, den Keil (3 M) nach Zählmuster V str, ab * insgesamt 4× arb. Es wurden 16 M zugenommen und die Arbeit hat jetzt 140 M.

XXL: * Das große Motiv (28 M + 4 Umschläge) nach Zählmuster I str, den Keil (2 M + 1 Umschlag) nach Zählmuster II str, ab * insgesamt 4× arb. Es wurden 20 M zugenommen und die Arbeit hat jetzt 140 M.

Die 2.–48. Rd von Zählmuster I und die 2.–48. Rd von Zählmuster II (III) – (IV) V (II) str, dabei im großen Motiv und im Keil an den eingezeichneten Stellen zun. Wenn die kurze Rundstricknadel nicht mehr ausreicht, zur längeren Rundstricknadel wechseln.

Wenn das Einstrickmuster der Passe fertig ist, liegen 258 (276) 284 (312) 320 (344) M auf der Nadel. In Graphit glatt re in Rd str, dabei in der 1. Rd gleichmäßig verteilt 2 (4) 6 (0) 2 (0) M zun = 260 (280) 290 (312) 322 (344) M. Wenn die Passe ab der Anschlagskante gemessen 22 (22) 23 (24) 25 (25) cm hoch ist, das Strickstück in 4 Teile teilen. Den Faden abschneiden.

Die Teile mit MM kennzeichnen. Zunächst für das Vorderteil 75 (81) 85 (91) 97 (105) M abteilen und markieren, sodass sich das große Motiv, d. h. die einander zugewandten Vögel, in der Mitte befindet. Dann für die Ärmel an beiden Seiten des Vorderteils 55 (59) 60 (65) 64 (67) M markieren. Die restl. 75 (81) 85 (91) 97 (105) M sind für das Rückenteil.

In Graphit die 75 (81) 85 (91) 97 (105) Rückenteil-M str, die 55 (59) 60 (65) 64 (67) M für den ersten Ärmel auf einem Hilfsfaden stilllegen, für das **Armloch** 9 (9) 13 (13) 16 (17) neue M anschlagen, die 75 (81) 85 (91) 97 (105) Vorderteil-M str, die 55 (59) 60 (65) 64 (67) M für den zweiten Ärmel auf einem Hilfsfaden stilllegen und für das zweite Armloch 9 (9) 13 (13) 16 (17) neue M anschlagen.

UNTERES VORDER- UND RÜCKENTEIL

Über 168 (180) 196 (208) 226 (244) M bis zu einer Höhe von 31 (33) 34 (35) 36 (38) cm ab Armloch glatt re in Rd str. Noch 1 Rd str, dabei gleichmäßig verteilt für die Größe M, L und XXL 4 M abn und für die Größe XL 2 M zun = 168 (180) 192 (204) 228 (240) M.

Mit dem Einstrickmuster ab der 1. Rd nach Zählmuster VI beginnen und den Rapport von 12 M 14× (15×) 16× (17×) 19× (20×) wdh. Die 2.–12. Rd des Zählmusters str.

In Graphit 1 Rd re str, zu den dünneren Nadeln wechseln und 6 cm im verschränkten Rippenmuster arb. Im Musterverlauf abketten.

ÄRMEL

Die stillgelegten 55 (59) 60 (65) 64 (67) M eines Ärmels auf das dickere Nadelspiel heben und zusätzlich aus den für das Armloch angeschlagenen M 9 (9) 12 (13) 16 (17) M auffassen = 64 (68) 72 (78) 80 (84) M. Den Rd-Übergang in der Mitte der aus dem Armloch aufgefassten M mit einem MM markieren. In Graphit weiter glatt re in Rd str.

Bei einer Ärmellänge von 6 (2) 3 (2) 6 (4) cm ab Armloch an beiden Seiten des MM mit den Abnahmen beginnen: Am Rd-Ende 2 M re verschr zus und am nächsten Rd-Beginn 2 M re zus. Die Abn alle 3 (3) 2,5 (2,5) 2 (2) cm wdh, insgesamt 10× (12×) 14× (15×) 16× (18×) str = 44 (44) 44 (48) 48 (48) M auf der Nadel.

Bei einer Ärmellänge von 36 (37) 38 (38) 39 (40) cm ab Armloch mit dem Einstrickmuster ab der 1. Rd nach Zählmuster VI beginnen: Den Rapport von 12 M 3× (3×) 3× (4×) 4× (4×) wdh, dabei am linken Rand 8 (8) 8 (0) 0 (0) M str. Die 2.–12. Rd des Zählmusters arb. Das Motiv ist ca. 6 cm hoch.

In Graphit 1 Rd re str, dabei gleichmäßig verteilt 2 (2) 0 (4) 2 (2) M abn = 42 (42) 44 (44) 46 (46) M. Zu den dünneren Nadeln wechseln und 6 cm im verschränkten Rippenmuster str. Im Musterverlauf abketten. Den **zweiten Ärmel** ebenso arb.

FERTIGSTELLEN

Das Strickstück mit der Innenseite nach außen flach hinlegen, anfeuchten, in Form ziehen und liegend trocknen lassen.

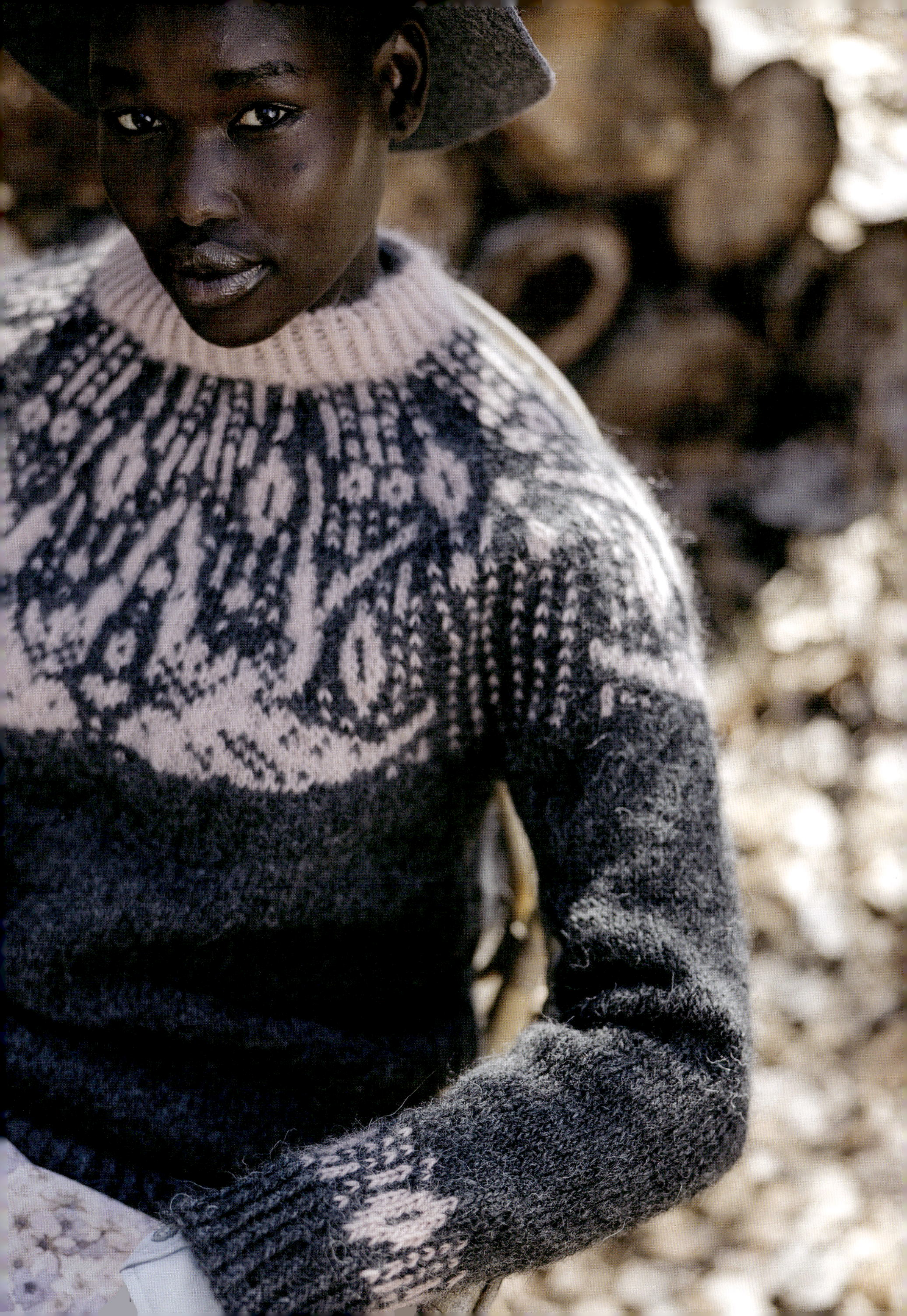

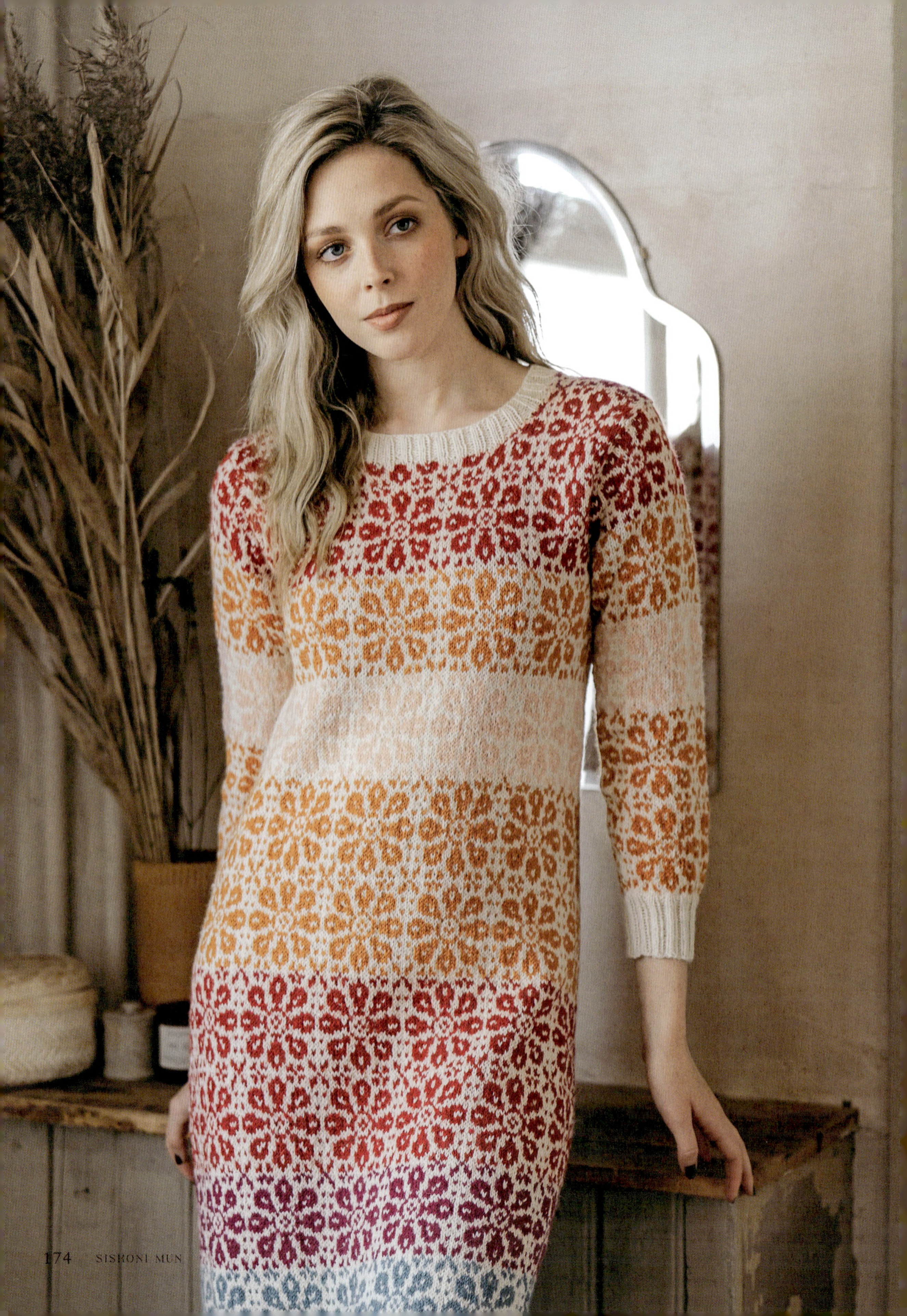

SETZLINGE

– KLEID

Das mehrfarbige Kleid aus dem Garn Novita Nalle ist ein echter Hingucker. Das gesamte Strickstück ist mit einem ornamentalen Blumenmuster übersät. Das frische Farbspektrum verleiht dem Modell eine persönliche Note, wer es jedoch schlichter mag, kann das Kleid auch zweifarbig stricken, was einen modernen Grafiklook ergibt.

GRÖSSE XS (S) M (L) XL
MASSE DES FERTIGEN STRICKSTÜCKS
Körperumfang 84 (92) 100 (108) 116 cm
Länge 104 (106) 107 (109) 111 cm
Innere Ärmellänge 45 (46) 47 (48) 49 cm
GARNVERBRAUCH
Novita Nalle (75 % Schurwolle, 25 % Polyamid, LL = 260 m/100 g): 350 (400) 450 (500) 550 g Naturweiß (Fb 010), 150 (200) 200 (250) 300 g Preiselbeere (Fb 523), 150 (150) 200 (250) 300 g Schneckling (Fb 650), 100 (100) 150 (150) 200 g Nelke (Fb 780), 50 (50) 100 (100) 100 g Tropfen (Fb 183) und 100 (100) 100 (150) 150 g Traum (Fb 519).
RUNDSTRICKNADELN 3 mm und 3,5–4 mm (oder entsprechend der eigenen Maschenprobe), 80 cm lang
NADELSPIELE 3 mm und 3,5–4 mm (oder entsprechend der eigenen Maschenprobe) für die Ärmel
RUNDSTRICKNADEL 3,0 mm (oder entsprechend der eigenen Maschenprobe), 40 cm lang für das Halsbündchen. Ärmel und Halsbündchen können alternativ auch mit der Magic Loop-Technik gearbeitet werden (siehe Seite 191)
MUSTER
Glatt rechts in Runden: Alle M in allen Rd re str.
Glatt rechts in Reihen: In Hinr re M und in Rückr li M str.
Einstrickmuster: Glatt rechts nach Zählmuster und Anleitung str.

Spannfäden über mehr als 4 M auf der Rückseite der Arbeit miteinander verkreuzen, dabei die Verkreuzungen in der nächsten Rd/R an anderen Stellen vornehmen.
Rippenmuster in Runden: * 2 M re, 2 M li, ab * stets wdh.
MASCHENPROBE 26 M und 28 Rd im Einstrickmuster mit den dickeren Nadeln = 10 cm × 10 cm

ROCKTEIL

Rücken- und Vorderteil werden bis zu den Armlöchern in einem Stück gestrickt.

264 (284) 308 (328) 352 M in Naturweiß auf den dünneren Nadeln anschlagen, zur Rd schließen und 4 cm im Rippenmuster in Rd str.

Zu den dickeren Nadeln wechseln und 1 Rd re str, dabei gleichmäßig verteilt 0 (2) 0 (2) 0 M zun = 264 (286) 308 (330) 352 M. Am Rd-Übergang sowie an der Seitenlinie nach der Hälfte der M je 1 MM setzen.

Den Faden in Nelke hinzunehmen und ab der 1. Rd nach Zählmuster mit dem Einstrickmuster beginnen. An der durch den Pfeil markierten Stelle am unteren Rand des Zählmusters beginnen, d. h. vor dem

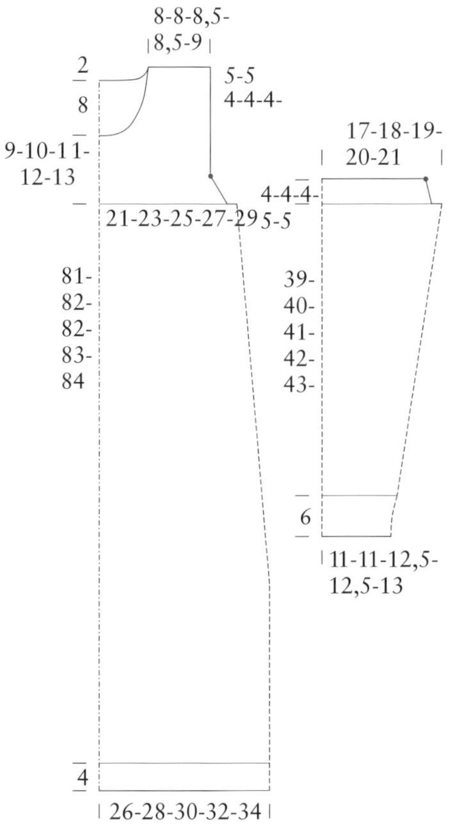

Rapport 11 (5) 11 (5) 11 M str und den Rapport von 22 M stets wdh. Der Rapport wiederholt sich 12× (13×) 14× (15×) 16×, dabei wird in der Mitte eine ganze Blume platziert. Mit Nelke noch die 2.–24. Rd str.

Nun in Streifen weiterarb:

Die Farbe Nelke durch die Farbe Tropfen ersetzen und die 1.–24. Rd des Zählmusters str.

Die Farbe Tropfen wieder durch die Farbe Nelke ersetzen und die 1.–24. Rd des Zählmusters str.

Die Farbe Nelke durch die Farbe Preiselbeere ersetzen und die 1.–24. Rd des Zählmusters 2× str.

Die Farbe Preiselbeere durch die Farbe Schneckling ersetzen und die 1.–24. Rd des Zählmusters 2× str.

Die Farbe Schneckling durch die Farbe Traum ersetzen und die 1.–24. Rd des Zählmusters str.

Die Farbe Traum wieder durch die Farbe Schneckling ersetzen und die 1.–24. Rd des Zählmusters str.

Die Farbe Schneckling durch die Farbe Preiselbeere ersetzen und die 1.–24. Rd des Zählmusters 2× str.

Die Farbe Preiselbeere wieder durch die Farbe Nelke ersetzen und die Arbeit im Einstrickmuster zu Ende str.

In einer Höhe von 39 (40) 40 (41) 41 (42) cm **an beiden Seiten** der MM 1 M wie folgt abn: 1 M re, 1 Überzug (= 1 M abh, 1 M re und die abgehobene M über die gestrickte M ziehen). Bis 3 M vor dem nächsten MM str, 2 M re zus, 1 M re, MM abh, 1 M re, 1 Überzug, bis 3 M vor Rd-Ende str, 2 M re zus, 1 M re, MM abh.

Die Abnahmen alle 4 cm noch 10× (10×) 11× (11×) 11× wdh = 220 (242) 260 (282) 304 M. In einer Höhe von 85 (86) 86 (87) 88 cm die Arbeit ab dem Rd-Übergang in Vorder- bzw. Rückenteil einteilen = 110 (121) 130 (141) 152 M pro Teil. Die Vorderteil-M stilllegen.

OBERES RÜCKENTEIL

Die 110 (121) 130 (141) 152 Rückenteil-M weiter gestreift im Einstrickmuster in R str. Für die Armlöcher an beiden Seiten in jeder 2. R 1× 5 (5) 5 (6) 6 M und 6× (6×) 6× (7×) 7× 1 M abketten = 88 (99) 108 (115) 126 M.

In einer Höhe von 17 (18) 19 (20) 21 cm ab Armloch für den Halsausschnitt die mittleren 34 (35) 36 (37) 36 M abketten und beide Seiten getrennt beenden. Dafür Für die Ausschnittrundung in jeder 2. R 2× 2 M abketten.

In einer Höhe von 19 (20) 21 (22) 23 cm ab Armloch für die Schulter die restlichen 23 (28) 32 (35) 41 M abketten.

Die **andere Seite** gegengleich str.

VORDERTEIL

Wie das Rückenteil arb, jedoch bereits in einer Höhe von 9 (10) 11 (12) 13 cm ab Armloch die mittleren 26 (27) 28 (29) 28 M für den Halsausschnitt stilllegen und beide Seiten getrennt beenden. Dabei für die Ausschnittrundung in jeder 2. R 1× 3 M, 1× 2 M und 3× 1 M abketten.

In einer Höhe von 19 (20) 21 (22) 23 cm ab Armloch für die Schulter die restlichen 23 (28) 32 (35) 41 M abketten.

Die **andere Seite** gegengleich str.

ÄRMEL

60 (60) 64 (64) 68 M in Naturweiß auf dem dünneren Nadelspiel anschlagen und 6 cm im Rippenmuster in Rd str.

Zu den dickeren Nadeln wechseln, 1 Rd re str, dabei gleichmäßig verteilt 7 M zun = 67 (67) 71 (71) 75 M.

Zunächst 39 (40) 41 (42) 43 cm ab dem Armlochbeginn am Kleid nach unten abmessen und markieren. Hier beginnt der Streifen für den Ärmel. Die Mitte des Ärmelmusters

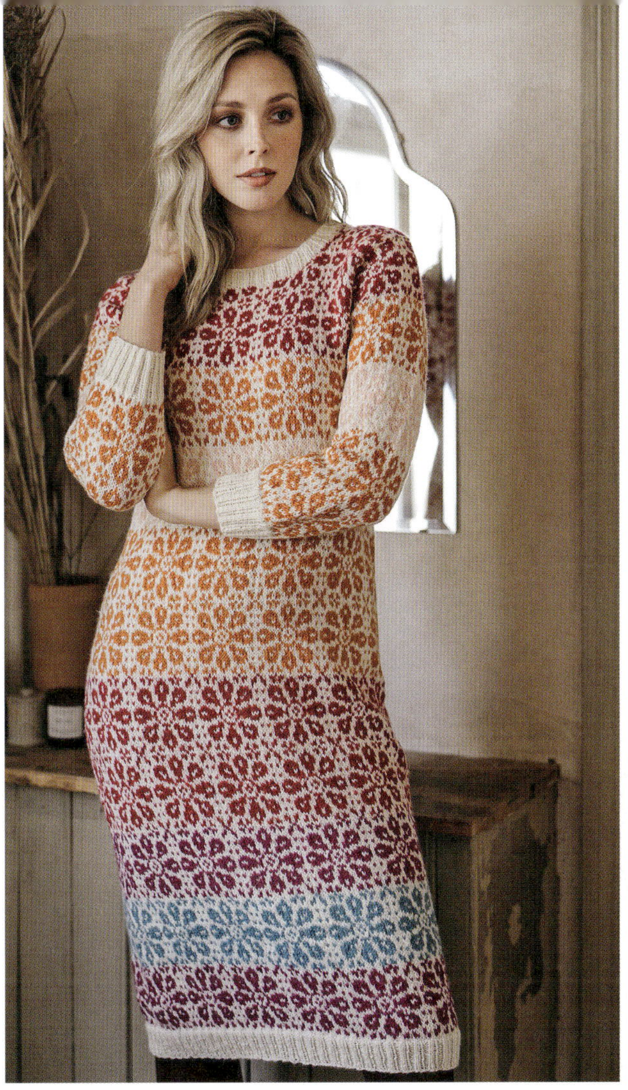

ist mit einem Pfeil am unteren Rand des Zählmusters gekennzeichnet. Von hier aus den Anfang des Musters berechnen.

Das Einstrickmuster gestreift in Übereinstimmung mit den Streifen am Kleid weiterstr.

Bei einer Ärmellänge von 11 (7) 10 (7) 9 cm an beiden Seiten des Rd-Beginns 1 M wie folgt zun: Am Rd-Beginn 1 M str, 1 M mustergemäß zun (= den Querfaden zwischen 2 M re verschr str), bis 1 M vor Rd-Ende str, 1 M mustergemäß zun, 1 M str. Die Zun alle 3 (3) 2,5 (2,5) 2 cm noch 10× (12×) 13× (16×) 17× wdh = 89 (93) 99 (105) 111 M.

Bei einer Ärmellänge von 45 (46) 47 (48) 49 cm am Ende der nächsten Rd 1×5 (5) 5 (6) 6 M und am Anfang der folgenden Rd 5× (5×) 5× (6×) 6× 1 M abketten.

Das Einstrickmuster in R weiterstr und an beiden Rändern in jeder 2. R noch 6× (6×) 6× (7×) 7× 1 M abn. Die übrigen M abketten.

Den **zweiten Ärmel** genauso str.

FERTIGSTELLEN

Die Teile mit der Innenseite nach außen flach hinlegen, anfeuchten, in Form ziehen und liegend trocknen lassen.

Die Schulternähte schließen.

Halsbündchen: Die für den Halsausschnitt stillgelegten M auf die Rundstricknadel heben und dazu noch M aus dem Halsausschnitt auffassen, sodass insgesamt 108 (108) 112 (112) 116 M auf der Nadel liegen, dabei an einer Schulter beginnen.

3 Rd in Naturweiß im Rippenmuster in Rd arb und im Musterverlauf abketten.

Die Ärmel einsetzen.

Zählmuster
Die 1.–24. Rd stets wdh

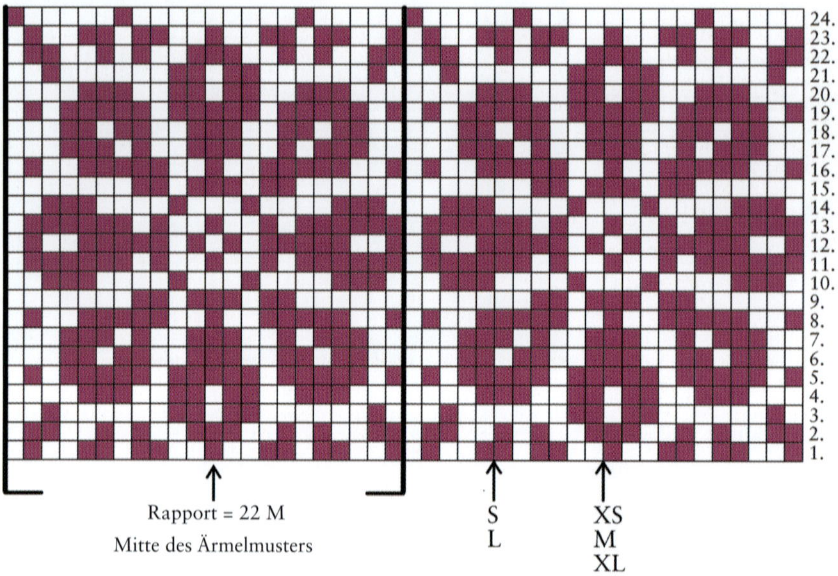

☐ = 1 M re in Naturweiß

■ = 1 M re in der Farbe, die die Anleitung beschreibt

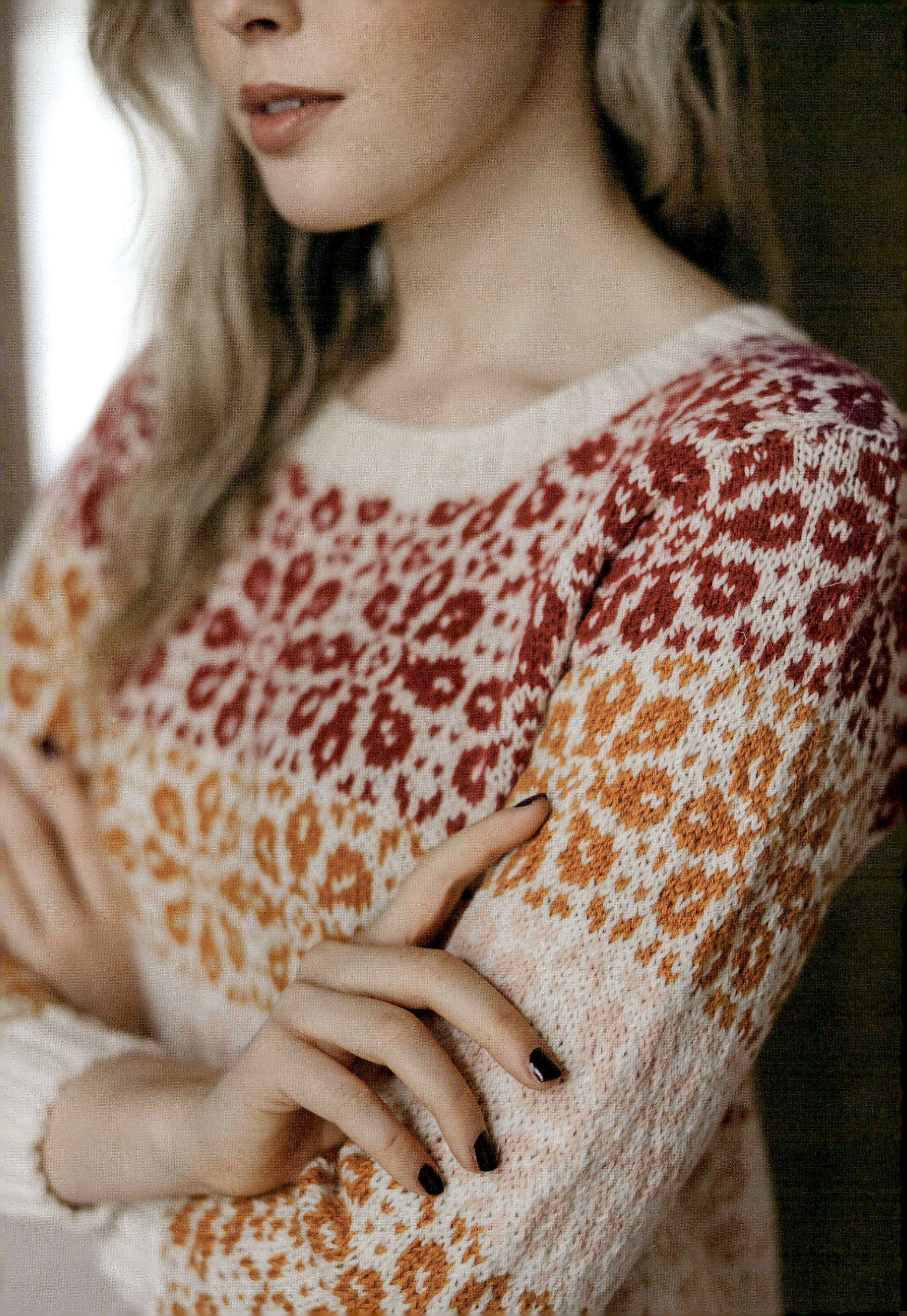

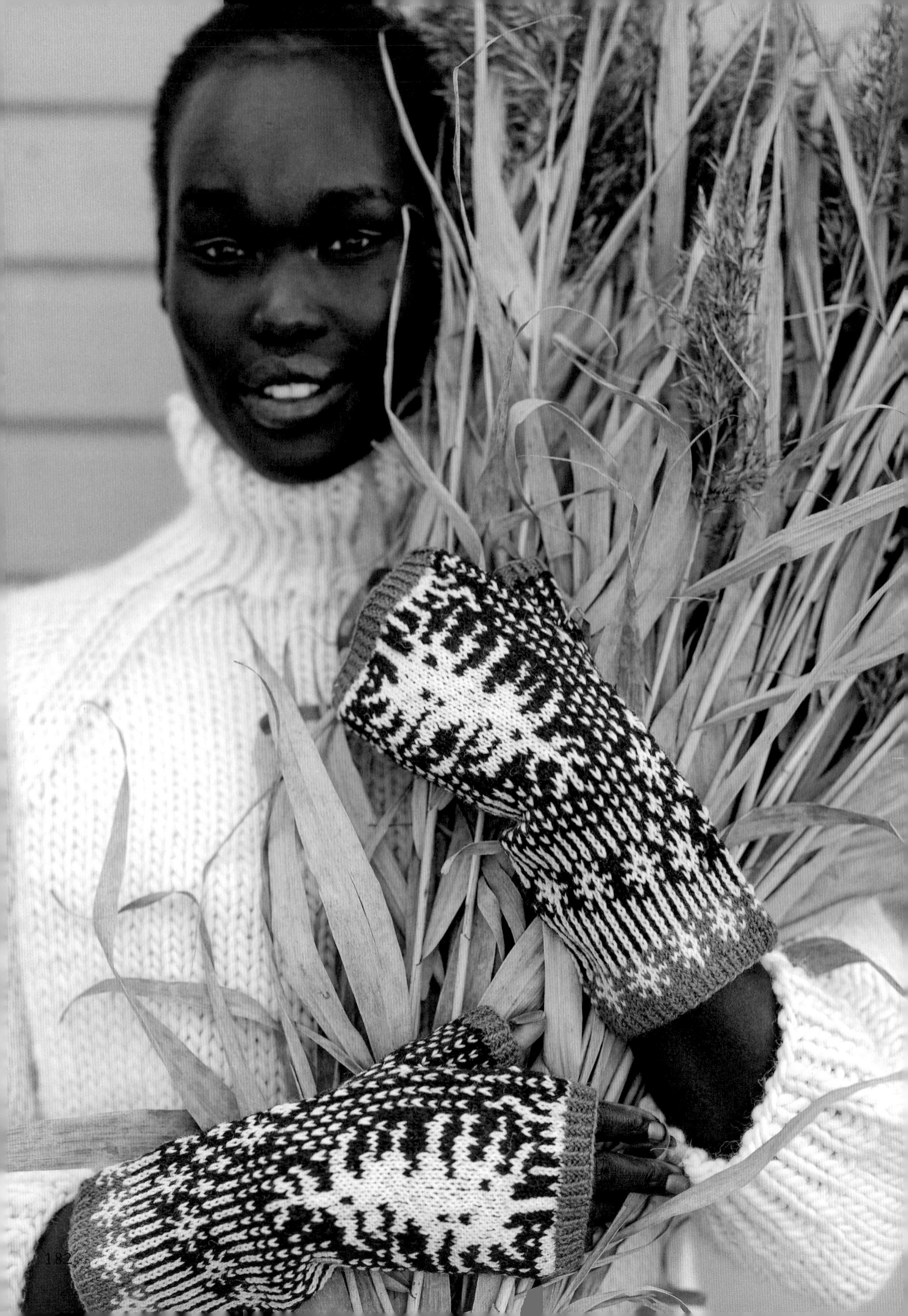

AM TIILIKKA-SEE
– HANDSTULPEN

Die an den Fingerspitzen offenen Handstulpen haben ein wunderschönes Muster, das den blauen Himmel und die Schneeflocken eines Wintertages zeigt. Das zarte Motiv befindet sich auf der Handinnenfläche als auch auf dem Handrücken. Die kontrastfarbenen Bündchen bilden einen schönen Rahmen für die verschneite Landschaft.

Zählmuster I

Die 1.–72. Rd 1× arb

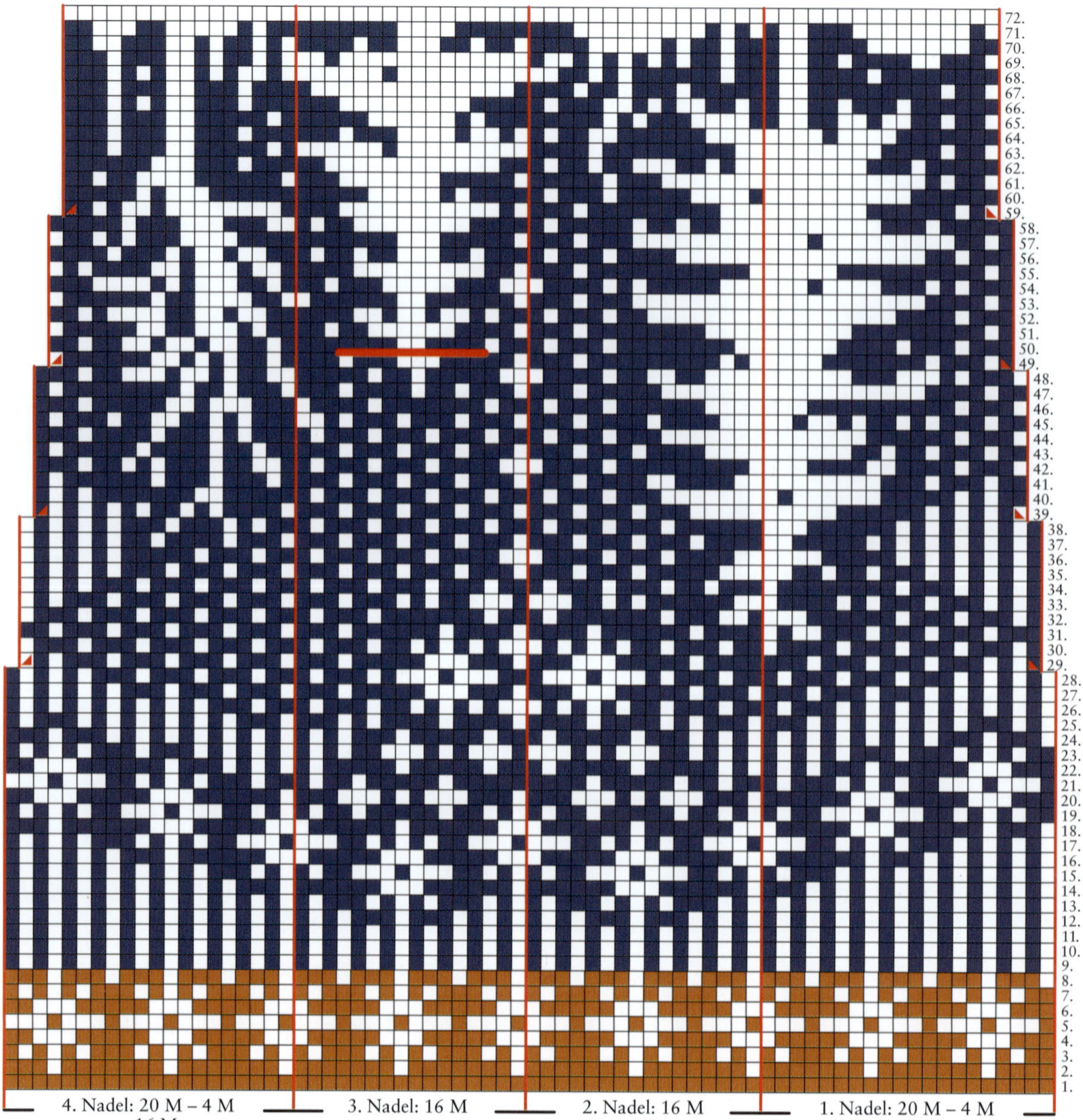

□ = 1 M re in Naturweiß

■ = 1 M re in Marine

■ = 1 M re in Hafer

◢ = 2 M re zus in der Farbe des Kästchens

◣ = 1 M re abh, 1 M re in der Farbe des Kästchens, die abgehobene M über die gestrickte M ziehen

GRÖSSE Damengröße
GARNVERBRAUCH
Novita Venla (75 % Wolle, 25 % Polyamid, LL = 420 m/100 g): je 50 g Marine (Fb 170), Naturweiß (Fb 010) und Hafer (Fb 658)
NADELSPIEL 2,5 mm (oder entsprechend der eigenen Maschenprobe)
MUSTER
Verschränktes Rippenmuster in Runden: * 1 M re verschr, 1 M li, ab * stets wdh.
Glatt rechts in Runden: Alle M in allen Rd re str.
Einstrickmuster in Runden: Nach Zählmuster und Anleitung str.

Spannfäden über mehr als 5 M auf der Rückseite der Arbeit miteinander verkreuzen, dabei die Verkreuzungen in der nächsten Rd an anderen Stellen vornehmen.

MASCHENPROBE 31 M im Einstrickmuster = 10 cm

RECHTE HANDSTULPE

72 M in Hafer auf dem Nadelspiel anschlagen, auf den 4 Nadeln verteilen (20 M, 16 M, 16 M und 20 M) und zur Rd schließen. Der Rd-Übergang liegt zwischen der 1. und 4. Nadel am äußeren Rand. 4 Rd im verschränkten Rippenmuster str.

Mit dem Einstrickmuster ab der 1. Rd nach Zählmuster I beginnen und den Rapport von 72 M str. Die **1.–49. Rd** des Zählmusters arb, dabei in der **29.**, **39.** und **49. Rd** am Rd-Anfang und am Rd-Beginn jeweils 1 M abn = 66 M.

Die **50. Rd** des Zählmusters mit der 1. und 2. Nadel str, am Anfang der 3. Nadel 3 M re und die nächsten 10 M für das Daumenloch in einer Kontrastfarbe str, siehe rote Markierung im Zählmuster. Die M zurück auf die 3. Nadel heben und die Rd nach Zählmuster fertig str. Die **51.–72. Rd** des Zählmusters str. In der **59. Rd** am Rd-Anfang und am Rd-Beginn jeweils 1 M abn = 64 M. Auf jeder Nadel liegen jetzt 16 M.

In der Farbe Hafer 1 Rd re und 4 Rd im verschränkten Rippenmuster arb. Im Musterverlauf abketten.

LINKE HANDSTULPE

Wie die rechte Handstulpe str, jedoch nach Zählmuster II. Das Daumenloch 3 M vor dem Ende der 2. Nadel arb, siehe rote Markierung im Zählmuster.

DAUMEN

Den Kontrastfaden entfernen und 10 M aus der oberen und unteren Kante des Daumenlochs aufnehmen. Dazu an beiden Seiten des Daumens noch zusätzliche M aufnehmen, sodass der Daumen insgesamt 28 M hat. Die M auf 4 Nadel verteilen (= 7 M pro Nadel). Mit dem Einstrickmuster ab der 1. Rd von Zählmuster III beginnen und den Rapport von 4 M 7× arb. Die 2. Rd str, dann die 1.–2. Rd wdh, bis der Daumen ca. 3 cm hoch ist. 1 Rd re in Marine str, zur Farbe Hafer wechseln und 1 Rd re und 4 Rd im verschränkten Rippenmuster str. Im Musterverlauf abketten.

FERTIGSTELLEN

Die fertigen Handstulpen leicht dämpfen.

Zählmuster II
Die 1.–72. Rd 1× arb

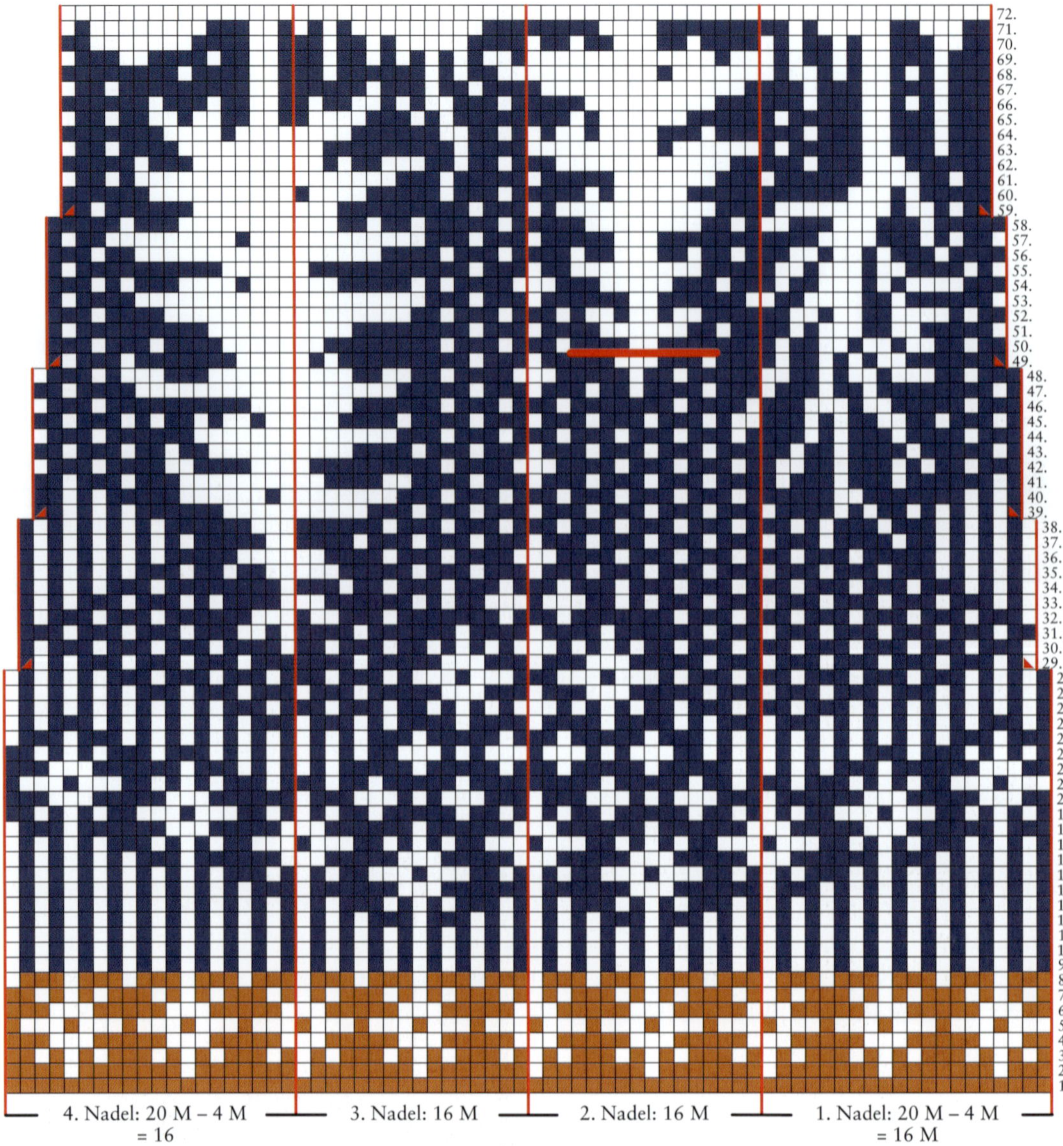

Zählmuster III
Die 1.–2. Rd stets wdh

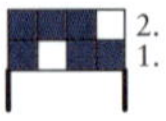

Rapport = 4 M

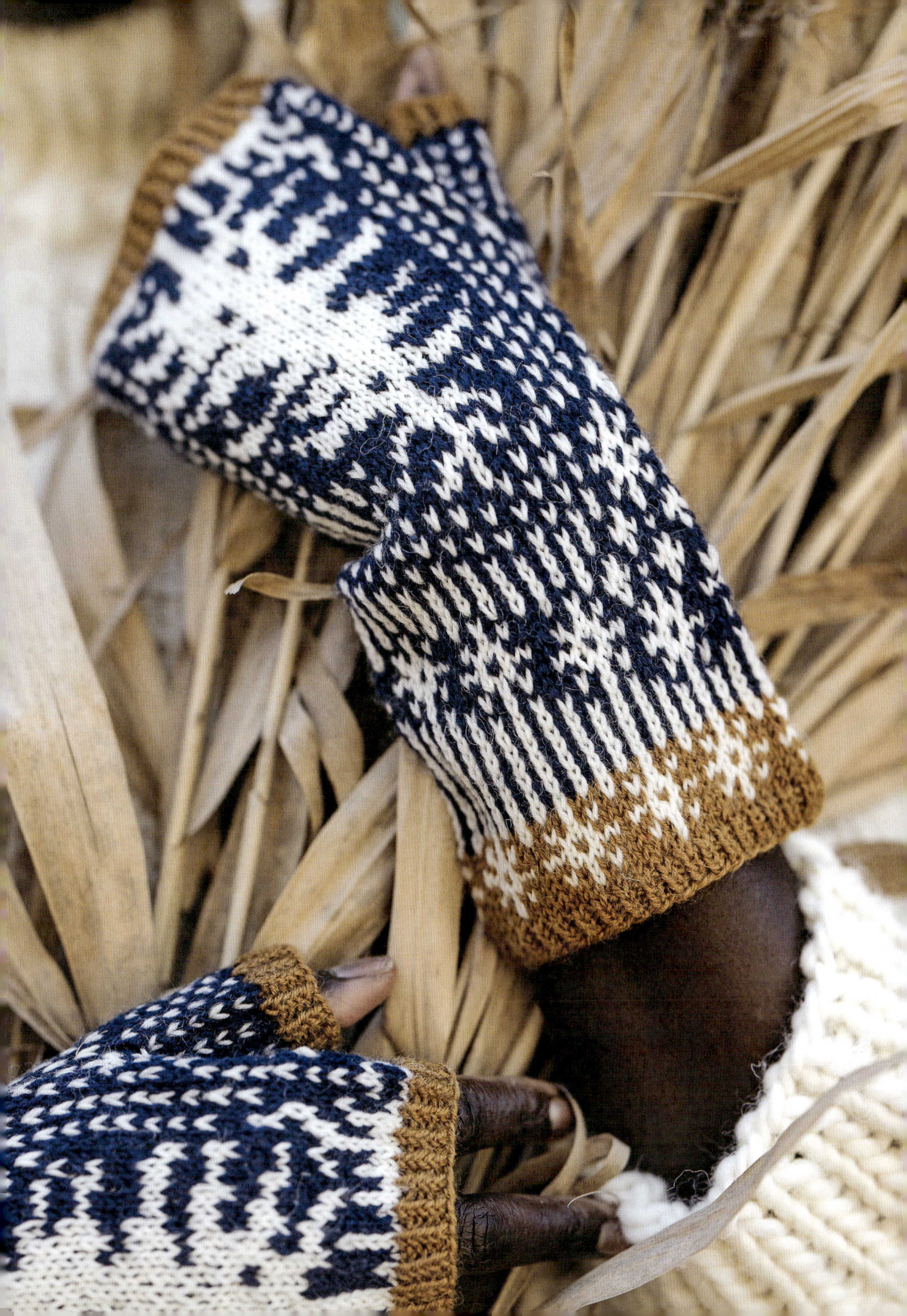

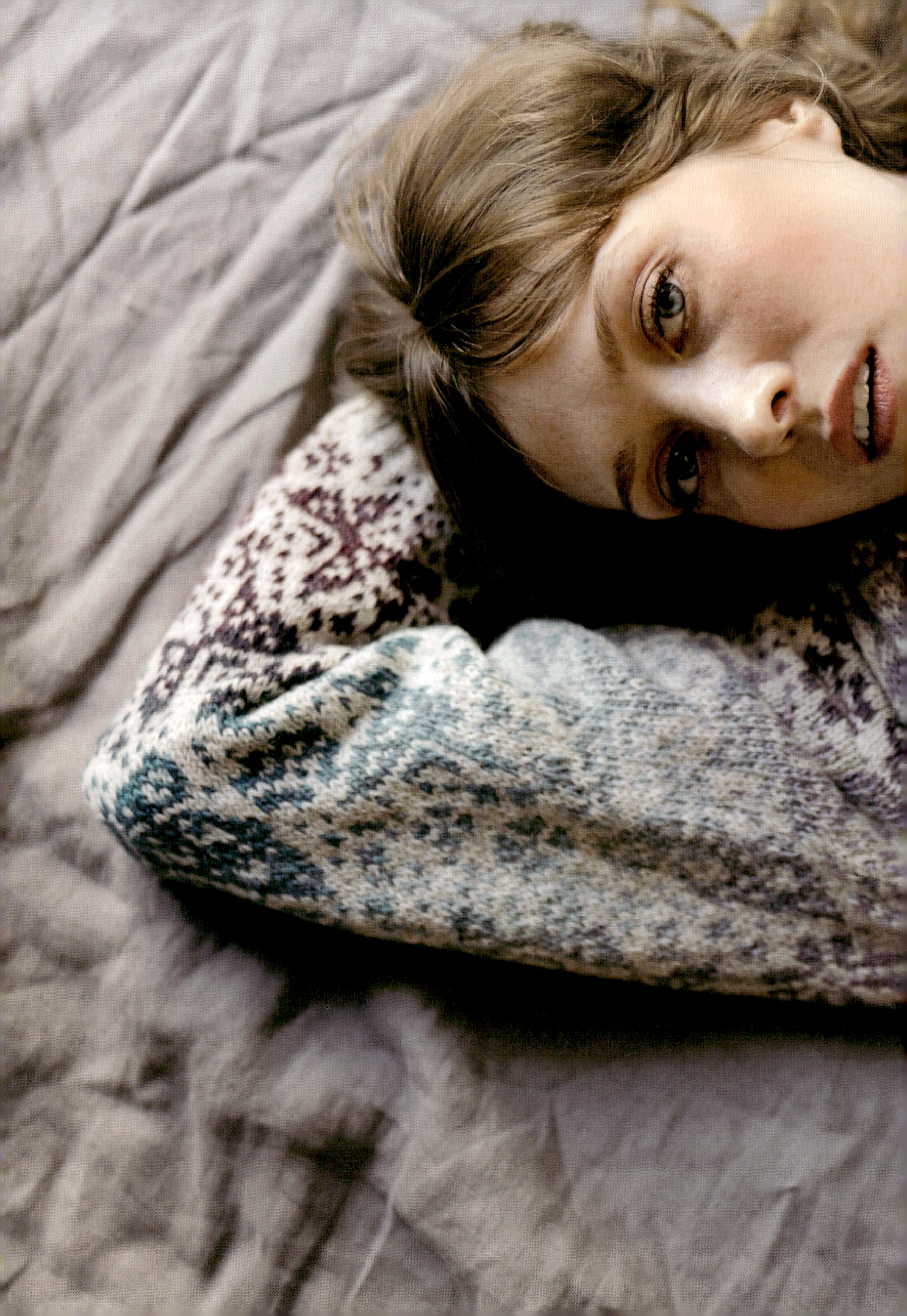

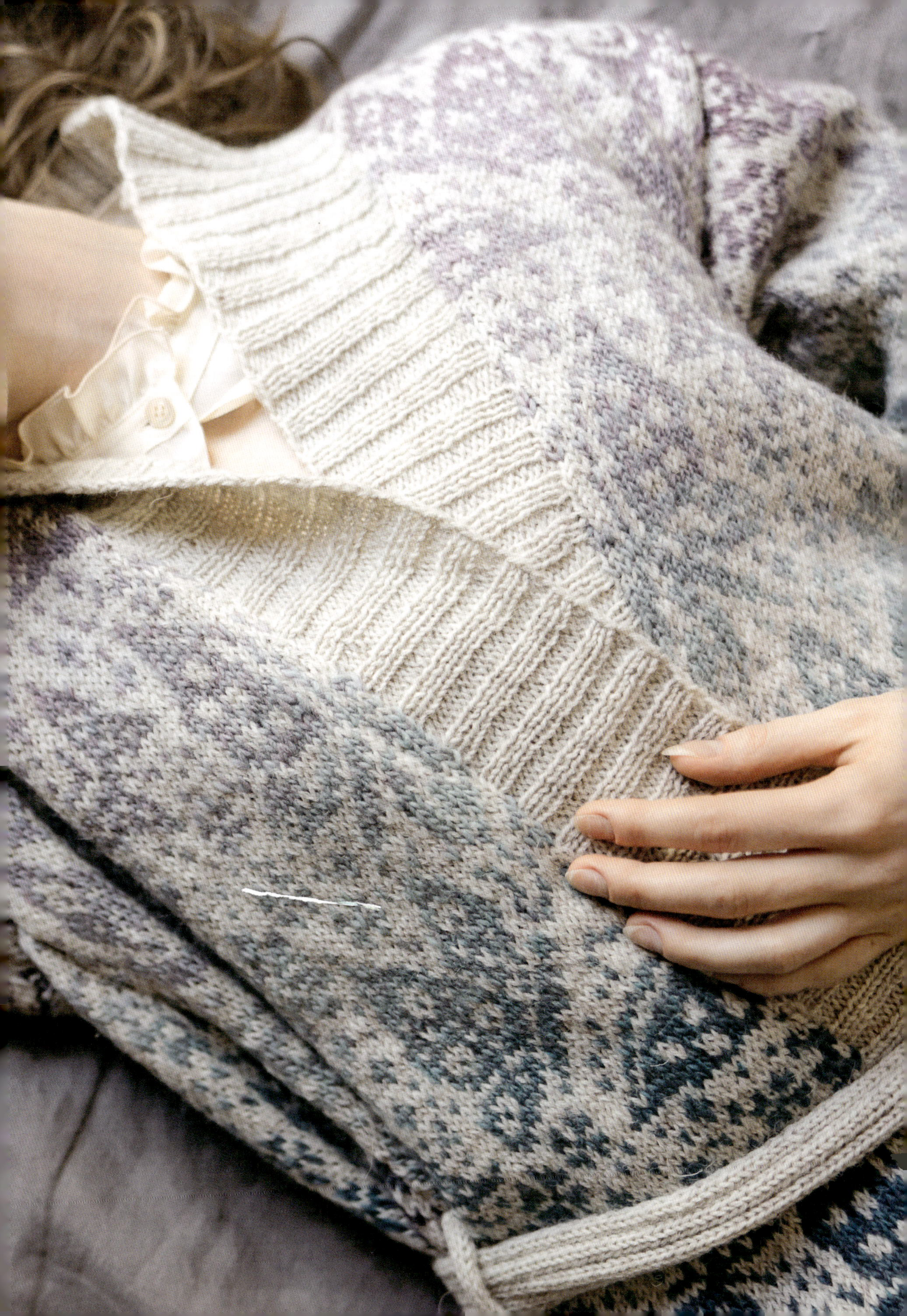

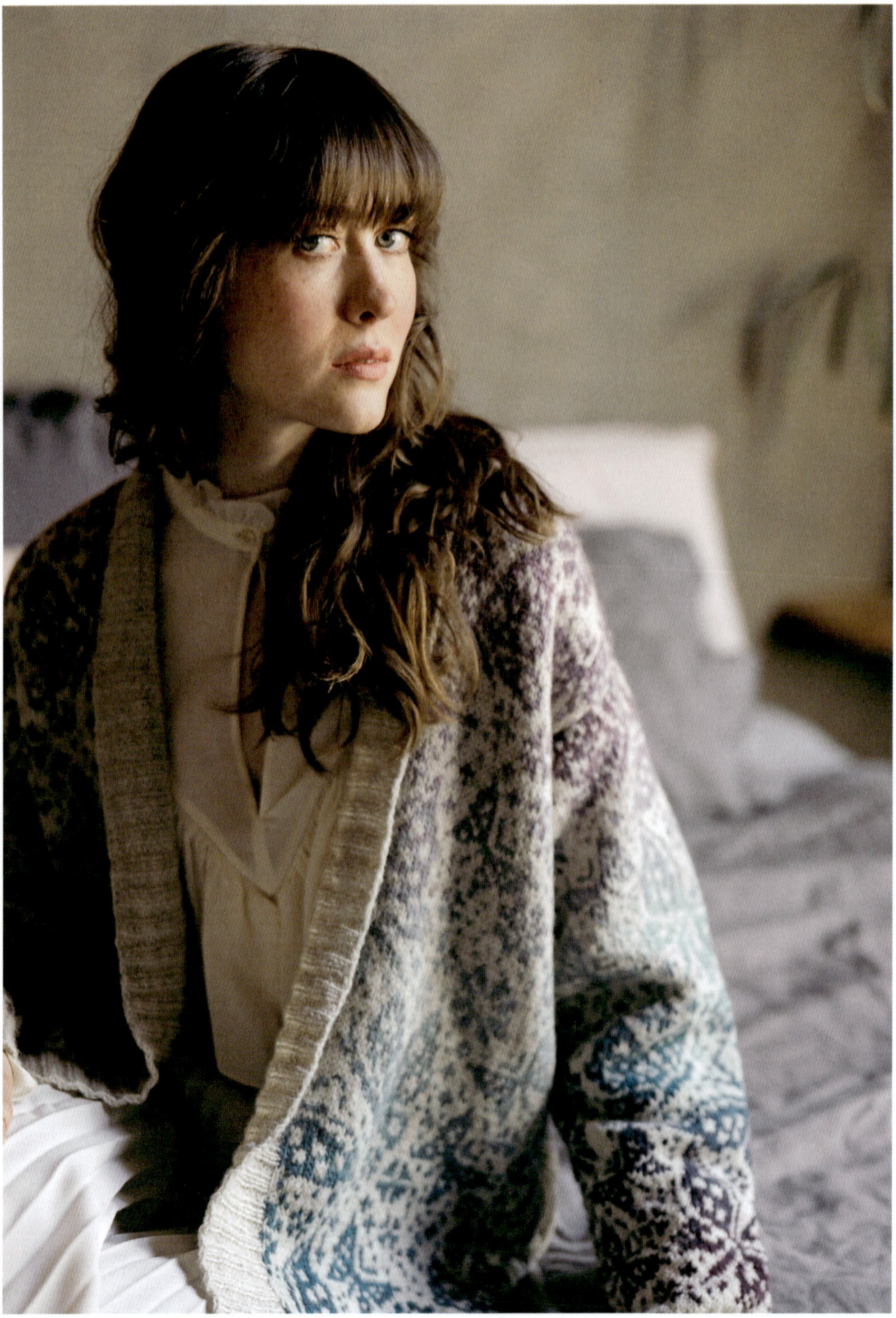

ABKÜRZUNGEN

abh	abheben
Abn	Abnahme(n)
abn	abnehmen
arb	arbeiten
Hinr	Hinreihe(n)
li	links, linke(n)
M	Masche(n)
MM	Maschenmarkierer
R	Reihe(n)
Rd	Runde(n)
re	rechts, rechte(n)
Rückr	Rückreihe(n)
str	stricken
wdh	wiederholen
zun	zunehmen
Zun	Zunahme(n)

MAGIC LOOP-TECHNIK

Die Magic Loop Technik beschreibt das Rundstricken mit einer einzigen langen Rundstricknadel, deren Seil an 2 Seiten, jeweils am Rundenübergang und nach der Hälfte der Maschen, zu einer Schlinge herausgezogen wird. So lässt sich mühelos und ohne großgezogenen Maschen im Maschenbild in Runden stricken. Das Strickstück lässt sich problemlos anprobieren und sicher transportieren. Die Magic Loop-Technik eignet sich besonders zum Stricken von Socken, Ärmeln, Bündchen oder Kragen.

Vergleicht man diese Technik mit dem Rundstricken mit dem Nadelspiel, liegen also die Maschen der ersten und zweiten Spielnadel auf dem Teil der Rundstricknadel bis zur ersten Schlinge, und die Maschen der dritten und vierten Spielnadel liegen auf dem Teil der Rundstricknadel zwischen erster Schlinge und der Schlinge am Rundenübergang. Es werden jeweils die Maschen bis zur nächsten Schlinge gestrickt. Beim Wechsel zur nächsten Maschenhälfte darauf achten, sowohl wieder eine Schlinge an der Seite der noch leeren Nadelspitze überstehen zu lassen, als auch darauf, die Schlinge auf der anderen Seite nicht vollständig herauszuziehen.